JN095094

全訂

戸籍届書の 審査と受理 II

木村三男・神崎輝明　著

日本加除出版株式会社

全 訂 版 は し が き

　本書の旧版は，平成4年8月に「戸籍届書の審査と受理」のいわゆる姉妹編として，同書において採り上げられなかった親権（管理権）届，後見届，保佐届，生存配偶者の復氏届，姻族関係終了届，推定相続人廃除届，国籍の取得及び喪失届，氏の変更届，名の変更届，就籍届並びに戸籍訂正申請の11章を内容として刊行されたものですが，以来，29年を経過し，その間，幸いにも法務局・市区町村の戸籍事務を担当する職員の方々を中心にご利用いただくことができました。ここに謝意を表する次第です。

　さて，旧版の刊行以来，本書に関連する法令等について多くの改正等が行われてきています。その主なものを挙げると，成年後見制度に関する「民法」の改正（平成11年法律149号），成年後見登記制度の創設に伴う「戸籍法」の改正（平成11年法律152号）及び「戸籍法施行規則」の改正（平成12年法務省令7号），親権・未成年後見に関する「民法及び戸籍法」の改正（平成23年法律61号），国籍取得に関する「国籍法」の改正（平成20年法律88号），成年年齢の引き下げ等に関する「国籍法及び民法」の改正（平成30年法律59号），そのほか，「人事訴訟法」の制定（平成15年法律109号），「家事事件手続法」の制定（平成23年法律52号），押印廃止等に関する「デジタル社会の形成を図るための関係法律の整備に関する法律」の制定（令和3年法律37号）などです。

　本書の改訂に際しては，特に，後見制度に関する民法，戸籍法令等の改正に伴い，後見に関する戸籍事務の取扱いは未成年後見に関するものに限られることになったことから，旧版の後見届及び保佐届の各章を廃して，これを新たに未成年者の後見届の章として構成し直したほか，上記のような関係法令の改正等及び新たに発出された通達等を踏まえた戸籍実務の変更の趣旨に沿うよう全面的な見直しを行うとともに，執務の参考となる旧版刊行後の新たな裁判例を補充しました。

　本書が旧版と同様に，市区町村における戸籍窓口実務の適正円滑な処理に多少なりともお役に立つことができれば望外の幸せです。

　　令和4年1月

木　村　三　男

神　崎　輝　明

旧 版 は し が き

　本書は，既刊の「戸籍届書の審査と受理」のいわゆる姉妹編として編さんされたものである。本書の書名に「Ⅱ」を付したのもその趣旨にほかならない。

　ところで，前著の初版が刊行されたのは，昭和43年初秋のことであるから，既に二十有余年の歳月を閲したことになる。この間，幸いにも全国の法務局，市町村の戸籍関係者の方々から好評を得て版を重ねてきたところであるが，周知のとおり，同書は，市町村における戸籍事務の最も重要にして，かつ，基本となるべき戸籍届書の審査及び受理にあたって当然理解しておかねばならない基本的事項と審査の肝どころとでもいうべき点に主眼をおいて解説を試みたものである。そして，当初は，各種の戸籍届出事件の中でも比較的取扱い件数の多い出生，認知，縁組，離縁，婚姻，離婚，死亡，失踪，入籍，分籍，転籍の11の届出事件をその内容とするものであったが，その後における戸籍関係法令の改正に伴って創設された届出のうち，法77条の2の届出（昭和51年法律第66号・民法等の一部を改正する法律により新設—昭和51・6・15施行），特別養子縁組届，同離縁届及び法73条の2の届出（昭和62年法律第101号・民法等の一部を改正する法律により新設—昭和63・1・1施行）の4つの届出事件を加えて15とした（これにより去る平成2年12月前著刊行）。しかしながら，現行法上，戸籍の届出は種別的には三十余を数えるから，前著の対象としている届出事件は右のほぼ半数ということになる。そこで，かねて多くの方々からその余の届出事件についても前著と同様の趣旨により執筆編さん方の要望が寄せられていたこと，また，これらの届出事件の中には，特に昭和59年法律第45号・国籍法及び戸籍法の一部を改正する法律（昭和60・1・1施行）によって創設された国籍取得届，国籍選択届，外国国籍喪失届，外国人との婚姻による氏の変更届，同離婚による氏の変更届，外国人父母の氏への氏の変更届が含まれていること，さらには近時の内外交流の活発化に伴う渉外的身分関係事件の増加，ひいては平成元年法律第27号・法例の一部を改正する法律の施行（平成2・1・1施行）等によって戸籍の実務も大きく変容していること，したがってまた，これら届出事件等の審査事務もますますその重要性を増していること等に思いをいたし，非力をもか

えりみず，あえてここに本書を発刊させていただくこととした次第である。

戸籍届書の審査事務の要諦は，正しい届書の受理にあることはいうまでもない。本書もまた，その視点に立って，新たに10の届出及び戸籍訂正申請事件（これにより前著と合わせてほぼすべての届出及び申請事件を網羅しえた。）について，主要関係先例等を整理し，できうる限り詳細な解説を試みるよう努めたつもりである。しかし，著者の力不足と時間的制約等から，推敲も十分でなく，あるいは思わぬ誤りをおかしている点があるのではないかを危惧している。読者諸賢の今後御叱正を得て他日を期することとしたい。

本書が前著と同様に戸籍窓口担当者の実務の手引きとして，更には研修教材として広く利用され，多少なりともひ益するところがあれば望外の幸せである。

なお，本書の刊行にあたっては，東京法務局民事行政部戸籍課長荒木文明氏，同国籍課長山本正之氏に格別の御協力をいただいた。特に記してここに感謝の意を表したい。

平成4年7月

木 村 三 男

凡　例

◇**法規等の略称**◇

憲法……………………………日本国憲法
通則法…………………………法の適用に関する通則法
国………………………………国籍法
国規……………………………国籍法施行規則
民………………………………民法
戸………………………………戸籍法
戸規……………………………戸籍法施行規則
標準準則………………………戸籍事務取扱準則制定標準（平成16年４月１日付け
　　　　　　　　　　　　　　　法務省民一第850号法務省民事局長通達）
家事……………………………家事事件手続法
家事規…………………………家事事件手続規則
民訴……………………………民事訴訟法
人訴……………………………人事訴訟法
行訴……………………………行政事件訴訟法
刑………………………………刑法
刑訴……………………………刑事訴訟法
住基……………………………住民基本台帳法
不登……………………………不動産登記法
不登令…………………………不動産登記令
家審……………………………家事審判法
家審規…………………………家事審判規則
応急措置法……………………日本国憲法の施行に伴う民法の応急的措置に関する
　　　　　　　　　　　　　　　法律

◇**裁判例・先例の表記方法**◇

東京家審昭和43・4・25……………東京家庭裁判所昭和43年４月25日審判
東京地判昭和59・3・28……………東京地方裁判所昭和59年３月28日判決
平成元・12・14民二5476号通達………平成元年12月14日付け法務省民二第5476号法務省民
　　　　　　　　　　　　　　　　　　事局長通達
昭和42・12・12民事甲3695号回答……昭和42年12月22日付け法務省民事甲第3695号法務省
　　　　　　　　　　　　　　　　　　民事局長回答

◇**判例集・雑誌の略称**◇

民集……………………………最高裁判所（又は大審院）民事判例集
民録……………………………大審院民事判決録
高民……………………………高等裁判所民事判例集
下民……………………………下級裁判所民事裁判例集
家月……………………………家庭裁判月報

新聞……………………………………法律新聞
判時……………………………………判例時報
判タ……………………………………判例タイムズ

◇参考文献◇（ゴシック体は略語表示）
【戸籍実務書・戸籍論文】
木村三男・神崎輝明著**「全訂　戸籍届書の審査と受理」**（日本加除出版，平成31年）
成毛鐵二編著**「新編　戸籍の実務とその理論」**（日本加除出版，昭和36年）
青木義人・大森政輔著**「全訂戸籍法」**（日本評論社，昭和57年）
東京法務実務研究会・成毛鐵二編著**「戸籍受附帳の処理要領」**（日本加除出版，昭和40年）
法務省民事局第五課職員編**「一問一答新しい国籍法・戸籍法」**（日本加除出版，昭和60年）
日本加除出版企画室編**「戸籍の公開と手数料」**（日本加除出版，平成２年）
藤島武雄・中村平八郎著**「家事調停審判事件の申立と実務」**（日本加除出版，昭和43年）
田中加藤男著**「先例戸籍訂正法」**（日本加除出版，昭和42年）
【民法・民事法・国際私法】
中川善之助編**「註釈親族法（上）」**（有斐閣，昭和25年）
中川善之助編**「註釈親族法（下）」**（有斐閣，昭和27年）
中川善之助著**「新訂親族法」**（青林書院新社，昭和40年）
中川淳著**「親族相続法」**（有斐閣，改訂版，昭和63年）
外岡茂十郎著**「親族法概論」**（敬文堂，増訂４版，昭和９年）
末川博・中川善之助・舟橋諄一・我妻栄編**「家族法の諸問題」**：穂積先生追悼論文集（有
　斐閣，昭和27年）
我妻栄著**「親族法　法律学全集23」**（有斐閣，昭和36年）
中川善之助教授還暦記念家族法大系刊行委員会編**「家族法大系Ⅰ家族法総論」**（有斐閣，
　昭和34年）
中川善之助教授還暦記念家族法大系刊行委員会編**「家族法大系Ⅴ親権・後見・扶養」**（有
　斐閣，昭和35年）
島津一郎編**「判例コンメンタール６民法Ⅳ親族」**（三省堂，昭和53年）
村崎満著**「先例判例親権・後見・扶養法」**（日本加除出版，増補版，昭和58年）
小林昭彦・大門匡・岩井伸晃編集，福本修也・岡田伸太・原司・西岡慶記著**「新成年後
　見制度の解説」**（一般社団法人金融財政事情研究会，改訂版，平成29年）
中川淳著**「改訂親族法逐条解説」**（日本加除出版，平成２年）
中川善之助・米倉明編集**「新版注釈民法（23）」**（有斐閣，平成16年）
中川善之助・泉久雄編集**「新版注釈民法（26）」**（有斐閣，平成４年）
平賀健太著**「国籍法（上）」**（帝国判例法規出版社，昭和25年）
山本敬三著**「国籍」**（三省堂，昭和59年）
田代有嗣著**「国籍法逐条解説」**（日本加除出版，昭和49年）
法務省民事局法務研究会編**「国籍実務解説」**（日本加除出版，平成２年）
創始末川博，杉村敏正・天野和夫編集代表**「新法学辞典」**（日本評論社，平成３年）

全訂　戸籍届書の審査と受理Ⅱ

〈目　次〉

第1章　親権（管理権）届

第1節　親権（管理権）届を受理するにあたって理解しておくべき基本的事項

第1　親権の概要

1　親権の意義と内容

　親権とは，父母が，親としての身分に基づいて，未成熟の子を監護養育することを目的とする権利義務の総称であって，親権関係の中核をなすものである。

　親権は，このように父母が親としての身分に基づいて有する権利義務であるから，親族としての身分に基づいて父母が有する権利義務は親権にはあたらない。例えば，父母は親族として，後見開始，保佐開始等の申立てをすることができる（民7条・11条）が，これは親権ではない。また，父母は，親として子に対し諸種の権利義務を有するが，しかし，そのすべてを親権というわけではなく，上記のうち子の監護養育を目的とする権利義務を親権というのである。例えば，婚姻に対する同意権（民737条）（注1），扶養の権利義務（民877条），離婚又は認知の場合に監護者となる権利（民766条・788条），胎児認知に対する母の承諾権（民783条）及び相続権（民887条以下）等は，親権ではない。

　親権は，権利であると同時に義務であるが，近代における親権は，「子のため」にあるというべきであるから，権利よりもむしろ義務の面に重点が置かれるべきであると解されている（民820条）（我妻「親族法」328頁）（注2）。

⑴　義　務

　親権者は子に対してのみならず，社会に対して子を適切に監護養育すべき義務を負うのであって，もし親権者がこれに背いたときは，子はその履行を請求することができ，また，子の親族又は検察官は，親権又は管理権の剥奪を請求することができるとされている（民834条・834条の2・835条，なお，後述第4の項25頁以下参照）（注3）。

(2) 権　利

　親権者はその親権に服する子を強制して，その監督保護に服させることができ，また，第三者が親権の行使を妨害するときは，親権者はその妨害を排除することができるとされている（大判大正7・3・30民録24輯609頁）。

　以上のように，親権は，権利であると同時に義務であり，しかも，今日の法律思想においては，むしろ，義務の面に重点が置かれるべきものであるから，親権は，原則として，これを放棄することができないとされている（大判明治31・11・24民録4輯10巻36頁）。

（注1）平成30年法律第59号による民法の一部改正により成年年齢を18歳に引き下げるとともに，婚姻開始年齢を男女とも18歳で統一することに伴い，未成年者の婚姻は生じないこととなるため，未成年者の婚姻に父母の同意を要する旨の第737条及び婚姻による成年擬制に関する第753条の規定は削除となる（令和4・4・1施行・附則1条本文参照）。

（注2）平成23年法律第61号による民法の一部改正（平成24・4・1施行）により，身上監護に関する総則規定としての民法第820条に「子の利益のために」との文言が挿入され，親権行使が子の利益のためにされるべきであることが明示されるに至っている。

（注3）親権は，成年に達するまでの間，未成年者を監護養育すべき親の職分であり，その濫用とは，この職分を不当に行使しあるいは適切な行使を怠って未成年者の利益・福祉を著しく害することをいい，前者の場合を積極的濫用，後者の場合を消極的濫用と呼んでいる（判例コンメンタール6民法Ⅳ親族789頁）。

2　親権の効力

　親権は，前述のとおり子の監護養育を目的とする権利義務の総称であるが，親権の効力（内容）としては，子の身上に関する権利義務と財産上に関する権利義務とに分けられる。

(1) 身上に関する権利義務

ア　監護教育の権利義務

　親権を行う者は，子を監護教育する権利義務を負う（民820条）。これは，親権の内容のうちで最も本質的基本的な権利義務である。ここに，いわゆる監護教育の意味については講学上説の分かれるところであるが，一般的には，監護と教育とは分離すべきではなく不可分の一体として，子を国家・社会の一員として精神的にも身体的にも健全に育成する行為であると

解されている（中川淳「親族相続法」171頁参照）。

　イ　居所指定権

　　子は，親権を行う者が指定した場所に，その居所を定めなければならない（民821条）。民法は，親権者の権利というかたちではなく，子の義務というかたちで規定している。この居所指定権は，監護教育の行使を実現するために認められたものであるから，居所の選定は，監護の範囲に属する限り親権者において任意に定めることができるが，監護教育上最も適切な場所を指定すべきであり，これに反したときは，居所指定権の濫用として，親権の喪失（民834条）の原因となる。

　ウ　懲　戒　権

　　親権を行う者は，監護教育のために必要な範囲内で自ら子を懲戒することができる。懲戒の方法は，親権者が決定するが，そもそも懲戒とは，子の非行を矯正・善導することであって，監護教育の手段に過ぎないのであるから，懲戒は，監護教育のために必要な最小限度にとどめられるべきであり，しかもその行使はあくまでも愛情に基づくものであることを要する。もし，その範囲を超えれば，親権の濫用として親権喪失の原因となる（民834条）（注）。

（注）身上監護の一つとしての懲戒権の行使は，上記のとおり，子の利益のためにする監護教育に必要な範囲内でのみ認められるものであるところ，現実には，懲戒権を口実に子を虐待する親権者が存在することは否定できない。そこで，平成23年法律第61号による民法の一部改正（平成24・4・1施行）により，懲戒権に関する民法第822条の規定の文言が「第820条の規定による監護及び教育に必要な範囲内でその子を懲戒することができる。」と改められ，懲戒権の趣旨及び範囲が明確にされた。
　　なお，懲戒場に該当する施設は存在しないことから，同条中の懲戒場に関する部分は削除された。

　エ　職業許可権

　　子は，親権を行う者の許可を得なければ，職業を営むことができない（民823条1項）。未成年の子が職業を営むことは，その身上及び財産上の両面に重大な影響を及ぼすからである。ここに「職業を営む」とは，継続的に一定の業務（他人との雇用契約の締結を含む。）に従事することで，利益・営利を目的とするか否かを問わない。また，独立した職業であることも必要

としない。なお，親権者は，未成年の子にその営業に堪えられない事情があるときには（民6条2項），既に与えた許可を取り消し，又はこれを制限することができる（民823条2項）(注)。そのほか未成年の子の労働契約につき，親権者が許可を与えていても，その子に不利であると認める場合には，民法の規定とは別個に，親権者は将来に向かって契約を解除することが認められる（労働基準法58条2項）。

　ちなみに労働基準法は，親権者が本人に代わって労働契約を締結することを禁止している（労働基準法58条1項）。もっとも，これは，親権者の代理契約を禁止しているだけであるから，親権者の同意は必要である。

(注) 上記の許可は，その許可された職業に関しては未成年者を完全な行為能力者とする旨の意思表示であって，未成年者に対してなされるものである。その方式については，別段の制限はないから，明示でも黙示でも，また，特定的でも概括的でも差し支えないとされる。そして，この許可を得た未成年者は，その職業に関しては成年者と同様に完全な行為能力者となる（民6条1項）。

　オ　未成年後見人及び未成年後見監督人の指定

　　未成年者に対して最後に親権を行う者は，遺言で，未成年後見人を指定し（民839条），又は未成年後見監督人を指定することができる（民848条）。

　カ　子の身分上の行為の代理権

　　元来，身分上の行為は，本人の意思を尊重することを要し，本人自ら行うのが原則であって，親権者でも特別の規定がある場合のほかは，代理することができない。民法が，特に親権の章下において，身分行為に関して親権者の代理を認めているのは，親権の代理行使である。すなわち，「親権を行う者は，その親権に服する子に代わって親権を行う。」（民833条）という規定である。例えば，親権に服する未成年の子が，嫡出でない子を出生したときは，その未成年者（母）は当該出生子に対して自ら親権を行うことができず，その親権者（当該子の祖父母）が代わって親権を行使することになる。いわゆる親権の代行といわれるものである。なお，未成年である親に親権を行う親がない場合には，同様の趣旨に基づいて，その者の未成年後見人が親権を代行することとなる（民867条）。

　　上記のほか，親権者は，親権の章以外の規定により嫡出子否認の訴え

◉父母離婚後に出生した子につき，父母の協議で父を親権者と定める届出を，その子の本籍地の市町村長にした場合

親権（管理権）届	受理　令和4年2月16日 第　　231　　号 送付　令和　年　月　日 第　　　　　号	発送　令和　年　月　日 長印
令和 4 年 2 月 16 日 届出	書類調査　戸籍記載　記載調査	
東京都千代田区 長 殿		

	未　成　年　者		親権者（管理権者）	
（よみかた）	やま の 氏	たか し 名	氏	名
氏　　　名	山　野	高　志	山　野	林太郎
生　年　月　日	令和3 年 12 月 3 日		昭和63 年 6 月 18 日	
住　　　所 （住民登録をして いるところ）	東京都中野区中野 3丁目4番15号		東京都中野区中野 3丁目4番15号	
本　　　籍	東京都千代田区平河町 1丁目16 番地番 筆頭者 の氏名 山野林太郎		東京都千代田区平河町 1丁目16 番地番 筆頭者 の氏名 山野林太郎	
届出事件の 種　　　別	☑親権者指定　□親権喪失取消　□親権辞任　□管理権喪失取消　□管理権回復 □親権者変更　□親権停止取消　□親権回復　□管理権辞任 ☑父母（養父母）の協議　　　□許可の審判　　年　　月　　日 □調停　　年　月　日成立　□審判　　年　月　　日確定			
その他	父母の協議により親権者を父山野林太郎と定める。			
	届　　　出　　　人			
資　　　格	親権者（☑父　□母　□養父　□養母） □その他（　　　　　　　　　　　）		（親権者指定の協議の相手方が書いてください） 親権者（□父　☑母　□養父　□養母）	
住　　　所	東京都中野区中野 3丁目4番15号		東京都江戸川区東瑞江 2丁目17番18号	
本　　　籍	東京都千代田区平河町1丁目 16 番地番 筆頭者 の氏名 山野林太郎		東京都江戸川区東瑞江2丁目 38 番地番 筆頭者 の氏名 川野芳子	
署　　　名 （※押印は任意）	山野林太郎 ㊞		川野芳子 ㊞	
生　年　月　日	昭和63 年 6 月 18 日		平成5 年 4 月 3 日	

（民775条），認知の訴え（民787条），縁組取消しの訴え（民804条），15歳未満の子の氏の変更（民791条3項）及び養子縁組・協議離縁・離縁の訴え等（民797条・811条2項・815条）について代理権を有する（注）。

（注） 民法は，第820条以下において親権の内容に関する規定を置いているが，民法以外の法律でこれを定めているものとして，次の例が挙げられる。

〈民法以外の法律で親権の内容を定めているもの〉

ア　子に義務教育を受けさせる義務（教育基本法5条，学校教育法17条・18条）

イ　親権者であっても，児童にこじきをさせたり，公衆の娯楽を目的として軽業や曲馬をさせてはならないこと（児童福祉法34条・60条）

ウ　児童福祉施設の長は，入所した児童で親権を行う者又は未成年後見人のないものに対し，親権を行うことができる（児童福祉法47条1項）。また，児童相談所長は，一時保護が行われた児童，又は小規模住居型児童養育事業を行う者若しくは里親に委託中の児童で親権を行う者又は未成年後見人のないものに対し，親権を行うことができる（同法33条の2第1項・33条の8第2項・47条2項）。

(2) 財産上に関する権利義務

ア　財産管理権

親権は，前述のとおり子の監護養育を目的とするものであるから，その財産についても管理の権利義務を有する（民824条本文）。ここに管理とは，財産の保全・利用・改良を目的とする一切の事実上・法律上の行為をいう。また，通常，管理というときは，上記の行為を意味し，処分行為は包含しないのであるが，ここにいう管理の中には，子のためにする処分行為をも包含する趣旨であるとされる。そして，親権者が前記の管理を行うについては，自己のためにするのと同一の注意義務が課せられ（民827条），これに違反して子に損害を与えたときは，損害賠償の責任を負うのみでなく，管理権喪失の原因となり（民835条），さらには親権喪失の原因ともなる（民834条）。

なお，上記の管理権の客体たる財産は，原則として，未成年の子に属する一切の財産である。ただし，(a) 親権者が未成年の子に処分を許した財産（民5条3項），(b) 営業許可を得た未成年者の営業財産（民823条・6条）には及ばないとされる。また，(c) 第三者が親権者に管理させないという意思表示をして無償で子に与えた財産（民830条1項）については，親権者

の管理権は及ばないとされる。

　親権者の財産管理権は，親権者又は子の死亡，子の成年到達，親権の辞任又は喪失宣告，親権者の管理権辞任又は喪失宣告によって消滅する。

　イ　財産行為の代理権

　親権を行う者は，子の財産に関する法律行為について，その子を代表する（民824条本文）。民法の規定によれば，「代表」という表現になっているが，代理と同義と解されている。代理権は，財産管理権より派生する権利である。財産に関する法律行為とは，子が現に所有する財産に関する行為のみでなく，子を受者とする贈与・遺贈，あるいは相続の承認・放棄など広く子に効力を及ぼすべき一切の財産上の法律行為をいうものとされる（大判大正4・3・13民録21輯371頁，大判昭和4・3・9民集8巻106頁）。なお，子の行為を目的とする債務を生ずべき場合（例・雇用契約，委任契約）には，子の同意を得なければならないとされる（民824条ただし書）（注）。

（注）労働基準法においては，さらに，親権者が未成年の子に代わって労働契約を締結すること，また，賃金を受領することを禁止する（労働基準法58条1項・59条）など，種々の制限を置いている。なお，子の身分上の行為については，特に規定がある場合以外には代理が許されない。

　ウ　財産行為の同意権及び取消権

　親権を行う者は，子が自ら財産に関する法律行為をするについて，これに同意を与える権利があり（民5条）（注），また，その同意を得ないでした法律行為を取り消すことができる（民120条）。

（注）未成年の子であっても，意思能力を有するときは，自ら法律行為をすることは妨げられない。しかし，この場合には，親権者の同意を必要とする。

　エ　利益相反行為と親権の制限

　親権者の代理権・同意権は，専ら子の利益のために認められたものである。そのため，次の二つの場合に制限される。

　㋐　親権を行う者とその子との利益が相反する行為（例・親権者たる父又

は母とその子との間で取引（売買契約する場合など））については，親権の公正な行使が期待できないため，親権を行う者は，その子について代理又は同意することができない。この場合には，親権者の請求によって，家庭裁判所は子のために特別代理人を選任し，この特別代理人が代理又は同意をすることになる（民826条1項，家事167条・168条1項・別表第一の65）。

　　なお，父母が親権を共同で行使する場合に，その一方（例えば父）と子の利益とが相反する場合にも，子の利益が十分に保護されないおそれがあることから，他の一方（母）をして代理させることなく，やはり特別代理人を選任しなければならないと解されている（最判昭和35・2・25民集14巻2号279頁，昭和23・4・20民事甲208号回答）。

　㈑　親権を行う者が数人の子に対して親権を行う場合に，数人の子のうちの1人と他の子との利益が相反する行為（例・親権を行う者に長男と次男がある場合に，長男所有の不動産を次男に売り渡すような場合，又は父の遺産を均分に相続した数人の子の親権者たる母が，他の子の相続財産を全部長男に譲渡する場合など）については，親権を行う者は，その双方について代理又は同意することができない。この場合には，その一方のために，特別代理人を選任し，この特別代理人が代理又は同意をすることになる（民826条2項）。

3　親権に服する子

　親権に服する子は，未成年の子に限られる（民818条1項）。子である以上，自然血族であると，法定血族であるとを問わない。したがって，後者の場合，すなわち未成年の養子については，養親の親権に服することになる（同条2項）。未成年の子であっても，婚姻をすれば成年に達したものとみなされるから（民753条），親権に服さなくなることはいうまでもない。婚姻によって上記のように成年擬制された者が，成年に達する以前に当該婚姻が解消（配偶者の死亡，離婚，婚姻の取消し）した場合，その成年擬制の効果が同時に消滅するかについて，通説は，婚姻によって取得した成年擬制の効果は確定的であって，後に婚姻が解消しても，再び未成年に戻ることはないと解されている（中川「註釈親族法

（上）」184頁）。この点，先例も同様の見解に立っているとみられるが（昭和23・2・20民事甲87号回答，昭和23・4・21民事甲54号回答），婚姻不適齢者の婚姻について，適齢に達しない間に離婚した場合，又は婚姻不適齢を理由として取り消された場合につき先例は，その離婚又は婚姻取消しの裁判確定時になお婚姻適齢に達していない者については，婚姻の解消又は取消しと同時に成年擬制の効果は消滅すると解している（昭和30・5・28民事㈡発201号回答，昭和31・2・18民事㈡発60号回答）。したがって，これに該当することとなった者については，再び親の親権に服することになるものと解される（注）。

（注）平成30年法律第59号による民法の一部改正により，婚姻による成年擬制に関する第753条の規定は削除となる（令和4・4・1施行）。1「親権の意義と内容」の項（注1）2頁参照。

4　親　権　者

⑴　親権を行う能力

　親権は，未成熟の子に対する監護教育をその目的とするものであるが，親権者となるべき親が制限行為能力者である場合には，その目的を十分に果たすことができない。したがって，制限行為能力者のうち，次の者は親権を行うことはできないとされる（明治33・11・16民刑1451号回答）。

　　ア　未成年者

　　イ　成年被後見人

　なお，被保佐人については，被保佐人は一定の財産行為を行うについては保佐人の同意を要するものとされており，その同意を要するものとされた行為を未成年者の法定代理人として行うにあたっては，保佐人の同意を要するものとされる（民102条・13条1項10号・2項）が，その他の行為の代理については，保佐人の同意を要することなく親権を行使することができる。被補助人についても，一定の制限がされる場合があるものの，その場合を除き補助人の同意を要することなく親権を行使することができる（民17条1項）（注）。

（注）被保佐人を親権者に指定することができることはいうまでもない。被補助人についても同様である。被保佐人について，先例は，従前から，協議上の離婚にあたり，被保佐

人たる父母の一方を協議で親権者に指定することができるとしている（昭和25・7・13民事甲1920号回答。なお，成年被後見人である父母の一方を親権者に指定することがかえって子の利益のために必要であると認められるような特別の事情がある場合には，成年被後見人を親権者と指定することもできるとする裁判例がある―大阪地判昭和33・12・18（下民9巻12号2505頁））。

(2) 親 権 者

ア　嫡出子の親権者

(ア)　父母が婚姻中である場合―父母共同親権の原則

　旧法においては，家族制度の維持及び父権尊重の趣旨から，子はまず「其家ニ在ル父」の親権に服することとされ，父が知れないとき，死亡しているとき，家を去ったとき又は親権を行うことができないときに，例外的に「家ニ在ル母」が親権を行うものとされていた（旧民877条）が，現行法は，男女平等を基調とする新憲法の理念により，婚姻中の父母は共同して親権を行うべきものとされた（応急措置法6条1項，民818条3項本文）。現行法の下では，氏又は戸籍を同じくするか否かは，親権の有無とは全く関係がない（昭和23・7・1民事甲1804号回答）。

　親権の共同行使は，父母が婚姻中に限られると同時に，他面，婚姻関係にある父母は当然に未成年の子に対して共同親権者となるのであるから，離婚によっていったん父又は母の単独親権となった後，その父母が再婚したときは，再び父母が共同親権者となる（昭和23・2・27民事甲210号回答）。この点は，離婚が取り消されたときも同様である（昭和23・3・17民事甲137号回答）。嫡出でない子が父の認知若しくは父母の婚姻によって準正されたとき（民789条）も，その子は準正嫡出子の身分取得と同時に，婚姻関係にある父母の共同親権に服することとなる（昭和23・5・6民事甲322号回答）。この点は，母が親権者である場合はもちろん，父が既に親権者に指定されている場合（民819条4項）であっても，その父母の婚姻後は当然親権は父母の共同行使となる（昭和23・5・13民事甲1259号回答）（注）。

（注）父母共同親権は，上記のように，父母が現に婚姻中である場合に限って認められる原則であって，その婚姻が解消し，又は初めから婚姻関係にないときは，父母いずれか一

方の単独親権になる（民819条1項ないし4項）。しかしながら，例外として，婚姻関係にない父母が共同して親権を行う変則的状態も生ずる場合がある。例えば，次のような場合である。①未成年の子を有する夫婦の協議離婚につき，実際に親権者を定めていない離婚届を誤って受理した場合（昭和24・3・7民事甲499号回答），②父母の婚姻中は他の養子となっていた子（15歳以上の未成年者）が，父母の離婚後に離縁をした場合（昭和23・5・6民事甲322号回答）。

㈡　父母が婚姻中でもその一方が親権を行うことができない場合——父母共同親権の例外

　親権を父母が共同して行うべき場合に，その一方が法律上又は事実上親権を行うことができない場合（例えば，法律上の障害として，親権の喪失・停止・辞任・後見開始の審判を受けた場合（民834条・834条の2・837条1項・7条），事実上の障害として，行方不明，留学，服役など長期不在等の場合）には，他の一方が親権を行うことになる（民818条3項ただし書）。

㈢　父母の婚姻が解消した場合

　a　父母の一方が死亡したとき——単独親権

　共同親権を行っている父母の一方が婚姻中に死亡したときは，以後は生存している他の一方が単独で親権を行うことになることはいうまでもない。この点は，当該生存者たる父又は母が仮に復氏又は姻族関係終了の意思表示（民751条・728条2項）をしていても，何ら影響されることはない。また，父母の婚姻前に出生し，母の死亡後に父の認知によって準正された子（民789条2項）については，父が親権を行うことになる（昭和25・12・4民事甲3089号回答）。そして，このことは，母の死亡後に，仮に父から戸籍法第62条の嫡出子出生の届出（すなわち，父の認知の届出の効力を有する出生届出）がなされた場合も同様である（注）。

（注）これは，認知による準正当時，母が生存していれば，当然に父母の共同親権になるところ，母が死亡しているため，生存者である父が単独で親権を行うことになる。つまり，認知は，婚姻時に遡って効力を生ずる（通説）からである。なお，当該事例の場合，母の死亡により子について後見が開始することになる（民838条1号）が，仮に家庭裁判所において後見人が選任されている場合でも，その後に父の認知があったときは，当然後見が終了し，子は父の親権に服することになるものと解される。そして，この点につ

いては，例えば，母がその死亡前に子の父と離婚し，その後に父が子を認知した場合でも結論は同じである。この場合は，父母離婚の際（この時点では，子はまだ法律上の父を有していない。）に，父母のいずれか一方を親権者と定める協議をすることができなかったので，子は認知により準正されると同時に，父母双方の共同親権に服する関係にあったということがその理由である（昭和26・6・7家庭甲108号最高裁家庭局長回答，昭和29・10・23民事甲2206号回答）。

b 父母が離婚するとき―親権者の指定

子の出生後，父母が協議上の離婚をするときは，父母の協議で，その一方を親権者と定めなければならない（必要的親権者の指定―民819条1項）（注1）。協議によって定めることができないときは，協議に代わる家庭裁判所の審判によって定める（民819条5項，家事167条・39条・別表第二の8）。

裁判上の離婚をする場合には，裁判所が離婚判決とともに父母の一方を親権者と定める（民819条2項，人訴32条3項・4項参照）。調停又は審判による離婚の場合も同様である（家事244条・257条）（注2）。

婚姻の取消しの際の親権者の指定については，民法に別段の規定はない。しかし，婚姻の取消しは，判決又は家事事件手続法第277条の審判によらなければならないので（民743条），裁判離婚の場合に準じて，婚姻の取消しとともに親権者を定める裁判をすべきものと解される（人訴2条，家事244条・257条・277条・282条，昭和23・5・29民事甲1454号回答）。

子の出生前に父母が離婚したときは，母が単独で親権を行う（民819条3項）。そして，子の出生後において父母の協議又は審判によって父を親権者と定めた場合に限り父が親権を行うことになる（任意的親権者の指定―民819条3項・4項）（注3）。したがって，当該子が出生する前の離婚に際しあらかじめ父母の協議で父を親権者と定めることはできないし，父母の離婚調停の際に将来生まれるべき子の親権者を父と定める旨の合意が成立し，これが調書に記載されたとしても，これに基づく親権者指定の届出は受理することができないとされている（昭和25・9・1民事甲2329号回答，昭和25・12・16民事甲3243号回答）。

なお，この場合における父母の離婚は，協議上の離婚であると裁判

　　上の離婚であるとを問わないし，婚姻の取消しについても類推される
　　べきである。

（注1）未成年の子を有する夫婦の協議離婚届書には，その協議により親権者と定められた
　　当事者（夫婦の一方）の氏名及びその親権に服する子の氏名を記載して届け出ることを
　　要し（民819条1項，戸76条1号），この記載を欠く届出は本来受理すべきではない
　　（民765条1項）が，これが誤って受理されたとき（離婚そのものは有効である―民765
　　条2項）は，協議離婚の届出時に既に親権者の指定協議がされていて，単に届書にその
　　記載を遺漏したものであれば追完の届出によって戸籍の記載をする。上記の協議がな
　　かった場合には，新たに協議のうえ親権者指定の届出（戸78条参照）を要すること
　　なる（昭和25・6・10民事甲1653号回答）。

（注2）裁判所が親権者の定めを遺脱した場合には，追加判決によって親権者を定めるのが
　　本則であるが，協議又は審判（民819条1項・5項）によってこれを定めても差し支え
　　ないと解されている（昭和34・10・31民事甲2426号回答）。

（注3）現行法は，父母の親権資格を全く平等に取り扱い，婚姻中は原則として共同でこれ
　　を行使すべきものとしている。この原理は，父母が婚姻関係にないときでも本来異なる
　　理由はないというべきであろうが，しかし，この場合には，事実上父母が生活を共にし
　　ていない場合が多く，実際問題として親権を父母共同で行わせることが著しく困難にな
　　るので，協議又は審判によりそのいずれか一方を親権者と定めさせることとしたのが前
　　記第819条の趣旨と解される。

　イ　養子の親権者

　　㋐　原則（通常の場合）

　　　子が養子である場合には，養親が親権者となり（民818条2項），実父
　　母は親権を行うことができない。養子については，養親子関係が実親子
　　関係より優先されるべきであるからであり，養子制度の本質上当然の要
　　請といえる。

　　　養子が転縁組をしたときは，最後の養親が親権者となる。養親が夫婦
　　である場合には，その養父母が共同して親権を行うこと，その一方が死
　　亡し，又は婚姻が解消（離婚又は婚姻の取消し）したときは，以後生存養
　　親又は親権者に指定された養親の一方が単独で親権を行うことになるこ
　　となど，すべて嫡出子の親権について述べたところと同様である。

　　　離縁又は縁組の取消しがあった場合には，実親の親権が復活する。養
　　子が離縁をする場合に，実父母が既に離婚しているときは，離縁に先
　　立って，あらかじめその一方を離縁後に親権者となるべき者と定めなけ

ればならない（民811条3項・4項・815条）。

　転縁組について，離縁があったときは，第1の養親の親権が復活する。しかし，それより先に第1の縁組が離縁によって解消していれば，実親の親権が復活する。

　養父母の一方が死亡した場合は，生存養親の単独親権となるが，双方が死亡した場合は，実親の親権は復活せず，後見が開始する（通説）。縁組によって発生した養親族関係は，縁組当事者の死亡によっては消滅しないと解されているからである（昭和23・11・12民事甲3585号通達）。また，養父母の一方の死亡によって単独親権者となった養親と離縁した場合も，上記と同様に後見が開始し，実親の親権は復活しない（昭和25・3・30民事甲859号回答，昭和26・1・31民事甲71号回答）。この場合，死亡養親との縁組関係はなお残存しているからである（昭和23・7・1民事甲1788号回答）。

⑷　養父母離婚後，その一方と離縁した場合

　養父母が離婚するときには，その一方を親権者と定めなければならないが（民819条1項・2項），その後において，養子が，養子の親権者と定められなかった養親と離縁しても，親権者について何ら変動を来さないことはいうまでもない。これに対し，親権者と定められた養親と離縁したときは，後見が開始するというのが通説である。この場合，他方の養親との縁組関係は依然継続しているからである（昭和27・12・8最高裁家庭局第二課電報回答）。なお，上記の場合において，養子が，その後親権者と定められなかった養親と離縁したときは，後見が終了し，実親の親権が復活することになる（昭和26・6・22民事甲1231号回答，昭和31・2・15民事甲317号回答）。

⑸　養父母の一方の死亡後，その一方と離縁した場合

　養父母の一方が死亡したときは，生存養親の単独親権となることはいうまでもないが，その後において，養子が，その生存養親と離縁したときは，後見が開始する（注）。この場合も，死亡養親との縁組関係が依然継続しているというのがその理由である。なお，養父母の一方の死亡後，養子が死亡養親と離縁しても，親権について変動を来すことはない

（生存養親の単独親権であることに変わりない。）。生存養親及び死亡養親の双方との離縁があれば，実親の親権が初めて復活することになる。

（注）この場合，養子は，生存養親との離縁によって（亡養親との縁組関係継続のまま），実方の氏に復し復籍する取扱いであった（昭和24・9・9民事甲2039号通達）が，昭和62年（法律101号）の民法の一部改正（昭和63・1・1施行）により，養親夫婦がともに縁組をした場合に，養子がその一方のみと離縁をしただけでは，養子は縁組前の実方の氏に復しないこととされた（民816条1項ただし書の新設。なお，昭和62・10・1民二5000号通達第2の3(1)エ参照）。

　　㈑　養親と実親との共同親権—原則

　　養親が養子の実親と婚姻している場合には，民法第818条第3項の規定（父母共同親権の原則）に従って養親と実親との共同親権となる（昭和23・3・16民事甲149号回答，昭和24・12・2民事甲2794号回答）。これには，いわゆる婚姻先行型と縁組先行型との二つの場合がある。その前者は，実親甲が乙と婚姻した後に，乙が甲の実子丙と養子縁組をした場合である。後者は，上記の設例に従えば，乙がまず丙と養子縁組をし，その後に実親甲と養親乙が婚姻したという場合である。この場合，甲は，まず実子丙が乙と縁組したことにより実親としての親権を失うことになるので，その後甲が乙と婚姻したとしても，甲の親権は復活しないとする学説もみられるが（外岡「親族法」234頁），このように解して養親乙のみが親権を行使するとすることは，当事者の意思に反するのみでなく，甲乙の婚姻により夫婦共同生活体が構成されるに至ったのであるから，縁組成立当時の親権の所在に関係なく，養親乙と実親甲とをして親権を行わせるとすることが子丙の利益に最も適合し，かつ，民法第818条第3項（婚姻中の父母の共同親権の行使—原則）の趣旨にも合致するものと解される。そこで，先例は，この場合は，実親たる甲の親権が復活する，つまり子丙は甲乙の共同親権に服すると解するのが妥当であり，また，実情も前者（婚姻先行型）の場合と異ならないとしている（昭和25・9・22民事甲2573号通達）。したがって，この場合，その後に仮に養親が死亡するに至っても，実親の親権関係には何ら影響を与えることはない。なお，以上のことは，子が嫡出子であると嫡出でない子であるとによって異なる

ことはない（昭和23・12・22民事甲3655号回答）**（注）**。

（注） 従来，夫婦の一方の子を養子とする場合には，それが嫡出子であると嫡出でない子であるとを問わず，他方のみが縁組の当事者となれば足りるとされていた（改正前の民795条ただし書）が，子の利益・福祉の観点から，昭和62年（法律101号）の民法の一部改正（昭和63・1・1施行）により，同条ただし書の規定については，「……配偶者の嫡出である子を養子とする場合……は，この限りでない。」と改められたため，改正後においては，配偶者の未成年の嫡出でない子を養子とするときは，実親もその配偶者とともに縁組をしなければならないこととされた（昭和62・10・1民二5000号通達第1の1⑵イ）。

　　　(ｵ)　共同親権となった養親と実親の婚姻が解消した場合

　　　　a　死亡による解消の場合

　　　　　養親と実親が養子に対して共同親権を行っている場合に，その一方が死亡すれば，生存している他の一方の単独親権となることは，他の一般の嫡出子の場合と同様である（昭和24・12・2民事甲2794号回答）。

　　　　b　離婚による婚姻解消の場合

　　　　　共同親権者である養親と実親が離婚した後の養子の親権については，異論のあるところであるが（注），先例は，養親と実親の親権者としての地位には優劣はないので，両者が離婚するときは，民法第819条第1項又は第2項の規定によってそのいずれか一方を親権者と定めるべきであるとする（昭和25・9・22民事甲2573号通達）。

（注） 養親と実親の共同親権は，両者が婚姻中であったがために父母としての共同親権が妥当したのであって，離婚により婚姻が解消すれば，普通の養親と実親との併存状態に戻るので，民法第818条第2項の規定に従い養親の単独親権になるとの見解であり，先例（昭和23・10・5民事甲3160号回答）も当初はこれに従っていたが，その後，前述(ｲ)の趣旨により改められた（前掲2573号通達参照）。そして，同先例変更前の取扱いによって養親が親権を行うとされていた事案についても，先例変更後は，改めて民法第819条第1項又は第5項の規定によって親権者を定めない限り，両者が共同して親権を行うものとされていた（昭和26・7・23民事甲1505号回答）。

　　　(ｶ)　養親と実親との共同親権となった後に離縁した場合

　　　　養親と実親が婚姻して共同親権となった後に離縁がなされた場合の親権関係については，次のとおり二つの場合がある。

　　　　a　養親と実親の婚姻中の離縁

　例えば，実父A・実母Bが子Cの親権者を実父Aと定めて離婚した後に，Cが実父Aの代諾によってD男と縁組し，その後実母Bが養父Dと婚姻した結果，養父D及び実母Bの共同親権となった後に，養子Cが養父Dと離縁する場合である。この場合，Cについては，養父Dとの離縁によって縁組前の親権者実父Aの親権が復活するとする説もみられるが（小石寿夫「誰が親権者となるか」家族法大系V親権・後見・扶養一51頁），先例は，実母Bと養父Dの婚姻によって共同親権となった実母Bの地位を養母と同一視して，離縁後のCの親権者は実母Bであるとされている（昭和26・6・22民事甲1231号回答，昭和26・8・14民事甲1653号回答）。なお，この点については，例えば，設例において，実母Bと養父との婚姻が先に行われ，次いでCが実父Aの代諾によって養父Dと縁組した後に，Cと養父Dとの離縁がなされた場合でも同様である（昭和37・1・29民事甲106号回答）。

b　養親と実親との離婚後の離縁

　例えば，実父A・実母Bが子Cの親権者を実父Aと定めて離婚後，Cが実父Aの代諾によってD男と縁組し，次いで実母Bと養父Dが婚姻したため，Cにつき養父D・実母Bの共同親権となった後に，まず①養父Dと実母Bが離婚し，次いで②Cが養父Dと離縁する場合である。この場合には，①のD・Bの離婚の際に，Cの親権者をD・Bのいずれかに定める必要がある（前述(オ)b参照）。

　そして，上記により仮に実母Bが親権者と定められた場合には，C・Dの離縁後も親権者としてのBの地位に変動は来さないが，反対に養父Dが親権者と定められた場合には，C・Dの離縁によって実父Aの親権が復活するとされる（昭和26・1・10民事甲3419号回答）(注)。

(注) 各設例において，仮に養子Cが15歳未満であるときは，その離縁後に法定代理人となるべき者（すなわち，各設例において離縁後に親権者となるべき実母又は実父）が離縁の協議をすることになる（民811条2項）。そして，この場合の親権者となるべき実母又は実父は，離縁届受理の日から親権を行うことになるので，当該離縁届書に「離縁後の親権は実母○○○○（又は実父○○○○）が行う。」旨を付記して，子の復籍戸籍に次の振合いにより親権事項を記載することを要する（昭和31・1・6民事(二)発436号

回答）。

（紙戸籍記載例）

☆子の戸籍中その身分事項欄

　　令和　年　月　日母（父）の親権に服するに至る同月　日記載㊟

　　㊟　離縁届が子の復籍地で受理された場合は，同記載例中末尾は「同日」とする。

（コンピュータシステムによる証明書記載例）

親　　　権	【親権に服した日】令和　年　月　日
	【親権者】母（父）
	【記録日】令和　年　月　日

ウ　嫡出でない子の親権者

　婚姻関係にない父母の間に出生した子，つまり嫡出でない子については，原則として母が親権を行う（民819条4項）。この点は，父の認知があっても変わらない。父の認知後，仮に子が氏を父の氏に変更して（民791条1項），その戸籍に入籍し，父子同籍となっても同様である。そして，認知後において，父母の協議又は協議に代わる審判によって父を親権者と定めたときに限って，父が親権者となる（民819条4項・5項，家事39・167条・別表第二の8）。

　上記親権者の指定については，子の出生後になされることを要するものとされる。したがって，例えば，父が胎児を認知し，その出生前に親権者を父と定める調停が成立しても無効であり，これに基づく親権者指定の届出は受理すべきでないとされている（昭和26・7・7民事甲1394号回答）。

　以上により父又は母が親権者となった場合であっても，その後において子の利益のため必要がある場合には，審判によって親権者を他の一方に変更することも認められる（民819条6項）。しかし，父母はもともと婚姻関係にないので，共同して親権を行使するとすることはできない（昭和23・5・8民事甲977号回答）。また，親権者である母が親権者を父とする協議又は協議に代わる審判前に死亡し又は親権を喪失したときには後見が開始し，父は親権者となる途はなくなるものと解される（昭和23・8・12民事甲2370号回答）。さらに単独親権者である子の母が死亡した後に父が認知した場合でも同様に解される。そして，これらの場合に，父を親権者に指定し得るかについては，学説の分かれるところであるが，通説は，前述のとおり既

に親権者の死亡によって後見が開始しているのであるから，親権者指定の余地はなく，したがって，もし父が適任であれば，後見人に選任すればよいとする（昭和24・3・15民事甲3499号回答，昭和24・5・19民事甲1008号回答，大阪高決昭和28・9・3高民6巻9号530頁。なお，小石寿夫「誰が親権者となるか」家族法大系V親権・後見・扶養―46〜47頁参照）。しかし，この場合において，家庭裁判所において親権者を父に変更する審判がなされ，これに基づき親権者変更の届出があったときは，これを受理するほかはないとしており（昭和25・2・6民事甲284号回答，昭和26・9・27民事甲1804号回答，昭和29・12・21民事㈡発490号回答）（**注1**），また，父が認知している嫡出でない子の母が死亡した後，父を親権者に指定する審判が確定しその旨の届出があったときは，これを受理するほかはないとしている（昭和48・4・25民二3408号回答）（**注2**）。なお，これらはいずれも後見開始後いまだ後見人の選任がされていない場合における親権者の変更又は指定の審判に基づく届出の取扱いに関するものであるが，その後，先例は，後見人の選任後においても，親権者変更の審判があり，これに基づく届出があったときはこれを受理し，これによって後見は終了するものとして取り扱って差し支えないとしている（昭和50・7・2民二3517号回答）。

（**注1**）この問題については，戸籍先例上かなりの変遷がみられる。単独親権者が死亡した場合，先例は，上記のように当初は後見が開始する（前掲昭23―2370号回答）としながらも，嫡出でない子の母が死亡し，いまだ後見人が選任されないうちに父が認知した場合には，民法第819条第5項に基づく審判により父を親権者に指定することができるとした（昭和23・10・15民事甲660号回答）。しかし，その後間もなく，この見解を改め，後見が開始した以上，他方実親の親権は民法第819条第5項及び第6項の規定に基づく指定又は変更の審判をもってしても回復されることはないとした（前掲昭24―3499号回答・昭24―1008号回答）。ところが，その後，上記のとおり家庭裁判所で他方実親を親権者とする親権者変更の審判をし，これに基づき届出（当該審判書謄本を添付）があったときは受理するほかはないとした（前掲昭和25―284号回答・昭和26―1804号回答）。これにより実質的には，親権者変更の審判を認めるような結果となったようにみられるが，しかし，これらの先例が，上記の場合に，届出を受理するほかはないとしたのは，①その審判の内容の当否にかかわらず，当該親権者変更の審判の有する形成力によって他方実親に親権者たる地位が付与されるという実体的効果（言い換えれば，親権者変更の効力が発生していること）を是認せざるを得ないこと，②親権者変更

の審判に基づく戸籍の届出は，その旨の報告的届出に過ぎないし，しかもその届出の受理に際し親権者変更の実体法上の可否に関してまでの審査をすることは，市町村における事務手続（届出審査を含めて）等を複雑かつ煩さにするのみでなく，当事者の意思を無視することにもなりかねないこと等を考慮したものと解されるのであって，単独親権者の死亡によって既に後見が開始している場合にも親権者変更の審判ができるとし，あるいは後見開始説と異なる見解の下に同審判が可能であるとする考え方を積極的に肯定した趣旨とは解されない。

（注2）この場合，従来の先例では否定的であった（前記（注1）参照）が，変更の理由は，そもそもこの場合は民法第819条第4項の規定により父母の協議で父を親権者と定めることができたのであるが，母の死亡によって協議不能となったので，同条第5項の規定により家庭裁判所が協議に代わる親権者指定の審判をする余地があると解した点にあるものと思われる。

第2　親権者の指定

1　協議による親権者の指定

(1)　親権者の指定を要する場合

ア　父母が離婚をするとき（民819条1項）

　共同親権を行っている父母が離婚をした後は，いずれか一方の単独親権となる。離婚が行われた場合には，父母は以後生活を共にしないのが通常であり，したがって，このような父母に親権を共同行使させることは事実上不可能に近く，また，不適当でもあるからである。そこで，共同親権を行っている父母が離婚をするときは，その協議で，必ずその一方を親権者と定めなければならないとされる。

イ　15歳未満の養子が協議離縁をする場合に，実父母が離婚しているとき（民811条3項）

　15歳未満の養子が協議離縁をする場合には，その縁組について代諾した実父母（すなわち養子の離縁後における親権者）がいるときは，その実父母が離縁協議者となるが（民811条2項），実父母が離婚しているときは，その協議で，その一方を親権者となるべき者と定めなければならないとされる。この場合，親権者となるべき者と定められた実父又は実母は，離縁届受理の日から親権を行うことになるので，協議によって定められた場合には，戸籍法第78条の場合に準じて，親権者指定の届出を要することにな

る。

⑵　親権者の指定をなし得る場合

　ア　子の出生前に父母が離婚したとき（民819条3項）

　イ　嫡出でない子を父が認知したとき（民819条4項）

　子の出生当時父母が婚姻関係にないときは，子は原則として母の単独親権に服する。すなわち，上記の場合がこれに該当する。これらの場合は，いずれも父母が共同して親権を行使することに事実上困難を伴うことから，子の養育上の便宜に従って母を一応の親権者としたものであって，父に親権者たる資格が欠けているからではない。そこで，前記アの場合には，子の出生後において，イの場合には，父の認知後において，それぞれ父母の協議によって父を親権者に定めることができるとされる。

2　審判による親権者の指定

　前記1の⑴のアイ，及び⑵のアイの各場合において，父母の協議が調わないか又は協議が不能であるときは，父又は母の請求によって家庭裁判所が協議に代わる審判によって親権者たるべき者を定めることとなる（民819条5項・811条4項）。このほか，裁判による離婚の場合には，裁判所が子の利益・福祉の観点から，父母の一方を親権者と定めることとなる（民819条2項）。

3　親権者指定の能力

　協議による親権者の指定は，将来に向かって父母の一方を子の親権者と定めることを目的とする父母の合意である。協議の当事者は父母であることはいうまでもないが，それが内容的に親権の行使に属さないことは，親権者でない者がその協議に加わることからも明らかである。そこで，一般の身分行為の例に従い，未成年者であっても意思能力を有する者は自ら独立してこの協議をすることができるものと解されている。先例も，未成年の母が出生した嫡出でない子を，未成年の父（満15歳以上）が認知した場合に，親権代行者がその父母に代わって指定の協議をすることはできないとしている（昭和26・3・6民事甲412号回答）。

4 親権者指定の方式

(1) 協議による指定の場合

協議による親権者指定の方式について，民法上特段の規定はないが，第819条第3項ただし書（前述1の(2)アの場合）及び第4項（前述1の(2)イの場合）による指定については，戸籍法第78条において，「協議で親権者を定めようとする者は，その旨を届け出なければならない。」と規定しているところから，これらの指定が戸籍への届出を成立要件とする要式行為であると解される。これに対して，父母の離婚の際における親権者の指定については，民法上そのような規定はなく，離婚届書の一記載事項とされているに過ぎない（戸76条）。そこで，先例（昭和25・6・10民事甲1653号回答）は，この場合には，父母間において協議が成立すれば，直ちに指定の効力が生ずるものと解しているようである。

(2) 裁判による指定の場合

離婚の判決とともに父母の一方を親権者に指定する判決（民819条2項），又は親権者の指定につき協議不調又は不能のため協議に代わる審判（民819条5項，家事284条1項本文）がなされたときは，これらの裁判確定と同時に指定の効力を生ずる。

家事調停において親権者指定の合意が成立し，これが調書に記載されたときは，その記載は確定審判と同一の効力を有するから（家事268条1項），この時に指定が成立したものとなることはいうまでもない（昭和26・10・16民事甲1956号回答）。

(3) 和解による指定の場合

未成年の子を有する夫婦の離婚の訴訟において離婚の和解が成立し，併せてその子の親権者の指定について合意がされ，調書にその旨の記載がされることにより確定判決と同一の効力が生じるので（人訴37条，民訴267条），この時に指定が成立したこととなる（注）。

なお，人事訴訟法の下では，請求の認諾による離婚も認められることとなったが，親権者の指定を必要とする離婚の場合には，この認諾離婚は認められていないので（人訴37条1項ただし書），注意する必要がある。

(注) 旧人事訴訟手続法（明治31年法律13号）の下では，人事訴訟一般について訴訟上の
和解を認めていなかったため，離婚訴訟において，離婚及び親権者指定につき和解が成
立し，その和解調書の謄本を添付して離婚の届出がされた場合，これを受理することは
できないとされていた（昭和26・4・28民事甲902号回答，昭和35・12・28民事甲
3364号回答参照）。

第3　親権者の変更

1　意　義

　父母が協議上の離婚又は裁判上の離婚をする場合には，その協議又は裁判に
よって父母の一方を未成年の子の親権者と定めることになる（民819条1項・2
項）。したがって，この親権者の指定がなされると，父母の共同親権からその
一方の単独親権に変わることになるわけであるが，この場合，民法は，これを
親権者の変更ではなく親権者の指定というかたちで規定している。このことは,
嫡出でない子につき父の認知後，父母間の協議ないし審判によって父を親権者
と定めた場合（民819条4項・5項）でも同様である。要するに，親権者の変更
とは，上記により父母の一方が親権者と定められた（この点については，なお前記
第2の項参照）後において，調停又は審判によって親権者を他の一方に変更する
ことをいうのである。

2　変更手続

　父母間の協議，調停，審判又は判決によって，父母の一方が親権者と定めら
れた後において，その親権者が子の利益・福祉の観点から不適当であることが
判明するとか，あるいは当初の事情の変更等によって親権者をそのままにして
おくことが子の福祉に合致しなくなったりすることがあり得る。このような場
合には，子の親族の請求によって，家庭裁判所は，親権者を他の一方に変更す
ることができるものとされる（民819条6項）。

　親権者の変更は，父母間の協議のみではすることができない（これは，親権者
の変更を父母の協議に任せると，父母の恣意を許すこととなり，結果的に子の福祉が阻害さ
れるおそれが生ずるからである。）。上記のとおり子の親族から，家庭裁判所に申し
立てて**(注)**，調停（両者の意見が一致した場合）又は審判（両者の意見が対立した場合

とか一方の所在不明等で調停を行うことができない場合）によって変更される。裁判所の関与を必要としたのは，後述の親権の辞任が裁判所の許可を要するとしたのと同一理由によるものと解されている（村崎「先例判例親権・後見・扶養法」29頁，昭和27・6名古屋高裁管内家事審判官会同最高裁家庭局見解，昭和27・6福岡高裁管内家事審判官会同最高裁家庭局見解）。

(注) ここに「子の親族」とは，変更によって親権者となる親に限らない。現在の親権者はもちろん，子の親族であれば誰からでも，子の利益のため必要があると認められるときには，親権者の変更を請求することができる（民819条6項）。親族からの請求の場合は，父母双方を相手方とし，また，子が満15歳以上であるときには，子の陳述を聴かなければならないとされる（家事169条2項）。

3　後見開始と親権者の変更

　前述のように父母の協議又は裁判によって親権者と定められた父又は母が死亡し，若しくはその他の事由（親権喪失・辞任）によって親権を失った後に，他方に親権者を変更し得るかについては，学説上異論のあるところであるが，多数説は，他の一方が生存中であっても当然に親権者となるのではなく，親権者のない場合として後見が開始するとし，戸籍先例も原則的には後見開始後における親権者変更（審判）を否定する立場をとっている（昭和24・5・19民事甲1008号回答）。しかし，家庭裁判所においてこれと異なる見解の下に親権者を他方に変更する旨の審判がなされ，これに基づく届出があったときは，これを受理するほかはないとしている（昭和26・9・27民事甲1804号回答）。

　同様の趣旨により，例えば，離婚の際に指定した親権者が死亡し，他方の実親が後見人に選任され（民838条），戸籍にもその旨の記載がされた後，その者を親権者とする親権者変更の審判が確定した場合において，その審判に基づく親権者変更の届出があったときも，これを受理せざるを得ないとしている（昭和50・7・2民二3517号回答。なお，前述第1の4(2)ウの（注1）19頁以下参照）。

　ところで，父母離婚の際，その協議により未成年の子の親権者と定められた父又は母が死亡したときには，前述のとおり後見が開始するとするのが先例の立場であるが，この場合において，生存する父又は母を親権者と定める審判例もみられ，その審判の謄本を添付してなされた親権者指定届の受否が問題とな

る。

　先例は，当初は，親権者指定後更に親権者を指定することは理論上あり得ないとの趣旨から，その審判に基づく親権者指定届はもちろん，親権者変更届として届出がなされてもこれを受理すべきではないとしていた（昭和41・4・5民事㈡発355号回答）が，その後，従前からの後見開始後は生存親から親権者指定の請求はできないとする立場をとりつつも，上記の場合には，親権者変更の届出に訂正を求めた上でこれを受理すべきであるとした（昭和54・8・31民二4471号通達）**（注）**。

　（注） 上記先例の趣旨とするところは，単独親権者の死亡後における生存実親への親権者指定の審判は，民法第819条第5項の協議に代わる性質を有する審判をしたもの（したがって，実体的に無効と解しなければならない必然性はない。）とみられるとしても，講学上は同条第6項の変更審判なのであり，戸籍の届出もまた，戸籍法第79条に基づく親権者変更の報告的届出にほかならないのであるから，当該審判に基づく届出にあたっては，親権者変更届とする（当該審判の謄本を添付して親権者指定届として提出されたときは，親権者変更届に訂正を求める。）のが相当であるとしたものと解される。

第4　親権喪失，親権停止又は管理権喪失

　近現代における親権は，子のための親権であることにあるから，その父又は母を親権者としておくことが，かえって子の福祉・利益に著しく反する場合には，その父又は母の意思にかかわらず，その親権の全部又は一部を喪失させることが必要となる。これが親権喪失の制度である（民834条）。民法は，親権の全部喪失の場合（親権の喪失）と一部喪失（管理権の喪失）の場合及び親権停止の場合について規定している。

1　親権の喪失
(1)　親権喪失の審判
ア　親権喪失の原因

　　父又は母による虐待又は悪意の遺棄があるときその他父又は母による親権の行使が著しく困難又は不適当であることにより子の利益を著しく害するときは（2年以内にその原因が消滅する見込みがあるときを除く。），家庭裁判所

は，子，その親族，未成年後見人，未成年後見監督人，検察官又は児童相談所長の請求により，その父又は母について，親権喪失の審判をすることができるとされている（民834条，児童福祉法33条の7）（注）。ここに「虐待」とは，子を身体的又は精神的に苛酷な取扱いをすることであり，「悪意の遺棄」とは，正当な理由がないのに著しく監護養育の義務を怠ることである。また，父又は母による「親権の行使が著しく困難である」とは，精神的又は身体的故障により適切な親権の行使が不可能であるか，これに近い状態にあることを意味する。「親権の行使が著しく不適当である」とは，子を虐待し，又は通常未成年の子の養育に必要な措置をほとんどとっていないなど，親権行使の方法が適切を欠く程度が高い場合や，父又は母に親権を行使させることが子の健全な育成等のために著しく不適当であることを意味する（民事月報66巻7号12頁以下）。

　イ　親権喪失の審判の請求手続

　親権喪失の審判の請求は，前記アに掲げる者から，子の住所地の家庭裁判所にすることとされている（家事167条）。親権喪失の審判の申立権は，子自身にも認められているが，これは，子は，親権に係る法律関係の当事者であり，親権喪失等の審判によって直接の影響を受けるものであること，また，直接，家庭裁判所へ請求することができた方が，迅速に子の利益を確保することにつながると考えられることなどによるものとされる。

　親権喪失事件は，調停に親しまないため，専ら審判手続によって処理される（家事39条・別表第一の67）。

　家庭裁判所は，親権喪失の審判にあたっては，審判の期日において子（15歳以上のものに限る。）及び子の親権者の陳述を聴かなければならないとされる（家事169条1項1号）。

(2)　親権喪失の審判の効果

　親権喪失の審判については，即時抗告が許されるので，その期間の経過により審判が確定することとなる（家事172条・86条・74条2項）。

　親権喪失の制度は，前記のとおり，親権者の意思に関係なく，子の福祉・利益のため親権の全部を剥奪する制度であり，家庭裁判所における親権喪失の審判が確定すると，親権者は将来に向かって親権の全部を全面的に失うこ

とになる。その結果，共同親権者の他方の単独親権となり，また，共同親権者の双方が同時に若しくは単独親権者がこの審判を受けたときは，未成年後見開始の原因となる（民838条1号）。

(注) 親権の喪失に関する民法第834条の規定は，従前は，親権喪失の原因について「父又は母が，親権を濫用し，又は著しく不行跡であるとき」としていたが，この要件は，子の利益等の観点からの見直しが図られ，平成23年法律第61号による民法等の一部改正（平成24・4・1施行）により現行のとおり改められた。

2　親権の停止

(1)　親権停止の審判

　ア　親権停止の原因

　　父又は母による親権の行使が困難又は不適当であることにより子の利益を害するときは，家庭裁判所は，子，その親族，未成年後見人，未成年後見監督人，検察官又は児童相談所長の請求により，その父又は母について，親権停止の審判をすることができるとされている（民834条の2第1項，児童福祉法33条の7）**(注)**。

　　家庭裁判所は，親権停止の審判をするときは，その原因が消滅するまでに要すると見込まれる期間，子の心身の状態及び生活の状況その他一切の事情を考慮して，2年を超えない範囲内で親権を停止する期間を定めるものとされている（民834条の2第2項）。

　　上記にいう親権停止の原因としての「父又は母による親権の行使が困難又は不適当であること」とは，親権喪失の原因（前述1(1)アの項参照）よりも軽度の事由を親権停止の審判の原因としたものと解される。また，「親権の行使が困難であること」とは，親権者の精神的又は身体的故障等により適切な親権の行使が困難な状態にあることをいい，「親権の行使が不適当であること」とは，虐待をしたり，通常未成年の子の養育に必要な措置をとっていないなど，親権行使の方法が適切を欠いている場合，あるいは父又は母に親権を行使させることが子の健全な生育等の上で不適当である場合をいうとされる。

　イ　親権停止の審判の請求手続

親権停止の審判の請求は，前記アに掲げる者から，子の住所地の家庭裁判所にすることとされている（家事167条）。

親権停止事件は，調停に親しまないため，専ら審判手続によって処理される（家事39条・別表第一の67）。

(2) 親権停止の審判の効果

親権停止の審判については，即時抗告が許されるので，その期間の経過により審判が確定することとなる（家事172条・86条・74条2項）。

親権停止の審判の確定により，当該親権者の親権は，審判で定められた2年以内の期間に限って行使することができない。このため，共同親権者の双方が同時に審判を受けたときは，未成年後見の開始原因となる。もし，一方のみが審判を受けたときは，他の一方の単独親権となり，また，単独親権者が親権停止の審判を受けたときは，未成年後見開始の原因となる。

(3) 親権停止期間の満了

親権の停止期間が満了した場合には，停止の効果が消滅する。したがって，親権を停止されていた父又は母は，原則として親権を行うことができることとなる。しかし，期間満了後においても，なお父又は母に親権を行わせることが子の利益を害するような場合には，家庭裁判所は，子の親族や未成年後見人等の請求により，改めて親権停止の審判をすることができる。

(注) 親権停止の制度は，親権喪失の要件を満たすには至らない比較的程度の軽い事案（例えば，いわゆる医療ネグレクトの場合など一定期間親権を制限すれば足りる場合）については，必要に応じて適切に親権を制限する制度として平成23年法律第61号による民法等の一部改正により新設されたものである（民法834条の2—平成24・4・1施行）。

3 管理権の喪失

(1) 管理権喪失の審判

ア 管理権喪失の原因

父又は母による管理権の行使が困難又は不適当であることにより子の利益を害するときは，家庭裁判所は，子，その親族，未成年後見人，未成年後見監督人，検察官又は児童相談所長の請求により，その父又は母について，管理権喪失の審判をすることができるとされている（民835条，児童福

祉法33条の7）。

　ここに管理権とは，親権の内容（効力）である子の財産上に関する権利義務をいう。すなわち，管理権は，親権の作用の一部であって，子の財産を管理する権利（義務でもある。）をいうのである。また，「子の利益を害する」とは，現実に財産の喪失又は減少を来したことを要しないが，単に将来被害の可能性が考えられる程度では足りないとされる（中川「註釈親族法（下）」122頁）。子の財産を危うくした場合でなくても，例えば，子が第三者と賃貸借契約等の法律行為をする際に，親権者が合理的な理由もなくこれに同意せず，それによって子の利益が害されるというような場合が考えられる（民事月報66巻7号15頁）。

　管理権の行使が困難又は不適当か否かは，普通一般の親権者が用いる注意力を標準として判断されるべきである。親権者がその管理する不動産を売却することの一事をもって直ちに管理権喪失の原因となるものではなく，売却の動機・原因，その売却が現在及び将来における子の財産の維持運営ないしは子の生活全体にわたる諸般の事情からみて，子の利益を害するか否かを検討して判定すべきであるとされる（東京高決昭和35・2・9家月12巻11号125頁）。

イ　管理権喪失の審判の請求手続

　管理権喪失の審判の請求は，前記アに掲げる者から，子の住所地の家庭裁判所にすることとされている（家事167条）。子自身からの請求も認められるが，その趣旨は，前記1の親権喪失の場合と同様である。

　管理権喪失事件は，親権喪失事件と同じく専ら審判手続によって処理される（家事39条・別表第一の67）。

(2)　管理権喪失の審判の効果

　管理権喪失の審判については，即時抗告が許されるので，その期間の経過により審判が確定することとなる（家事172条・86条・74条2項）。

　管理権喪失の審判の確定により，親権者は，前記のとおり子の財産の管理権を失うことはいうまでもない。そこで，共同親権者の一方について管理権喪失の審判があったときは，未成年の子に対する身上の監護はなお共同して行うが，財産の管理は管理権喪失の審判を受けない他方が単独で行うことと

なる。すなわち，管理権喪失の審判を受けた親権者は子の財産につき法定代理権を失い，かつ子の財産上の法律行為について同意権を行使することもできない。単独親権者が管理権喪失の審判を受けたときは，未成年の子の身上監護権のみを行い，子の財産の管理は，管理権のみを有する未成年後見人が選任され，この後見人のみが子の財産上の法律行為を代理し，又はこれに同意を与える（民838条1号後段・868条）。

　なお，親権者が，上記により管理権を失っても，残された親権の内容である子の身上に関する権利義務（すなわち，第1で述べた①監護教育の権利義務，②居所指定権，③懲戒権，④職業許可権，⑤未成年後見人及び未成年後見監督人の指定権のほか，子の身分行為に対する代理権等）は，なお有することになる。

第5　親権喪失，親権停止又は管理権喪失の審判の取消し

1　意　義

　親権喪失（民834条），親権停止（民834条の2）又は管理権喪失（民835条）の各審判の原因が消滅したときは，家庭裁判所は，本人（親権喪失等の審判を受けた父又は母）又はその親族からの請求により，それぞれの審判を取り消すことができる（民836条）。親権喪失等の審判は，それぞれ親権を行う父又は母の親権の全部又は一部を喪失させ又は停止するものであるため（第4の項参照），その原因が消滅すればこれを取り消して回復させ，本来の親子関係を回復させようとするものである。

　なお，上記の各審判の取消しの請求は，児童相談所長もすることができる（児童福祉法33条の7）。

2　審判取消しの請求手続

　前記の各審判の取消しの請求は，前記1に掲げる者から，子の住所地の家庭裁判所にすることとされている（家事167条・168条・別表第一の68）。

　なお，当該取消事件は，専ら審判手続によって処理され，即時抗告期間の経過により審判が確定することとなる（家事39条・別表第一の68・172条・86条・74条2項）。

3　取消審判の効果

　親権喪失又は親権停止の審判につき取消しの審判が確定したときは，親権は将来に向かって回復する。したがって，共同親権者である父母の一方が親権を喪失し，他方が単独で親権を行っていた場合に取消しがされたときは，父母の共同親権となり，共同親権者である父母が同時に親権を喪失するか又は単独親権者が親権を喪失したことにより，未成年後見が開始していた場合は，未成年後見は終了し，親権が回復する。

　管理権喪失の審判につき取消しの審判が確定したときは，父又は母の単独管理権は父母の共同管理権となり，管理権のみについて後見が開始しているときは，その後見は終了し，管理権が回復することとなる。

第6　親権・管理権の辞任・回復

1　親権・管理権の辞任

⑴　意　義

　親権を行う父又は母は，やむを得ない事由があるときは，家庭裁判所の許可を得て，親権又は管理権を辞任することができる（民837条1項）。親権・管理権の辞任について家庭裁判所の許可を要件とした理由は，親権が子の福祉・利益のための義務的性格を伴う権利であることから，親権者がみだりに親の義務である親権・管理権を放棄することのないよう，あるいは他からの強要によって辞任することのないよう，その辞任が真にやむを得ないものであるかどうかを家庭裁判所に判断させることにあるとされる。やむを得ない事由については，子の福祉・利益保護の視点から判断すべきであり，具体的事情に即して決定されるべきである。その事由の具体的事例としては，親権の辞任については，重病，長期にわたる病気，服役，海外出張等による長期不在あるいは再婚の関係等により親権を行使することが主観的にも客観的にも不能又は著しく困難な場合とされる。また，管理権の辞任については，健康，知識，経験，能力の関係等により財産管理が十分に行い得ない場合が挙げられている（中川「註釈親族法（下）」127頁，「新版注釈民法⒇」184頁）。

⑵　要件と効果

　親権又は管理権の辞任は，家庭裁判所の辞任許可の審判を得ただけでは効

力が発生せず，戸籍法に基づく届出によって初めて効力を生ずる（戸80条）。
この点，後述（第2章「未成年者の後見届」第1節第4の3の項60頁）の未成年後
見人の辞任が，辞任許可の審判によってその効力が生ずるのと異なる（家事
74条2項，戸80条・38条2項）。

　父母の一方が単独で親権を行っている場合に，その親権者が親権又は管理
権を辞任したとき，又は父母が共同で親権を行っている場合に，父母双方が
親権を辞任したときは，いずれも親権を行う者（単独親権者が管理権を辞任
したときは管理権を行う者）がなくなるため，未成年後見が開始する（民
838条1号）。なお，父母が共同で親権を行っている場合に，その一方が辞任
したときは，他方の単独親権となることはいうまでもない。

2　親権・管理権の回復

　親権又は管理権を辞任した後に，その辞任の理由となった事由が消滅したと
きは，父又は母は，家庭裁判所の許可を得て，親権又は管理権を回復すること
ができる（民837条2項）。親権又は管理権の回復についても，前記1の辞任の
場合と同様，戸籍法に基づく届出によってその効力を生ずる（戸80条）。

第7　親権者の職務執行停止・代行者選任

1　意　義

　親権喪失，親権停止，管理権喪失，親権者の指定又は変更の申立てがあった
場合において，家庭裁判所は，子の利益のため必要があると認めるときは，当
該申立てをした者の申立てにより，親権喪失，親権停止，管理権喪失，親権者
の指定又は変更についての審判が効力を生ずるまでの間，仮の処分として，親
権者の職務の執行を停止し又はその職務代行者を選任することができるとされ
る（いわゆる審判前の保全処分—家事105条1項・174条1項・175条3項）。なお，この
処分は，あくまで暫定的なものである。

2　審判の確定と効力

　親権者の職務の執行を停止する審判は，職務の執行を停止される親権者，子
に対し親権を行う者又は選任された職務代行者（家事116条2号・174条1項。なお，

代行者については改任も認められる（家事174条3項））に告知されることによって，その効力を生ずる（家事174条2項）。

　親権者の職務の執行停止及び職務代行者の選任（改任）に関する事項は，裁判所書記官の嘱託により，子の戸籍の身分事項欄に記載される。

　上記の処分が効力を失った場合についても同様に裁判所書記官の嘱託により戸籍の記載がされる（家事116条2号，法定記載例114〜117，参考記載例146〜148参照）。

第8　親権に関する戸籍の記載

　親権者が誰であるかは，子との間で養子縁組等の身分行為をしようとする第三者や，売買その他の財産行為をしようとする第三者にとっては，その利害に影響するところが少なくない。そこで，これを戸籍に記載して一般に公示する必要がある。しかし，すべての未成年者についてこれを記載することとするのは極めて煩雑であることから，民法上の親権者に関する例外的な事項だけを記載して，その記載と民法の原則的規定と相俟って裏面から親権関係を明らかにする方法（原則的事項の省略による潜在的公示）をとることとしている。例えば，未成年の子がある父母が離婚する場合には，必ず父母の一方を子の親権者と定め（民819条1項・2項・5項），これを離婚届書に記載して届出されるので（戸76条・77条2項），これに基づき戸籍に記載をする。あるいは父母の離婚後に出生した子又は父が認知した嫡出でない子につき，親権者を母から父に変える場合（民819条3項ただし書・4項・5項）には，親権者指定の届出（戸78条・79条）に基づき戸籍の記載をするが，嫡出でない子の母が未成年者である場合の親権代行者（民833条）等については，戸籍には記載せず，当該母の生年月日をもとにして関係の戸籍の記載によって親権関係を把握することとしているわけである。

　なお，親権者の職務の執行を停止する裁判及びその職務代行者を選任（改任）する裁判が効力を生じた場合又は効力を失った場合は，裁判所書記官からの嘱託に基づいて戸籍の記載がされることになっている（戸15条，家事116条2号，家事規76条2項1号・2号）（注）。

　（注）　1　裁判所書記官からの戸籍の記載嘱託

戸籍の記載嘱託制度は，昭和55年法律第51号による「民法及び家事審判法の一部を改正する法律」（昭和56・1・1施行）によって導入されたものである。

改正前においては，親権又は管理権喪失の宣告，後見人等の辞任許可・解任の審判がされた場合は，その審判後に選任された後見人等からの届出があって初めて戸籍に記載された。しかし，その届出は，届出までに相当の期間を要するため，その間に第三者が戸籍の記載を信頼して従来の親権者により子と取引をすると，その取引は無権代理行為（民113条）となり，第三者の権利を害することになる。こうした不都合を防止する観点から，家庭裁判所からの審判確定通知を受けたとき（旧家審規78条・71条）は，その旨を記載した付せんを関係する戸籍の上部に貼付し，これを事実上公示する取扱いをしていた（昭和25・10・12民事甲2697号回答，昭和26・6・6民事甲1202号回答）。また，親権者の職務の執行停止及び職務代行者の選任の審判がされた場合も同様の取扱いをしていた。しかし，この取扱いは法令に基づかない便宜的な措置であり，また，公示方法としても不完全であるため，前記のとおり改正され，嘱託制度が導入されることとなったものである。

2　親権終了の戸籍記載

戸籍に親権事項（例えば，父母の離婚に伴う親権者指定事項）が記載されている未成年の子が成年に達し又は婚姻により成年擬制された（民753条）**（注）**場合には，親権は終了することとなるが，親権終了の届出はされず，本人から申出がされた場合に限り，その旨を記載する取扱いとされている（参照・参考記載例149・150，昭和54・8・21民二4391号通達）。

（注） 平成30年法律第59号による民法の一部改正により，婚姻による成年擬制に関する第753条の規定は削除となる（令和4・4・1施行）。第1の1「親権の意義と内容」の項（注1）2頁参照。

第2節　親権（管理権）届出の諸要件

〔1〕届出事件細別	〔2〕届出事件本人	〔3〕届出期間	〔4〕届出地	〔5〕届出義務者又は届出当事者	〔6〕添付書類	関係法条
協議による親権者指定届	子及び父母	届出によって効力を生ずる	子，父若しくは母の本籍地又は届出人の所在地	父母		戸78，25民819③④

裁判による親権者指定届	子及び親権者	調停成立又は審判確定の日から10日以内	子若しくは親権者の本籍地又は届出人の所在地	親権者	調停調書又は審判の謄本及び確定証明書	戸79，63①，25 民819③④⑤
親権者変更届	同上	同上	同上	同上	同上	戸79，63①，25 民819⑥
親権喪失，親権停止，管理権喪失の審判取消届	子及び親権を喪失した者，親権を停止された者又は管理権を喪失した者	審判確定の日から10日以内	子若しくは親権を喪失した者，親権を停止された者，管理権を喪失した者の本籍地又は届出人の所在地	審判の申立人	審判の謄本及び確定証明書	戸79，63①，25 民834―836
親権，管理権辞任届	子及び親権又は管理権を辞任する者	届出によって効力を生ずる	子若しくは辞任する親権者の本籍地又は届出人（辞任者）の所在地	辞任者	許可書の謄本	戸80，25，38② 民837①
親権，管理権回復届	子及び親権又は管理権を回復する者	同上	子若しくは回復する親権者の本籍地又は届出人（回復者）の所在地	回復者	同上	戸80，25，38② 民837②

〈注　解〉

〔1〕　届出事件細別

1　協議による親権者指定の届出を要するのは，次の場合である。

(1)　子の出生前に，父母が離婚した場合

　　上記の場合には，母が法律上当然に子の親権者となる（民819条3項本文）が，子の出生後において，父母の協議によって父を親権者と定めることもできる（同項ただし書）。この場合には，父母から親権者指定の届出をする必要があり（戸78条），この届出をしなければ，親権者指定の効力は生じない。な

お，子が父母の婚姻取消し後に出生した場合も，母が法律上当然に親権者となると解されるが，この場合も，父母の協議によって父を親権者とするときは，親権者指定の届出を要することとなる。

(2) 嫡出でない子を父が認知した場合

上記の場合にも，母が法律上当然に子の親権者となるが，父の認知後において，父母の協議によって父を親権者と定めることができる（民819条4項）。この場合にも，父母から親権者指定の届出をしなければ，親権者指定の効力は生じない。

(3) 15歳未満の養子が協議離縁をする場合に，実父母が離婚しているとき

15歳未満の養子が協議離縁をする場合に，その縁組について代諾した実父母が縁組後に離婚しているときは，その協議で，その一方を養子の離縁後の親権者となるべき者と定め（民811条3項），その定められた実父又は実母と養親との協議で離縁をすることとなる（民811条2項）。この場合，親権者となるべき者と定められた実父又は実母は，離縁届受理の日から親権を行うこととなるから，実父母の双方から親権者指定の届出をすべきである（戸78条準用）。なお，後述第3節1(2)の項44頁以下参照。

(4) 父母が未成年の子の親権者を定めず離婚した場合

未成年の子を有する父母が離婚をする場合には，必ずその一方を離婚後の親権者と定めなければならない。すなわち，協議離婚の場合には，父母の協議又は協議に代わる審判により，裁判離婚の場合には裁判所によりそれぞれ親権者が定められる（民819条1項・2項・5項）が，この場合における親権者指定に関する事項は離婚届出の中に包摂されているので，別個に届出をする必要がないことはいうまでもない。しかし，上記の各場合，すなわち協議離婚において親権者の定めのない離婚届が誤って受理された場合，又は裁判離婚において親権者の決定が遺脱された場合には，一応父母の共同親権と解するほかはない（昭和28・7・6民事甲967号回答）が，父母の協議による親権者指定の届出が認められる（昭和24・3・7民事甲499号回答，昭和34・10・31民事甲2426号回答）。

以上の各場合すなわち(1)及び(2)において，子の親権者を父母の協議によって父を親権者と定めた場合，(3)及び(4)において，子の親権者を父母の協議又

は裁判によって父母の一方を親権者と定めた場合に，再び親権者を父母のいずれかに変更するためには，家庭裁判所の親権者変更の審判を得て，次の3の届出をすべきであり（民819条6項，戸79条），父母の協議によってこれを変更することは認められない。

2　裁判による親権者指定の届出を要するのは，次の場合である。

⑴　①子の出生前に父母が離婚した場合，又は②嫡出でない子を父が認知した場合において，親権者を父と指定することについて父母間に協議が調わないか，又は協議をすることができないときには，父又は母から家庭裁判所に申立てをして，協議に代わる審判（すなわち父を親権者に指定する審判）を得た上，これに基づき親権者指定の届出をすることとなる（民819条5項，戸79条）。

　　上記の親権者の指定は，いわゆる調停前置主義が適用されるので，父又は母はまず家庭裁判所に対して調停の申立てをする必要がある（家事257条1項）。そして，その調停において父母間に合意が成立し，これが調書に記載されたときは，確定審判と同一の効力が与えられる（家事268条）。調停が不成立になったときは，調停申立ての時に審判の申立てがあったものとみなされ（家事272条4項），事件は審判手続に移行することとなる。この親権者指定の審判に対しては即時抗告が許されるので（家事172条1項10号），当該審判は，その抗告期間（2週間）の経過によって確定することとなる。

　　なお，親権者指定の審判に対して即時抗告がなされたときは，上級審の裁判の確定を待たなければ届出をすることができない。

⑵　15歳未満の養子が協議離縁をする場合に，実父母が離婚しているときは，その協議で，その一方を養子の離縁後の親権者となるべき者と定めなければならないところ，父母間の協議が調わないか又は協議をすることができないときは，前述⑴の①及び②の場合と同様に，家庭裁判所の協議に代わる審判を得た上で親権者指定の届出をすることとなる（家事39条・別表第二の7，民811条4項，戸79条）。もっとも，この場合，養子離縁届と親権者指定届とは同一人（すなわち養子の離縁後の親権者となるべき者）からすることになるので，離縁届の「その他」欄に親権者指定に関する事項を記載し，

これによって別の書面による親権者指定届に代えることが認められる（昭和37・5・30民事甲1469号通達二の二(3)）。

　なお，前述(1)の①及び②の各場合において，親権者である母が既に死亡し又は親権を喪失した場合には，未成年後見が開始するが，この場合における親権者指定審判の可否及びそれに基づく届出の受否については，第1節第1の4(2)ウの項（18頁以下）で述べたとおりである。

3　親権者変更の届出を要するのは，次の場合である。

　(1)　父母離婚の際，その協議又は裁判によって未成年の子の親権者を父母の一方と定めた場合，(2)　父母離婚後の出生子についてその協議又はこれに代わる審判によって父を親権者と定めた場合，(3)　嫡出でない子について父の認知後父母の協議又はこれに代わる審判によって父を親権者と定めた場合において，その後，当該親権者が子の利益・福祉の上から不適当と認められるに至ったときは，子の親族から家庭裁判所に申立てをして，親権者を他の一方に変更する審判を得た上，これに基づき親権者変更の届出をすることとなる（民819条6項，戸79条。なお，この場合，父母の協議で親権者を変更することはできず，調停又は審判によることとなる。）。

　上記の親権者の変更も家事事件手続法別表第二の8に関する事件（家事244条）であって調停前置主義（家事257条）が適用されること，親権者変更審判に対して親権者から即時抗告ができること等は，前述2の裁判による親権者指定の場合と同様である。

　なお，上記の各場合において，親権者である父母の一方が既に死亡し又は親権を喪失した場合には，未成年後見が開始するが，この場合における親権者変更審判の可否及びそれに基づく届出の受否については，第1節第3の3の項（24頁）で述べたとおりである。

4　親権喪失，親権停止，又は管理権喪失の審判取消しの届出を要するのは，次の場合である。

　親権喪失，親権停止又は管理権喪失の審判を受けた者について，その原因（民834条本文・834条の2第1項・835条）が消滅したときは，本人，その親族又

は児童相談所長からの請求によって，家庭裁判所は，それぞれ親権喪失，親権停止又は管理権喪失の審判を取り消すことができるとされる（民836条，児童福祉法33条の7）。

親権喪失，親権停止又は管理権喪失の審判の取消しは，家事事件手続法別表第一の68の事件であり（家事168条4号），調停には親しまないため，もっぱら審判手続のみによって処理される。取消しの効力は，審判の確定によって発生し，親権者は将来に向かって親権又は管理権を回復することとなる。そこで，その旨を一般に公示するため，戸籍法上の届出を要するものとされる（戸79条後段・63条1項）。

5　親権・管理権辞任の届出は，やむを得ない事由（具体的事例につき第1節第6の1（31頁）参照）によって親権又は管理権を辞任しようとする親権者が家庭裁判所の辞任の許可の審判を得た場合になされる（民837条1項）。

親権・管理権辞任の許可審判事件は，家事事件手続法別表第一の69の審判事件であり（家事39条），いずれも調停には親しまないため（家事244条括弧書），専ら審判手続によって処理される。したがって，親権の辞任につき調停が成立しても，その効力は生じない（昭和25・2・6民事甲284号回答）。

親権・管理権の辞任は，家庭裁判所の許可の審判のみでは効力が生じない。戸籍法上の届出（戸80条）によって初めて辞任の効力を生ずる。家庭裁判所の許可を欠く辞任届は，たとえ誤って受理されても無効と解される。

父母の一方のみが親権を行っている場合に，親権又は管理権を辞任したとき，又は父母の双方が同時に辞任したときは未成年後見が開始する。そこで，家庭裁判所において親権又は管理権辞任許可の審判と未成年後見人選任の審判が同時になされた場合の処理が問題となる。親権又は管理権辞任の効力は，前述のとおり戸籍届出の受理によって生ずるものであるからである。この場合，当該未成年後見人選任の審判は，あらかじめ親権又は管理権辞任届の受理によって後見が開始する場合に備えてなされたものと解される。未成年後見人選任の審判が効力を生じたときは，裁判所書記官からの嘱託により戸籍の記載がされるから，未成年後見開始の届出は要しない。なお，この場合の未成年後見人就職の日は，親権又は管理権辞任の効力が生じた日（すなわち

同辞任届の受理の日）が相当するものと解される。

6　親権・管理権回復の届出は，親権又は管理権を辞任した親権者が，その辞任のやむを得ない事由が止んだため，これを回復する場合に家庭裁判所の許可の審判を得て行うものである（民837条2項）。

　　親権・管理権回復の許可審判事件も，家事事件手続法別表第一の69の審判事件であり（家事39条），専ら審判手続によって処理される。また，その回復の効力は，辞任の場合と同様に，許可の審判のみでは生ぜず，戸籍法上の届出（戸80条）の受理によって初めて生ずる。

　　親権又は管理権の回復によって未成年後見が終了する場合には，回復の届出をした上で，未成年後見終了の届出をすべきこととなる。

〔2〕　届出事件本人

〔1〕に掲げた親権（管理権）に関する各届事件については，つねに親権に服する未成年の子が届出事件本人であることは性質上当然である。しかし，親権者（すなわち親権を行う父母若しくは父又は母）については，その届出の内容のいかんによって届出事件本人が決定される。すなわち，届出を内容的にみると，(1)親権者となること（創設的届出の場合），(2)　親権者となったこと（報告的届出の場合），(3)　親権（管理権）を喪失し又は親権を停止され若しくはこれを回復したこと（報告的届出の場合），(4)　親権（管理権）を辞任し又は回復すること（創設的届出の場合）の四つに分けることができるが，上記のうち(1)については，「協議による親権者指定届」（〔1〕の1参照）がこれに該当し，親権者指定の協議者である父母が届出事件本人となる。(2)については，「裁判による親権者指定届」（〔1〕の2参照）及び「親権者変更届」（〔1〕の3参照）がこれに該当し，裁判により親権者と定められた者が届出事件本人となる。(3)については，「親権喪失・親権停止・管理権喪失審判の取消届」（〔1〕の4参照）がこれに該当し，親権を喪失した者，親権を停止された者又は管理権を喪失した者が届出事件本人となる。(4)については，「親権・管理権辞任届」（〔1〕の5参照）及び「親権・管理権回復届」（〔1〕の6参照）がこれに該当し，親権又は管理権を辞任又は回復しようとする者が届出事件本人となる。

〔3〕　届出期間

⑴　協議による親権者指定届及び親権又は管理権の辞任又は回復届は，いずれも市町村長の受理によって効力を生ずるいわゆる創設的届出であるから（〔1〕の1・5・6参照），届出期間なるものの概念の存しないことはいうまでもない。

⑵　裁判による親権者の指定又は変更は，調停の成立又は審判の確定によってその効力が生ずるから（〔1〕の2・3参照），これに基づく親権者の指定又は変更の届出は，報告的届出に属し，この届出期間については，調停成立又は審判が確定した日から10日以内とされる（戸79条・63条1項）。

⑶　親権喪失，親権停止又は管理権喪失の審判の取消しは，審判の確定によってその効力が生ずるから（〔1〕の4参照），これに基づく親権喪失，親権停止又は管理権喪失の審判の取消しの届出は，報告的届出に属し，この届出期間については，審判確定の日から10日以内とされる（戸79条・63条1項）。

〔4〕　届　出　地

⑴　協議による親権者指定届の届出地は，子・父・母の本籍地又は届出人である父母いずれかの所在地である（戸25条）。

⑵　裁判による親権者指定届の届出地は，子・親権者すなわち父又は母の本籍地若しくは所在地である（戸25条）。

⑶　親権者変更届の届出地は，子又は親権者と定められた者の本籍地又はその者の所在地である（戸25条）。

⑷　親権喪失，親権停止又は管理権喪失の審判取消届の届出地は，子又は審判の取消しを受けた父又は母の本籍地若しくは審判の申立人（当該審判の申立ては，本人又はその親族からすることができる─民836条）の所在地である（戸25条）。

⑸　親権又は管理権の辞任又は回復届の届出地は，子又は辞任・回復しようとする父又は母の本籍地若しくは所在地である（戸25条）。

〔5〕　届出義務者又は届出当事者

⑴　協議による親権者指定の届出は，前記のとおり創設的届出であるから，届出義務者なるものの概念はない。したがって，ここに届出人とは，親権者の指定につき協議をする者すなわち父及び母である。

　　ところで，上記の親権者指定の協議について，それが内容的に親権の行使にあたらないことは，それまで親権者でなかった者がその協議に加わることからみても明白である。そこで，一般の身分行為の例に従い，父又は母が仮に未成年者であっても，意思能力を有する以上は自ら協議をすることができると解する。先例においても，父又は母が未成年者である場合，その親権代行者が代わって協議をすることはできないと解している（昭和26・3・6民事甲412号回答）。

(2)　①裁判による親権者の指定，②親権者の変更，③親権喪失，親権停止又は管理権喪失の審判取消しの各届出は，いずれも報告的届出に属する。したがって，それぞれ届出義務者が定められている（戸79条）。

　　すなわち，上記の①については，親権者と指定された父又は母である。これは，審判又は調停の申立人が父である場合と母である場合（民819条5項）とで異なることはない。②については，親権者すなわち親権者と定められた父又は母である。親権者変更審判の申立ては，父・母に限らず，それ以外の者（すなわち，ひろく子の親族）からもすることが認められる（民819条6項）が，上記の申立人が親権者となろうとする父又は母以外の者であっても，届出義務者は，前述のとおり親権者と定められた父又は母であることに変わりはない。③については，当該取消しの審判の申立人である（戸79条・63条）。

(3)　親権又は管理権の辞任又は回復の届出は，いわゆる創設的届出であるから，届出義務者なるものの概念はない。したがって，ここに届出人とは，親権又は管理権を辞任又は回復しようとする当該父又は母である（戸80条）。

〔6〕　添付書類

(1)　協議による親権者の指定は，戸籍への届出を成立要件とする要式行為であり，父母双方がそれぞれ署名の上届出をすることとなるので，特別にその協議を証する書面の添付は要しない。

(2)　裁判による親権者の指定，親権者変更の各届出については，調停による場合は調停調書の謄本，審判による場合は審判の謄本及び確定証明書の添付を要する（戸79条・63条）。

(3)　親権喪失，親権停止又は管理権喪失の審判取消しの届出については，審

判の謄本及び確定証明書の添付を要する（戸79条・63条1項）。

⑷　親権・管理権の辞任及び回復の届出（戸80条）については，それぞれ家庭裁判所の許可の審判の謄本の添付を要する。なお，この審判に対しては即時抗告は許されないので，確定証明書の添付は要しない。

第3節　親権（管理権）届書の審査上留意すべき事項

親権（管理権）に関する届出の受理にあたっては，第1節ないし第2節で述べた基本的事項を十分理解しておく必要があることはいうまでもないが，なお市町村窓口における実際の届書審査上の要点を挙げれば，概ね次のとおりである。

1　協議による親権者指定届について

⑴　父母の離婚後に出生した子（嫡出子），又は父が認知した子（嫡出でない子）について，父母の協議で父を親権者と定める届出（民819条3項ただし書・4項，戸78条）の場合，父母の双方が届出をしているか

上記の各出生子につき，協議で父を親権者に定めるのは，戸籍届出（戸78条）によって初めてその効力を生ずる。すなわち，同条の協議による親権者指定の届出は，いうまでもなく創設的届出に属するものであるから，届出人は，協議者すなわち父及び母である（第2節〔5〕⑴の項41頁参照）。したがって，その届出の受理にあたっては，当該届出人欄の記載により父母の双方から届け出られているか否かを審査しなければならない。

ところで，この親権者指定の協議は，仮に父又は母が制限能力者であっても意思能力を有する限り自らこれをすべきであり（戸32条），また，親権者が未成年者であっても親権代行者が代わって協議することが許されないことは既に第2節〔5〕⑴の項で述べたとおりである。したがって，これらの者を当事者とする親権者指定届についても，当該本人から届け出られているか否かを審査する必要があるので，特に注意しなければならない。

なお，親権者の定めを欠く離婚届が受理された後，父母の協議によってその一方を親権者と定め，前記法条に基づき届出をする場合も，前記と同様の

審査を要することはいうまでもない。

(2)　15歳未満の養子が離縁をするに際し，養子の実父母が離婚しているた
め，その協議でその一方を養子の離縁後に親権者となるべき者と定めて，
離縁の届出をすると同時に，戸籍法第78条の規定に準じて，親権者指定
の届出をする場合，父母の双方が届出をしているか。また，離縁の届出後
に，親権者指定の届出がされる場合，事件本人たる未成年者につき養親と
の離縁は成立しているか

養子の縁組継続中に実父母が離婚した後に，15歳未満の養子が離縁をす
る場合の離縁の協議及びその届出は，あらかじめ実父母の協議（又は家庭裁判
所の審判—家事別表第二の7）によって，子の離縁後に親権者となるべき者と定
められた父母の一方がすることとなり（民811条2項～4項），また，その離縁
届には，父母の協議を証する書面（又は調停調書若しくは審判の謄本及び確定証明
書）の添付を要することとなる。一方，上記によって養子の離縁協議者と
なった者は，その離縁届が受理された日から親権を行うこととなるため，協
議により定められた親権者については，戸籍法第78条の規定に準じ父母双
方から（調停又は審判により定められた親権者については，第79条の規定に準じてその
者から）親権者指定の届出を要することとなる（昭和37・5・30民事甲1469号通
達二の㈡(1)）。なお，戸籍法第78条の協議による親権者指定の届出は，これが
市町村長に受理されることによってその効力を生ずる創設的届出であって，
父母の双方から届け出るべきものであるから，上記の養子離縁に伴い，同条
の規定に準じてされるべき協議による親権者指定の届出も父母の双方からな
されなければならない。したがって，当該届出の受理にあたっては，前記(1)
の場合と同様に，果たして父母双方から届け出られているか否かにつき当該
届出人欄の記載により審査を要することはいうまでもない。

ところで，上記の場合における親権者指定届は，養子離縁に先立ち，あら
かじめ父母の協議で，そのいずれか一方を養子の離縁後に親権者となるべき
者と定めた上，養子離縁の届出をすると同時に，又はその届出をした後に届
け出るものであるため，親権者指定の届出には，いずれの場合でも，一見，
父母の協議を証する書面の添付を要するかのようにも解される。先例は，養
子離縁の届出と同時に親権者指定の届出をする場合には，離縁届書の「その

他」欄に「離縁後における親権者を母（又は父）○○○○と定める親権者指定届書を別件で同時に提出した。」旨を記載し，親権者の指定に関する父母の協議書の添付を省略する取扱いを認めており（昭和37・6・29民事甲1837号回答，昭和37・6・29民事甲1839号回答），したがって，届出人等に対しては，上記の趣旨に沿って届け出るよう指導することが望ましいとしている（注）。しかし，上述のとおり，①親権者指定の協議書は，先の養子離縁届書に添付して既に提出済みであること，②この場合における親権者指定届も創設的であって，父母双方から届け出ることを要し，かつ，その受理によって効力を生ずるものである（そのため，この養子離縁届に基づく養子の戸籍の離縁事項中離縁協議者の資格も「協議者親権者となるべき父母」―いわゆる将来の法定代理人としての資格）と記載されることになっている―法定記載例41・43参照）ことから，結局，上記協議書の添付は要しないということになろう。ところで，この場合の親権者指定届は，事件本人たる未成年者につき養親との離縁が成立していることが前提となるから，例えば，特に，上記の届出を非本籍地市町村において受理する場合には，上記事件本人の戸籍謄（抄）本（離縁の記載があるもの）の添付を求めることが必要であり，また，これによって離縁の成立を確認の上，これを受理するよう留意する必要がある。

（注）この場合の親権者指定（民811条3項）の届出（戸78条）は，前記のとおり養子離縁に伴ってなされるものであるため，一見報告的な性格を有する届出ともみられることから，①戸籍法第79条に準じ，親権者と指定された者のみからの届出で足りるのではないか，また，②当該離縁届書の「その他」欄に親権者指定の協議事項を記載し，親権者とならない他方の表示と署名をすることによって，別の書面による親権者指定届に代用することが許されないか，との疑問が生ずるところである。先例は，①について，離縁届の届出人は「親権者となるべき者」であり，協議による親権者指定届の届出人は「父母双方」であるから，意見による取扱いは認められない，②について，所問の場合には，離縁届書と親権者指定届書を同時に提出の上，離縁届書の「その他」欄に親権者指定届書を同時に提出した旨を記載することとして，親権者となるべき者の指定に関する父母の協議書の添付を省略する取扱いにより指導するのが相当である，としている（昭和37・6・29民事甲1839号回答）。

　なお，上記の親権者指定届は，創設的届出に属するから，届出期間はないが，離縁の届出から10日を経過して，いまだ届出がないときは，戸籍法第44条により処理するのが相当とされている（前掲回答参照）。

⑶　15歳未満の養子が離縁をするに際し，養子の実父母が離婚しているため，あらかじめその協議又は審判（調停）によってその一方を養子の離縁後に親権者となるべき者と定めて離縁の届出をした後，戸籍法第78条又は第79条の規定に準じて親権者指定の届出をする場合，同届書の「その他」欄に，離縁届出の年月日が記載されているか

　養子の縁組継続中に実父母が離婚した後に，15歳未満の養子が離縁をする場合の離縁の協議及びその届出は，前述のとおり，あらかじめ実父母の協議又は審判（調停）によって，子の離縁後に親権者となるべき者と定められた父母の一方がすることとなる。そして，上記の親権者の指定が，父母の協議による場合は父母の双方から，審判（調停）による場合は親権者と定められた者から，それぞれ親権者指定の届出を要することとなる（民811条3項・4項，戸78条・79条）（注1）。

　ところで，前記により定められた養子の離縁後に親権者となるべき者は，離縁届出の日から親権を行うこととなる（この点は，親権者の指定が父母の協議による場合でも，審判（調停）による場合でも変わらない。）が，この親権行使の始期については，第三者保護の見地からも，戸籍の公示上これを明らかにする必要があり，現に戸籍記載例でも親権事項の冒頭にその年月日を記載することとされている（参考記載例140・141）。しかし，他方，親権（管理権）届書（平成30・11・20民一1602号通達による標準様式）の中に上記親権行使の始期（年月日）を記載すべき欄は設けられていない（注2）ので，届書自体からは上記の点が明らかにされない。そこで，戸籍記載の処理にあたって疑義等の生じないようにするため，特に離縁の届出をした後に親権者指定の届出がされる場合には，同届書の「その他」欄に「未成年者何某は，○○年○月○○日養父何某養母某と離縁届出」の旨の記載を求めて受理するよう配意することが望ましいと解する。

（注1） 親権者の指定が審判（調停）によってされた場合，その親権者指定の届出は，戸籍法第79条の規定に準じて，親権者のみからこれをすることになるが，同届に添付すべき資格証明書（すなわち親権者指定の審判又は調停調書の謄本）については，離縁届と同時に同一市町村役場にその届出をする場合には，離縁届に添付したものを援用する取扱いで差し支えない。また，この場合の届出人（すなわち親権者）は，離縁届の届出人

（すなわち離縁協議者）と同一であることから，離縁届書の「その他」欄に「親権者指定」に関する事項（例えば，「養子の離縁後に親権者となるべき者として実父（母）何某と定める審判確定（又は調停成立）」の旨）を記載し，これによって別の書面による親権者指定届に代えて差し支えないとされている（昭和37・5・30民事甲1469号通達二の(二)(3)）。

　　なお，この場合，受付は「養子離縁」と「親権者指定」の2件として処理することとなる。

(注2) この点については，この場合の養子（子）の戸籍に記載すべき親権事項は，養子離縁事項（例えば，法定記載例41参照）の次行に記載されることとなり，したがって，親権行使の始期は，当該離縁事項中の冒頭の年月日の記載により明らかにされるとの趣旨によるものであろう。しかし，戸籍の記載は，原則として届出に基づいてされるものであり（戸15条），また，届書は，時として身分関係証明資料として利用される（戸48条）ものであること等を考えると，親権行使の始期についても，やはり届書上明確にしておくことが望ましく，また，それが戸籍記載処理上の便宜（又は過誤防止）に資することと解される（この点は，例えば，届書の受理と戸籍記載の処理とを複数の者がそれぞれ分担している場合に徴してみると一層明らかになると思われる。）。

2　裁判による親権者指定届について

(1)　審判又は調停に基づく親権者指定の届出について，当該届出は，戸籍法上の届出義務者とされている者から届け出られているか。また，審判による場合，その確定後に届け出られているか。さらに審判の謄本及び確定証明書又は調停調書の謄本が添付されているか

　父母の離婚後に出生した子（嫡出子）又は父が認知した子（嫡出でない子）について，父を親権者とすることにつき父母の協議が調わないか又は協議をすることができないため，家庭裁判所において協議に代わる審判が確定し又は調停が成立したとき（民819条5項）は，その時に親権者指定の効力が生じ，審判又は調停によって親権者と定められた者すなわち父から親権者指定の届出をすべきものとされる（戸79条）。この点は，審判又は調停の申立人が仮に母である場合であっても同様である。また，上記の審判に対しては，いわゆる即時抗告が許されるので（家事172条），2週間以内に即時抗告がされないときに初めて審判が確定し，指定の効力が生じることになるから，この審判の確定前に届出をすることが認められないことはいうまでもない（昭和29・7・28民事甲1503号回答。なお，後述親権者変更届の項参照）。なお，届出に際して

は，審判の謄本及び確定証明書又は調停調書の謄本の添付を要することとなる（戸63条1項）。したがって，同届出の受理にあたっては，届出人の適否（審判による場合は，その確定の有無とともに）及び添付書類の有無につき審査の上，受否を判断する必要がある。

(2)　**審判又は調停に基づく親権者指定の届出について，当該届書に審判確定の年月日又は調停成立の年月日が記載されているか。また，その年月日は添付の確定証明書又は調停調書の年月日と一致しているか**

　審判又は調停による親権者の指定は，いうまでもなく審判が確定したとき，又は調停が成立したときに効力が生ずる（第2節〔3〕(2)の項41頁参照）。そして，その届出にあたっては，当該審判又は調停調書の謄本のほか，審判の場合には確定証明書を添付することを要し（前述(1)参照），また，その届書には，一般的記載事項（戸29条）のほか，審判が確定した年月日，又は調停が成立した年月日を記載すべきものとされている（戸79条・63条1項）。これは，いうまでもなく親権者指定の効力が発生した日であり，戸籍にこれを記載するために必要なものである。したがって，届書に上記の年月日が記載されているか，また，その年月日が添付の確定証明書又は調停調書（謄本）の年月日と相違していないかどうか等をも審査する必要があることはいうまでもない。

3　親権者変更届について

(1)　**当該届出は，戸籍法上の届出義務者とされている者から届け出られているか。また，審判による場合，その確定後に届け出られているか**

　親権者の変更は，審判の確定又は調停の成立によってその効力が生ずる。したがって，これに基づく親権者変更の届出は，報告的届出に属し，親権者と定められた父又は母からされなければならない（戸79条）。この点は，審判の申立人が上記の者以外の場合であっても変わりがないので，特に注意を要するところである。また，親権者変更の審判については，いわゆる即時抗告が許され（家事172条1項10号），抗告期間（2週間）の経過によって確定し，その時に変更の効力が生ずるから，審判の確定前に届出が認められないことはいうまでもない（注）。親権者の変更は，前述のとおり，審判又は調停によってのみ効力が生ずるものであり（父母間の協議ですることはできない。），そ

の届出にあたっては，審判の確定又は調停の成立を証するため，必ず審判の
謄本及び確定証明書又は調停調書の謄本を添付することとされているから
（戸79条・63条1項），これら謄本等の添付の有無と併せて，審判の確定（又は
調停の成立）後の届出であるか否かを確認の上，受理すべきである。

（注）親権者変更の届出が審判の確定前（届書に記載すべき審判確定の年月日を審判の日を
　　もって記載）に非本籍地で誤って受理され，本籍地に送付された場合，当該届出は無効
　　であるから，本籍地としては当然これを返戻せざるを得ないことになる。その後におい
　　て，仮に審判確定年月日の追完届とともにこれが再送付されたとしても，これを受理す
　　ることはできず，改めて親権者変更の届出を求めることとなる（昭和29・7・28民事
　　甲1503号回答）。

(2)　**当該届書に審判確定の年月日又は調停成立の年月日が記載されているか。**
また，その年月日は添付の確定証明書又は調停調書の年月日と一致してい
るか

　　親権者変更の届出には，親権者変更の効力が生じたことを証するため，当
該審判の謄本及び確定証明書又は調停調書の謄本の添付を要するものとされ
（戸79条・63条1項），また，親権者変更の効力発生の時期については，戸籍に
記載してこれを公示する必要があるため，届書には，一般的記載事項（戸29
条）のほか，審判確定の年月日又は調停成立の年月日を記載すべきものとさ
れている。したがって，当該記載の有無及びこれが添付の確定証明書又は調
停調書（謄本）の記載と一致しているか否かを審査する必要がある。

4　親権喪失，親権停止又は管理権喪失の審判取消届について

(1)　**親権喪失，親権停止又は管理権喪失の審判取消届について，その届出は，**
①戸籍法上届出義務者とされている者から届け出られているか。②審判の
確定後に届け出られているか。③審判の謄本及び確定証明書が添付されて
いるか。④届書に審判確定の年月日が記載されているか。また，その年月
日は添付の確定証明書の年月日と一致しているか

　　①について親権喪失，親権停止又は管理権喪失の審判の取消しは，本人
（親権喪失等の審判を受けた父又は母）又は本人の親族から申立てをすることがで
きるとされている（民836条）。したがって，戸籍法上の当該親権喪失等の審

判の取消届（戸79条・63条1項）については，親権喪失等の審判を受けた父又は母以外の者から届け出られる場合があるので留意する必要がある。

②について親権喪失等の審判の取消しの審判に対しては，即時抗告が許され（家事172条1項5号），抗告期間（2週間）の経過によって審判は確定し，取消しの効力が生ずる。親権喪失等の審判の取消しの届出が審判の確定前に認められないことは当然である。

③について親権喪失等の審判の取消しの審判は，当該審判の確定によって効力を生じるから，上記審判の取消届には審判の謄本及び確定証明書を添付しなければならない。

④について届書には，一般的記載事項（戸29条）のほか，審判確定の年月日を記載すべきものとされている（戸79条・63条1項）。この年月日は，添付の確定証明書の記載と合致していなければならない。

5 親権・管理権の辞任又は回復届について

親権又は管理権の辞任又は回復の届出について，①家庭裁判所の辞任又は回復の許可の審判を得ているか。②届出人に誤りはないか。③辞任又は回復の許可の審判の謄本が添付されているか

親権又は管理権の辞任又は回復は，戸籍の届出によってその効力を生ずる（創設的届出）が，届出の前提要件として，辞任又は回復につき家庭裁判所の許可を要するものとされ（民837条），そして，その届出にあたっては，その許可に関する審判の謄本を添付しなければならないとされる（戸38条2項）。しかも，この家庭裁判所の許可は，いわゆる効力発生の絶対的要件と解される結果，許可を得ない辞任又は回復の届出は，たとえ誤ってこれを受理しても，その効力を生じないものとされる（青木・大森「全訂戸籍法」368頁）。なお，上記の届出は，親権又は管理権を辞任又は回復しようとする父又は母からされるべきであることはいうまでもない（戸80条）。したがって，当該届出の受理に際しては，前記の諸点につき慎重に審査の上，受否を決定する必要がある。

第2章　未成年者の後見届

第1節　未成年後見届を受理するにあたって理解しておくべき基本的事項

第1　後見制度概説

1　後見の意義

　後見とは，①未成年者に対して親権を行う者がいない場合，②親権を行う者に財産管理権がない場合，又は③成年後見開始の審判がされた場合（注）において，その未成年者若しくは当該後見開始の審判を受けた者のために財産管理・身上監護の目的の下に設けられた私法上の職務であるとされる。後見の職務を行う者を未成年後見人又は成年後見人といい，後見を受ける者を未成年被後見人又は成年被後見人という。なお，未成年後見は，未成年者保護の制度であり，未成年者保護のための親権の延長又は補充の制度として，制度化されたものといわれている（中川淳「改訂親族法逐条解説」491頁）（注）。

> （注）我が国の後見制度については，明治の初年までは，家のための制度として考えられ，家督相続によって戸主になった者があるときにのみ後見が成立し，家族員のために後見人を付すということはしなかった（明治6年太政官布告28号，明治24・10・30司法省指令）。
> 　明治民法は，戸主の保護監督のほかに，親権の延長としての未成年者後見と禁治産者の保護機関としての後見を認めた（旧民900条〜943条）。

2　後見制度の改正

(1)　成年後見制度の創設

　平成11年法律第149号による民法等の一部改正（平成12・4・1施行）により，判断能力の不十分な成年者について，後見，保佐，補助の制度を設けるとともに，保護の機関として，後見人，保佐人，補助人を置くものとした

（民843条・876条の2・876条の7）。また，これらの者を監督する者として，成年後見監督人，保佐監督人，補助監督人を置くことができるものとされた（民849条・876条の3・876条の8）。さらに，上記の改正により新たに任意後見制度が創設された（平成11年法律150号・平成12・4・1施行）が，この制度は，本人が契約の締結に必要な判断能力を有している間に，自己の判断能力が不十分な状況となった場合における後見事務の内容と後見を行う人（任意後見人）を，自ら事前の契約（公正証書によってする。）によって決めておく制度であり，任意後見人の選任とその権限は，すべて任意の契約によって定めることができるとされている（「新成年後見制度の解説」21頁）。

(2)　禁治産・準禁治産制度の廃止

　前述の後見，保佐，補助の制度が設けられたことに伴い，従前の禁治産・準禁治産制度は廃止されたが，廃止された禁治産・準禁治産制度の概要は次のとおりである。

　心神喪失の常況にある者に対して，家庭裁判所が禁治産の宣告をし，これが確定したときは，後見が開始し，禁治産者（成年者であると未成年者であるとを問わない。）は後見に付され（民8条），後見人に就職した者（指定・法定・選定の各後見人―民839条1項本文・840条・841条）からの届出に基づき被後見人の戸籍に後見開始等の事項が記載される（戸81条・戸規35条）。これは，特に当該禁治産者の取引の相手方保護の要請に応えるためにほかならない（禁治産者の行為はつねに取り消され得る―民9条）。

　一方において，心神耗弱者又は浪費者に対して，家庭裁判所が準禁治産の宣告をし，これが確定したときは，保佐が開始し，準禁治産者は保佐に付され（民11条～13条），保佐人に就職した者（法定・選定の各保佐人―民847条1項・840条・841条）からの届出に基づき被保佐人の戸籍に保佐開始等の事項が記載される（戸85条，戸規35条）。これは，特に当該準禁治産者の保護を目的とするためにほかならない（一定の行為について保佐人の同意を得ないでした準禁治産者の行為は取り消すことができるとされる（民12条）。）(注)。

　ところで，禁治産者及び準禁治産者について，上記のとおり当該本人の戸籍に禁治産・準禁治産宣告の旨等が記載されることについては，関係者（本人・家族等）にとって強い心理的抵抗感があり，これが成年後見制度の利用

を妨げる一因となっているとの批判があったこと等から，平成11年法律第149号による成年後見制度の改正により，従来の禁治産・準禁治産を後見・保佐・補助の制度に改めるとともに，新たに任意後見制度を創設するに至ったものである。

(注) 本項の記述における括弧内の民法等の条文は，平成11年法律第149号による改正前のものである。

(3)　成年後見登記制度の創設

　平成11年法律第149号による民法の改正（平成12・4・1施行）に伴い，取引の安全の要請と本人のプライバシー保護の要請との調和を図る趣旨から，戸籍記載に代わる新たな公示方法として，「後見登記等に関する法律（平成11年法律152号―平成12・4・1施行）による成年後見登記制度が創設され，登記に関する事務は，法務大臣の指定する法務局・地方法務局が登記所として所管することとされている（同法2条。なお，上記の登記所として東京法務局が指定され，全国の登記に関する事務が集中的に取り扱われている。）。

(4)　後見に関する戸籍の届出と記載

　前記(3)の成年後見登記制度の創設に伴い，戸籍法及び戸籍法施行規則についても関連する規定が改正され（平成11年法律152号及び平成12年法務省令7号・いずれも平成12・4・1施行），これら法令の施行後は，後見人に関する戸籍届出の規定（改正前の戸81条～84条）は，未成年者の後見（民838条1号に規定する場合に開始する後見）に関する届出の規定（戸81条・82条・84条）に，従前の保佐人及び後見監督人に関する届出の規定（改正前の戸85条）は，未成年後見監督人に関する届出の規定に改められている。したがって，改正戸籍法施行後の後見に関する戸籍の届出と記載は，未成年者の後見に関する事項のみとなっている。

第2　未成年者の後見制度

1　未成年後見制度の意義

　未成年者の後見については，現行民法上，親権者のない未成年者の監護・教育及び財産管理を内容としている。言い換えれば，親権及び未成年後見は，親

権が未成年者に対する父母の権利義務を規定することによって，子の保護を図る制度であるのに対し，未成年後見は，専ら親権の延長として，親権者のない未成年者の保護を図るための制度としての性質を有しているといえる。

2 未成年後見の開始及び原因

(1) 後見の開始

　未成年後見は，成年後見の場合とは異なり，家庭裁判所の審判などの特別な手続を要することなく，一定の原因によって法律上当然に開始するものであって，その開始原因について民法は親権者の不存在（民834条）と管理権の喪失（民835条）を規定している（民838条1号）。

(2) 後見開始の原因

　後見開始の原因は，未成年者に対し親権を行う者がないとき（民838条1号前段）と，親権を行う者が管理権を有しないとき（同条1号後段）である。まず，未成年者に対して親権を行う者がないときとは，親権を行う者が全くないことを意味するから，父母が共同して親権を行っている場合におけるその一方の死亡・親権の喪失・停止・辞任は，後見開始の原因とはならない。この場合には，他の一方が単独で親権を行使することになるからである。

　親権を行う者がない場合としては，①共同親権者がいずれも死亡し（注1），親権を喪失（民834条）し，又は停止（民834条の2）され，若しくは辞任（民837条）したとき，②父母が離婚した後，単独親権者となった父又は母が死亡し，親権を喪失し，又は停止され，若しくは辞任したとき，③嫡出でない子の親権者である母又は父が死亡し，親権を喪失し，又は停止され，若しくは辞任したとき，④単独親権者が死亡・心神喪失・行方不明・長期不在・重病等により事実上親権を行使できないとき（明治39・4・17民刑298号回答，昭和6・10・8民事710号回答），⑤単独親権者が後見開始の審判（民7条，家事別表第一の1）を受けたとき（明治33・11・16民刑1451号回答参照），⑥子の親権者が未成年の場合において，その親権者が死亡したとき（昭和25・12・6民事甲3091号回答）（注2）を挙げることができる。次に，親権を行う者が管理権を有しないときもまた未成年後見の開始原因とされる。単独親権者が管理権喪失の宣告を受け（民835条），又は管理権を辞任したとき（民837条）がこれに

あたる（注3）。

　なお，15歳未満の養子が離縁をするに際し，養子の離縁後にその法定代理人（すなわち親権者）となるべき者がないときは，家庭裁判所は，養子の親族その他の利害関係人の請求によって，養子の離縁後にその未成年後見人となるべき者をあらかじめ選任することを要することとなる（民811条5項）が，この場合は，離縁により後見が開始することになる（なお，第2節〔1〕1(2)の項75頁参照）。

（注1） 失踪宣告の審判が確定したときは，不在者は，普通失踪については失踪期間が満了した時に，また，危難失踪については危難の去った時に死亡したものとみなされる（民30条・31条）。したがって，親権者について失踪宣告の審判が確定したときは，死亡の場合と同様に未成年後見開始の原因となることはいうまでもない。

（注2） 子の親権者が未成年の場合において，親権代行者（民833条・867条）があるときは未成年後見は開始しないのであるが，親権者が死亡した場合は，たとえ親権代行者があっても未成年後見が開始する（昭和25・12・6民事甲3091号回答）。しかし，親権者の職務執行停止の処分（家事174条・175条，家事規76条2項）によっては後見は開始しない（大正11・12・22大決民集1巻791頁参照）。

（注3） 管理権の執行停止の処分（家事174条）によっては未成年後見は開始しない（大正10・5・2大決民録27輯841頁参照）。そして，管理権喪失又は管理権辞任の場合の後見は，財産の管理に限定されることはいうまでもないが（昭和8・2・21民事甲220号回答参照），もし，その後において親権を行う者がなくなったときは，財産管理のみを行っていた後見人が，身上に関する任務をも行うことになる（明治34・5・28民刑571号回答参照）。なお，後見開始の原因が生じても未成年者が児童福祉施設に収容されている場合は，未成年後見人が選任されるまでの間は，その施設の長が親権を代行することになる（児童福祉法47条）。

第3　未成年後見の機関

　未成年後見の機関とは，未成年後見の職務を行う者をいい，執行機関として未成年後見人，その監督機関として未成年後見監督人・家庭裁判所がある。そして，未成年後見人には，指定未成年後見人と選定未成年後見人があり，未成年後見監督人にも指定未成年後見監督人と選定未成年後見監督人の別がある。これを図示すると，次のとおりである。

$$
\text{未成年後見の機関}
\begin{cases}
\text{(執行機関)} \quad \text{未成年後見人}
\begin{cases}
\text{指定未成年後見人（民839条）} \\
\text{選定未成年後見人（民840条）}
\end{cases} \\
\\
\text{(監督機関)}
\begin{cases}
\text{未成年後見監督人}
\begin{cases}
\text{指定未成年後見監督人（民848条）} \\
\text{選定未成年後見監督人（民849条）}
\end{cases} \\
\text{家庭裁判所（民846条・863条）}
\end{cases}
\end{cases}
$$

第4　未成年後見人

　未成年後見人とは，いうまでもなく未成年者の後見を行う者をいう。これに対して後見に付された未成年者を未成年被後見人という。

　なお，未成年後見人は，1人である必要はない（民840条2項）。自然人であることも要しない。法人を未成年後見人に選任することもできる（民840条3項。なお，後述2参照。）。

1　未成年後見人の種類及び順位

(1)　指定未成年後見人（第1順位）

　ア　後見人の指定

　　未成年者に対する養育監護及び財産管理については，民法は，原則として親権に委ねており，親権によることができないときには後見制度によることとしている。このように未成年後見制度は親権制度の延長ともいうべきものであることから，未成年者に対して最後に親権を行う者は，遺言で，その死亡後に自分に代わって未成年者の身上監護及び財産管理をすべき未成年後見人を指定することが認められている（民839条1項）。この未成年後見人の指定は必ず遺言でしなければならない。遺言以外の方法，例えば，生前の契約などで指定しても，指定の効力が生じない（民839条1項本文）。これを指定未成年後見人という（遺言による後見人であるため，遺言後見人ともいわれる。）。

　　最後に親権を行う者が管理権を有しないときは，未成年後見人を指定することはできない（民839条1項ただし書）。もし，親権を行う父母の一方が管理権を有しないときは，これを有する他の一方は，上記の規定によって

◉未成年者について親権を行う者がないため未成年後見が開始し，未成年後見
　人の本籍地の市町村長に後見開始届をした場合の例

未成年者の　後　見　届

令和4年4月13日　届出

さいたま市浦和区 長 殿

受理	令和4年4月13日	発送　令和4年4月13日
第	789　号	さいたま市浦和区 長 印
送付	令和4年4月15日	
第	596　号	

書類調査	戸籍記載	記載調査			

		後　見　を　受　け　る　人	後見（後見監督）をする人 ☑未成年後見人　□未成年後見監督人
（よみかた）		ひがし　やま　　　　はる　お	きた　だ　　　　あき　いち
氏　　　名		氏　東山　　名　春夫	氏　北田　　名　昭市
生 年 月 日		平成18年 3 月 21 日	昭和57年 10 月 24 日
住　　　所 （住民登録をして いるところ）		さいたま市浦和区 高砂2丁目28番16号	さいたま市浦和区 高砂2丁目28番16号
本　　　籍		東京都千代田区五番町 38 番地	さいたま市浦和区 別所3丁目27 番地
		筆頭者 の氏名 東山真太郎	筆頭者 の氏名 北田昭市
届出事件の 種別・原因	開　始 （就職）	☑親権を行う人がいない □親権を行う人に管理権がない □未成年後見監督人が就職した	開始令和4年 2 月 9 日 就職令和4年 4 月 7 日
	終　了	□未成年被後見人が成年に達した □親権者が親権（管理権）を回復した □未成年被後見人が親権に服することになった □未成年後見監督人の任務が終了した	終了　 年　 月　 日
そ の 他		添付書類　遺言書謄本	
届出人署名 （※押印は任意）		北田昭市　　　　　　印	

未成年後見人を指定することができる（同条2項）。この場合には，未成年後見人は管理権のみを有することになる。

イ　指定権者

前記にいう最後に親権を行う者とは，その者が死亡すると親権を行う者がなくなり，後見が開始する場合のその親権者（すなわち，未成年後見人指定権者）である。

① 父母が共同親権者である場合

Ⅰ　父母の一方が未成年後見人を遺言で指定しても効力を生じない。この場合，当該遺言者が死亡しても，生存配偶者が単独で親権を行うことになるからである。

Ⅱ　父母の一方（父）が財産管理権を失っているときは，他方（母）は，遺言で未成年後見人を指定することができる（民839条2項）。この場合の指定未成年後見人の職務は，未成年者の財産管理権のみに限られ，子の養育監護については管理権を有しない親権者（父）があたることになる。その後，財産管理権を有しない親権者（父）が死亡すると，未成年後見人は，財産管理権のみならず養育監護権を含む完全な後見人になると解されている（明治34・5・28民刑571号回答，昭和25・2・3民事甲154号回答）。民法は，身上監護だけの未成年後見人を予定していないことによる。

② 養親夫婦の一方が死亡している場合

養親の一方が死亡し，生存養親が単独で親権を行っている場合には，その生存養親の死亡によっても後見が開始するとするのが戸籍実務の取扱いであるから，生存養親は未成年後見人指定権を有すると解される（通説）。

(2) **選定未成年後見人（第2順位）**　未成年者について，指定未成年後見人のないときは，家庭裁判所が，未成年被後見人又はその親族（民725条），その他の利害関係人の請求によって，未成年後見人を選任する（民840条1項前段）。未成年後見人が欠けたときも同様である（民840条1項後段）。すなわち，未成年後見人の死亡，辞任（民844条），解任（民846条），欠格事由の発生（民847条）などの事由によって未成年後見人が欠けたときには，家庭

裁判所は，未成年被後見人又はその親族その他の利害関係人の請求（未成年後見監督人があるときは未成年後見監督人も請求することができる。）によって，後任の後見人を選任すべきものとされている（民840条1項後段・851条2号，家事39条・別表第一の71）。また，既に未成年後見人がある場合においても，家庭裁判所は，必要があると認めるときは，未成年後見人，未成年被後見人，その親族その他の利害関係人若しくは未成年後見監督人の請求により又は職権で，更に未成年後見人を選任することができるとされている（民840条2項・851条2号）。

　家庭裁判所は，未成年後見人を選任するときは，未成年被後見人の年齢，心身の状態並びに生活及び財産の状況，未成年後見人となるべき者の職業及び経歴並びに未成年被後見人との利害関係の有無（未成年後見人となるべき者が法人の場合は，その事業の種類及び内容並びにその法人及び代表者と未成年被後見人との利害関係の有無），未成年被後見人の意見その他一切の事情を考慮しなければならないとされる（民840条）。これを選定未成年後見人という。なお，父若しくは母が親権若しくは管理権を辞し，又は父若しくは母について親権喪失，親権停止若しくは管理権喪失の審判があったことによって未成年後見人を選任する必要が生じたときは，その父又は母は，遅滞なく未成年後見人の選任を家庭裁判所に請求しなければならないとされる（民841条）。未成年後見人選任の審判は告知によって効力を生じ（家事74条2項），その効力が生じたときは裁判所書記官からの嘱託により戸籍の記載がされることになる（家事116条1号・別表第一の71，家事規76条1項2号，戸15条）。

2　未成年後見人の員数

　未成年後見人は，従来，1人の被後見人に対し必ず1人であることを要するとされていた。複数の未成年後見人を置くときは，責任の分散，意見の不一致等を来し，ひいては未成年被後見人の不利益を招くおそれが生じることを主旨とする。したがって，複数の未成年後見人を指定した遺言は無効となるが，第一次的に1人の未成年後見人を指定し，他の者を補充的に付加した場合には，直ちに無効ではなく，第1順位の者について有効な指定があると解されている

（通説）。また，１人で同時に数人の未成年被後見人のために後見人となること，又は後見人が復代理人若しくは補助者を使用することは差し支えないと解されている。

　その後，平成23年法律第61号による民法等の一部改正（平成24・4・1施行）により，未成年後見人は１人に限定されず，複数の未成年後見人を選任することが認められている（民840条の改正，842条の削除等）。

　未成年後見人が数人あるときは，家庭裁判所が別段の定めをしない限り，共同して権限（身上監護権及び財産管理権）を行使することが原則とされる（民857条の２第１項参照）。もっとも，家庭裁判所は，職権で，一部の者（未成年後見人）について，①財産に関する権限のみを行使することを定めることができるほか，②財産に関する権限について，各未成年後見人が単独で権限を行使すべきこと又は複数の未成年後見人が事務を分掌して権限を行使すべきことを定めることもできるとされている（同条3項参照）。

3　未成年後見人の辞任

　未成年後見人は，正当な事由があるときは，家庭裁判所の許可を得て，その任務を辞することが認められる（民844条）。未成年後見人の任務は，単に未成年被後見人の保護という私的な関係にとどまらず，社会的公益的性質をも有しているものであり，自由に辞任を認めることはできないため，民法は，一定の制約の下に辞任を認めることとしたものである。

　「正当な事由」としては，例えば，①未成年後見人と未成年被後見人の居住地が遠隔地であり，後見事務の処理に支障があること，②未成年後見人の老齢や疾病により，後見人としての負担が過重となったことなどが考えられるが，正当事由の有無については，家庭裁判所が具体的事案に即して判断する。辞任の効力は，許可審判（家事39条・別表第一の72参照）の告知によって生ずる（家事74条2項）。この点は，親権者の辞任（民837条）が，戸籍届出（戸80条）の受理によって効力を生ずるのと異なるところである。この辞任許可の審判が確定し効力が生じた場合は，裁判所書記官からの嘱託によってその旨の戸籍の記載をするものとされている（家事116条1号・別表第一の72，家事規76条1項3号，戸15条参照）。

　なお，後見人が辞任したことにより後任の後見人を選任する必要があるとき
は，辞任した未成年後見人は，家庭裁判所に対し遅滞なくその選任を請求しな
ければならないとされている（民845条）。後任の未成年後見人が選任されたと
きは，裁判所書記官からの嘱託により戸籍の記載がされることになる（家事
116条1号・別表第一の71，家事規76条1項3号，戸15条）。

4　未成年後見人の解任

　未成年後見人に不正な行為，著しい不行跡，その他後見の任務に適しない事
由があるときは，家庭裁判所は，未成年後見監督人，未成年被後見人，その親
族若しくは検察官の請求により又は職権で，これを解任することができるとさ
れている（民846条，家事39条・別表第一の73・176条，児童福祉法33条の9）。未成年
後見人は，未成年被後見人の身上監護と財産管理の責務を負うものであるため，
後見の職務遂行上不適当な事由があるときは，解任されるのは当然である。こ
れは，指定・選定のいずれの未成年後見人であるかを問わない。また，未成年
後見人の解任は，後見人としての資格を全面的に喪失させるものであり，後見
人としての職務の一部（例えば，親権の一部としての管理権）だけを解任すること
はできない。

　未成年後見人の解任は，専ら家庭裁判所の審判によって処理される（民846
条，児童福祉法33条の9，家事39条・別表第一の73・176条）が，解任の審判に対して
は即時抗告が許されるので（家事179条2号），審判の確定によって解任の効力を
生ずる。この解任の審判が確定し効力が生じた場合は，裁判所書記官から戸籍
記載の嘱託がされることは，前述3の場合と同様である（家事116条1号・別表第
一の73，家事規76条1項4号参照）。

5　未成年後見人の欠格

　未成年後見人は，未成年被後見人の身上を監護し財産を管理すべき責務を負
う者であり，その任務は，社会的・公益的性質を持つものであるから，相応の
能力と職務を行うについて信頼をおける者であることが要請される。そこで，
民法は，欠格事由がある場合は，未成年後見人としての資格を当然に有しない
ものと定めている（民847条）。ここに欠格とは，法律上当然にその資格を欠く

ことを意味するから，未成年後見人は，欠格事由を有していないことが要件となることはいうまでもない。したがって，遺言によって指定された者が欠格事由を有するときには，その効力はなく，また，家庭裁判所は，これら欠格者を未成年後見人に選任することはできない。未成年後見人に就任後に欠格事由が発生したときは，その事由発生と同時に当然にその地位を失う（明治32・5・27民刑934号回答）。そして，その後にこの欠格事由が消滅したとしても，当然に未成年後見人の地位を回復することにはならないとされる（明治32・9・12民刑1356号回答）。この場合，未成年後見人となるためには，新たに未成年後見人選任の手続を要するものと解される。

　未成年後見人の欠格事由該当者は，次のとおりである（民847条）。

(1)　**未成年者**

　未成年者は，制限行為能力者であり（民5条以下），後見人の任務に適しないので，後見人の資格が与えられないのは当然である。ただし，婚姻により成年擬制された者（民753条）は（成年達成前に離婚した後も）後見人となることができる（注）。

(2)　**家庭裁判所で免ぜられた法定代理人，保佐人又は補助人**

　親権喪失（民834条），親権停止（民834条の2），管理権喪失（民835条）の審判を受けた者，後見人・保佐人・補助人としての職を解任された者（民846条・876条の2第2項・876条の7第2項）は，当該被後見人についてかつて免ぜられた場合のみだけでなく，他の者について免ぜられた場合も欠格となる。このような者は，未成年被後見人の財産管理等の職務につき不適任であることを裁判所が認定した者であるからである。

(3)　**破産者**

　破産者（破産法15条以下参照）は，自己の財産に関する財産管理権を喪失した者であり，他人の財産管理等を行う後見人の任務に適しないとされたことによる。

(4)　**未成年被後見人に対して訴訟をし，又はした者並びにその配偶者及び直系血族**

　ここに「被後見人に対して訴訟をする」とは，原告たると被告たるとを問わず訴訟関係に立つ意味であり，また，その「訴訟」は形式的でなく，実質

上未成年被後見人と利害対立した訴訟でなければならないとされる（大決昭和12・6・9民集16巻771頁，大阪高決昭和52・2・8家月29巻9号82頁）。

⑸　行方の知れない者

　所在不明の者は，未成年後見人としての任務を果たすことができないことは明らかであるから，欠格となることは当然である。

（注）平成30年法律第59号による民法の一部改正により，婚姻による成年擬制に関する第753条の規定は削除となる（令和4・4・1施行）。第1章第1節第1の1「親権の意義と内容」の項（注1）2頁参照。

第5　未成年後見監督人

　未成年後見監督人は，未成年後見人に対する監督機関である。旧法の下では，絶対的必要機関とされ，後見人があれば必ず後見監督人を置かなければならないことになっていたが（旧民910条・911条），現行法は，これを任意機関とし，未成年後見人を指定することができる者が，遺言で，未成年後見監督人を指定した場合のほかは，必要のある場合に家庭裁判所に請求して，これを選任することができることとされている（民848条・849条）。

1　未成年後見監督人の種類及び順位

⑴　指定未成年後見監督人（第1順位）

　未成年後見について，未成年後見人を指定することができる者は，遺言で，未成年後見監督人を指定することができる（民848条）。未成年後見人を指定することができる者とは，未成年者に対して最後に親権を行う者であって財産管理権を有する者（言い換えれば，管理権をも有している単独の親権者）である（民839条参照）。なお，指定は，未成年後見人の指定の場合と同様に遺言によらなければならない（遺言以外の方法では効力を生じない。）。

⑵　選定未成年後見監督人（第2順位）

　未成年後見について，指定未成年後見監督人がいない場合，又は一度定められた未成年後見監督人が欠けた場合（死亡，辞任，解任等）において，必要があると認めるときは，家庭裁判所は，未成年被後見人，その親族若しくは未成年後見人の請求により又は職権で，未成年後見監督人を選任することが

できる（民849条，家事39条・別表第一の74）。法人を未成年後見監督人に選任することもできる（民852条・840条3項）。必要の有無については，家庭裁判所が具体的事案に即して判断することになる。なお，家庭裁判所が未成年後見監督人を選任する場合の考慮事項については，未成年後見人を選任する場合の考慮事項の規定（民840条3項）が準用されている（民852条）。

　未成年後見監督人選任の審判は，選任される者に告知されることによって効力を生ずる（家事74条2項）。同審判が効力を生じたときは，裁判所書記官からの嘱託により戸籍の記載がされることとなる（家事116条，家事規76条1項2号，戸15条）。

2　未成年後見監督人の員数

　未成年後見監督人の数には制限はない（民852条）。したがって，1人に限定されることはなく，数人でも差し支えない。また，1人の未成年後見監督人が数人の未成年後見人を監督することも差し支えないと解されている（中川淳「改訂親族法逐条解説」533頁以下）。

3　未成年後見監督人の辞任又は解任

　前述（第4の3及び4の項60頁以下）の未成年後見人の場合と同様である（民852条・844条・846条）。

4　未成年後見監督人の欠格

　未成年後見監督人の欠格事由については，民法第852条において未成年後見人の欠格事由に関する同法第847条を準用しているほか，独自の欠格事由として，未成年後見人の配偶者，直系血族（法定血族（養親子関係）を含む。）及び兄弟姉妹は，未成年後見監督人となることができないとされる（民850条）。未成年後見監督人は，未成年後見人を監督する職務を有しているから，未成年後見人との間に特別に親密な親族関係があるときには，公正な職務を行うことを期待しがたいからである。したがって，例えば，未成年後見監督人が未成年後見人と養子縁組又は婚姻したときは，未成年後見監督人の地位を喪失するものと解される。

　上記に違反してなされた未成年後見監督人の指定（民839条・848条）又は選任（民849条）は無効である。また，就職後の未成年後見監督人につき上記の欠格事由が生じた場合は，当然その地位を失うこととなる。

　なお，未成年後見監督人の職務については，後述第6の3(1)参照。

第6　未成年後見の事務

　未成年後見の事務とは，別言すれば，未成年後見人の職務のことである。未成年後見は，親権の延長であることから，未成年後見人の職務の内容も親権のそれと根本的には差異がない。すなわち，未成年被後見人の身上と財産の両面にわたってこれを保護することにある（ただし，管理権のみの後見の場合は，身上に関する保護の事務がないことはいうまでもない—民868条）。

1　未成年被後見人の身上に関する事務

　未成年後見人は，監護教育の権利義務・居所指定権・懲戒権・職業許可権については，親権者と同様の権限が与えられている（第1章「親権（管理権）届」第1の2の項2頁以下参照）。ただし，親権者が定めた教育の方法及び居所を変更し，未成年者を懲戒し，営業を許可し，その許可を取り消し，又はこれを制限するには，未成年後見監督人があるときは，その同意を得なければならないとされる（民857条・823条参照）。未成年後見人は，営業以外の職業については，単独で許可することができるが，営業を許可するには，未成年後見監督人があるときは，その同意が必要とされるのである。営業は，損益の危険を自ら負担する取引行為をすることが多く，未成年被後見人の財産上に与える影響が大であるからであるといわれる（中川淳「改訂親族法逐条解説」554頁）。なお，親権を行うべき父又は母が未成年者であって未成年後見に服しているときには，未成年後見人が未成年被後見人である未成年者の親権を代行することになる（民867条）（注）。

（注）　この場合，未成年後見人は，未成年被後見人の親権を代行するほか（民833条），未成年被後見人の法定代理人として，認知の訴え（民787条）及び縁組取消しの訴え（民804条）を提起すること，未成年被後見人が15歳未満であるときは，氏の変更手続を代理すること（民791条），又は養子縁組の代諾をすること（民797条）ができる。

2　未成年被後見人の財産上に関する事務

(1)　未成年後見人の就職時の事務

　ア　財産の調査及び目録調製義務—未成年後見人は，就職後遅滞なく未成年被後見人の財産調査に着手し，原則として1か月以内に，その調査を終え，かつ，財産目録を調製しなければならない（民853条1項）。その際，未成年後見監督人があるときは，その立会いをもって調査，目録調製をしなければ，その効力がないとされる（民853条2項）。なお，未成年後見人は，財産目録の作成を終わるまでは，急迫の必要がある行為のみをする権限を有するものとされる（民854条）。

　イ　債権債務の申出義務—未成年後見人が未成年被後見人に対して，債権を有し，又は債務を負う場合において，未成年後見監督人があるときは，財産の調査に着手する前に，これを未成年後見監督人に申し出なければならない。未成年後見人が，未成年被後見人に対し，債権を有することを知ってこれを申し出ないときは，その債権を失う（民855条）。

　ウ　費用予定の義務—未成年後見人は，未成年被後見人の生活・教育・療養看護・財産管理に要する年間の費用を予定しなければならない（民861条）。

(2)　未成年後見人の在職中の事務

　ア　財産行為の代理権—未成年後見人は，未成年被後見人の財産を管理し，また，その財産に関する法律行為について未成年被後見人を代表する（民859条1項）。ただし，未成年被後見人の行為を目的とする債務を生ずべき場合には，本人の同意を得なければならない（民859条2項・824条ただし書）。また，元本の領収を除くほか，民法第13条第1項所定の行為又は営業を代理するには，未成年後見監督人があるときは，その同意を必要とし（民864条），もし，未成年後見人がこれに反して，代理行為をしたときは，未成年被後見人又は未成年後見人において，これを取り消すことができる（民865条）。

　イ　管理上の注意義務—未成年後見人が上記の管理を行うについては，善良なる管理者の注意を用いることを要する（民869条・644条）。

　ウ　利益相反行為の制限—未成年後見人と未成年被後見人との利益が相反

する行為（例えば，未成年後見人と未成年被後見人間の売買・贈与などの譲渡行為や未成年後見人が未成年被後見人の財産を利用・用益する行為，未成年後見人の債務に対して未成年被後見人が保証・担保する行為など—大判大正12・5・24民集2巻323頁）については，未成年後見人には代理権がない。これは，親権者の場合と同様である。この場合，未成年後見人は，未成年被後見人のため特別代理人の選任を家庭裁判所に請求しなければならないが，未成年後見監督人がある場合は，この限りでない（民860条）。未成年後見監督人が未成年被後見人を代理することになるからである（民851条4号）。

エ　財産行為の同意権及び取消権—未成年後見人は，意思能力を有する未成年被後見人が自ら財産に関する法律行為をするにつき，同意を与える権利を有し（民5条1項），また，その同意なくしてなされた行為を取り消す権利を有する（民120条）。ただし，元本の領収のほか，民法第13条第1項所定の行為又は営業をすることに同意するには，未成年後見監督人があるときは，その同意を得なければならない（民864条・865条参照）。

オ　未成年被後見人に対する未成年後見人の権利取得の制限—未成年後見人が，未成年被後見人の財産を譲り受けたとき（未成年後見監督人が代理したときでも）又は未成年被後見人に対する第三者の権利を譲り受けたときは，未成年被後見人において，これを取り消すことができる（民866条）。

(3)　**未成年後見終了時の事務**

ア　管理の計算—未成年後見人の任務が終了したときは，未成年後見人又はその相続人（未成年後見人死亡の場合）は，2か月以内に財産管理の計算をしなければならない（民870条）。この場合，未成年後見監督人があるときには，その立会いで計算することを要する（民871条）。なお，家庭裁判所は，上記の管理計算の期間を伸長することができる（民870条ただし書）。

イ　法律行為の取消し—未成年被後見人が成年に達した後（婚姻した場合も同じ—民753条）(注)，後見の計算の終了前は，その者と未成年後見人又は相続人との間にした契約又は債務免除などの単独行為は，未成年者であった者においてこれを取り消すことができる（民872条）。これは，未

成年者であった者の保護と計算の混乱を防ぐ趣旨によるとされる。

　ウ　財産の返還—未成年後見の計算の結果，未成年後見人の保管金，消費金は利息（法定利率年3パーセント—民404条）をつけて返還しなければならず，また，損害のあるときは賠償しなければならない（民873条）。

　エ　後見終了後の応急処分及び通知—委任終了の際の緊急処分義務（民654条）及び対抗要件（民655条）の規定は，後見終了の場合に準用される（民874条）。

　オ　未成年後見に関して生じた債務の時効—未成年後見人又は未成年後見監督人と未成年被後見人との間に，後見に関して生じた債権（例・任務懈怠による損害賠償債権，又は民法第873条の返還請求債権など）は，親権者のそれの場合と同様に5年の消滅時効にかかる（民875条）。

（注）平成30年法律第59号による民法の一部改正により，婚姻による成年擬制に関する第753条の規定は削除となる（令和4・4・1施行）。第1章第1節第1の1「親権の意義と内容」の項（注1）2頁参照。

3　未成年後見事務の監督

　未成年後見事務の監督機関として，未成年後見監督人と家庭裁判所がある。前者は必置機関ではないから，未成年後見監督人が置かれていない場合には，家庭裁判所のみが未成年後見人を監督することとなる。

(1)　未成年後見監督人の職務

　未成年後見監督人の基本的な職務権限は，未成年後見人の事務の監督が中心となる。具体的には，未成年後見人の就職時の財産調査，財産目録調製についての立会い（民853条2項），未成年後見人の未成年被後見人に対する債権債務の申出の受理（民855条），未成年者の身上監護に関する未成年後見人の処分（親権者の定めた教育方法・居所の変更，営業の許可・許可の取消し・制限）についての同意（民857条），未成年後見人が未成年被後見人の重要財産に関して法律行為をする場合の同意（民864条），未成年後見終了の際の管理計算についての立会い（民871条）など個別的なもののほか，未成年後見監督人は，いつでも，未成年後見人に対し未成年後見事務の報告・財産目録の提出を求め，未成年後見事務・財産状況を調査すること（民863条1項），未成年後見

人が欠けた場合に遅滞なくその選任を家庭裁判所に請求すること，急迫な事情がある場合に必要な処分をすること，未成年後見人又はその代表する者と被後見人との利益相反行為について被後見人を代表すること（民851条）などがある。

⑵　家庭裁判所の監督

　家庭裁判所は，未成年被後見人の利益を保護するため，未成年後見事務の監督を行うこととなるが，その方法の一つとして，いつでも，未成年後見人に対し未成年後見事務の報告，財産目録の提出を求め，未成年後見事務又は未成年被後見人の財産状況の調査をすることができ，また，未成年後見監督人，未成年被後見人若しくはその親族その他の利害関係人の請求があったとき又は必要と認めるときは職権をもって，未成年被後見人の財産管理，その他後見事務について必要な処分を命ずることができる（民863条）。そのほか，未成年後見人，未成年後見監督人，特別代理人の選任，あるいは未成年後見人の辞任を許可し，又は解任することができる（民841条・844条・849条・852条・860条）。

　家庭裁判所には，上記のほか，さらに次の権限が認められている（家事180条による124条の準用・別表第一の81）。

　　ア　適当な者に，未成年後見の事務若しくは未成年被後見人の財産の状況を調査させ，又は臨時に財産の管理をさせることができる。

　　イ　前記アにより調査又は管理をした者に対し，未成年被後見人の財産の中から，相当な報酬を与えることができる。

　　ウ　家庭裁判所調査官に前記アの調査をさせることができる。

第7　未成年後見の終了

　未成年後見の終了原因には，２つの場合がある。その１は，「絶対的終了」といわれるものである。これは，もはや未成年後見の必要を認めなくなった場合に起こる。例えば，⑴未成年者の死亡（失踪宣告），⑵未成年者の成年到達，婚姻（注）又は養子縁組，⑶親権を行う者があるに至った場合（民836条・837条2項）などである。その２は，「相対的終了」（後見人のいわゆる更迭）といわれるものである。これは，これまでの未成年後見人が後見関係から脱退するのみで，

未成年後見そのものは他の未成年後見人によって承継される場合である。例えば，未成年後見人の死亡（失踪宣告），辞任・解任（民844条・846条）及び欠格事由の発生（民847条）である。そして，戸籍法上，前者の場合には，未成年後見終了の届出をすることとされ（戸84条），また，後者の場合には，未成年後見人地位喪失の届出をすべきものとされる（戸82条）。

（注）平成30年法律第59号による民法の一部改正により，婚姻による成年擬制に関する第753条の規定は削除となる（令和4・4・1施行）。第1章第1節第1の1「親権の意義と内容」の項（注1）2頁参照。

第8　未成年後見監督人の地位喪失と任務終了

1　地位喪失

　未成年後見監督人は，前述（第5の項63頁以下）のとおり必置機関ではなく，未成年被後見人に多大の財産があるなど必要がある場合に置かれる任意機関であるから（民848条・849条），前任者がその地位を失っても必ずしも後任者が選任されるとは限らない。そこで，戸籍法上の届出については，未成年後見それ自体は依然継続しているが，未成年後見監督人がその地位を失った場合，すなわち，①未成年後見監督人の死亡，②未成年後見監督人の辞任又は解任（前述第5の3の項64頁参照），③未成年後見監督人につき欠格事由の発生（前述第5の4の項64頁以下参照）の場合には，未成年後見監督人の地位喪失の届出（戸85条・82条）をすべきものとされている。

2　任務終了

　未成年後見監督人の任務は，①未成年後見そのものの終了（すなわち，未成年被後見人が成年に達したとき（婚姻による成年擬制を含む（注1）。）又は親権若しくは管理権を行う者があるに至ったときなどのように，未成年後見そのものが絶対的に終了する場合），②未成年後見監督人の死亡，③未成年後見監督人の辞任又は解任（民852条・844条・846条，家事39条・別表第一の75・76），④未成年後見監督人につき欠格事由の発生（民850条・852条・847条）（注2）により終了することとなる。

　なお，未成年後見監督人の任務終了の届出を要するのは，上記の④の場合のみである（なお後述第2節〔1〕6の項79頁参照）。

（注1）平成30年法律第59号による民法の一部改正により，婚姻による成年擬制に関する第753条の規定は削除となる（令和4・4・1施行）。第1章第1節第1の1「親権の意義と内容」の項（注1）2頁参照。

（注2）未成年後見監督人の辞任・解任には，未成年後見人に対する規定（民844条・846条）が準用されるため，未成年後見人の場合と異ならない（民852条）。欠格事由の発生についても，未成年後見人に関する規定（民847条）が準用される（民852条）ため，未成年後見人の場合と同様である。ただし，そのほかに，未成年後見監督人についてだけの欠格事由として，未成年後見人の配偶者，直系血族及び兄弟姉妹も未成年後見監督人となることはできないとされる（民850条）。なお，前述第5の3・4の項64頁参照。

第9　未成年後見に関する戸籍の届出と記載

1　届出の種別

未成年後見に関する届出の種別は，次のとおりである。

(1)　未成年後見開始届（戸81条）

(2)　未成年後見人地位喪失届（戸82条）

(3)　未成年後見終了届（戸84条）

(4)　未成年後見監督人就職届（戸85条・81条）

(5)　未成年後見監督人地位喪失届（戸85条・82条）

(6)　未成年後見監督人任務終了届（戸85条・84条）

2　戸籍の記載

(1)　戸籍記載の事由

未成年後見に関する戸籍の記載については，前記1の届出及び裁判所書記官からの嘱託に基づいてされる（戸15条）。

裁判所書記官から戸籍記載の嘱託がされるのは，次の場合である（家事116条，家事規76条，昭和56・2・14民二911号通知）（注）。

ア　未成年後見人又は未成年後見監督人を選任する審判

イ　未成年後見人又は未成年後見監督人の辞任を許可する審判

ウ　未成年後見人又は未成年後見監督人を解任する審判

エ　未成年後見人又は未成年後見監督人が数人ある場合における権限の行使についての定め及びその取消しの審判

(2) 戸籍の記載事項

　未成年後見に関する事項は，未成年被後見人の戸籍の身分事項欄に記載し，未成年後見人（後見監督人）の戸籍には何らの記載を要しないものとされている（戸規35条5号，法定記載例118〜137，参考記載例151〜163）。未成年後見人（後見監督人）の本籍・氏名は，未成年被後見人の身分事項欄に記載される後見に関する事項によって明らかにされるからである。

　なお，未成年後見人が就職後において，その氏名，本籍等を変更したに過ぎないときは，その変更の届出は要せず（大正4・1・13民1920号回答），戸籍の記載を訂正する必要もないとされている（大正4・1・28民6号回答）。これは，未成年後見人の戸籍を通じて変更の事実を知ることができるからである。親権者の管理権喪失によって未成年後見が開始した後，親権者が死亡し又は親権そのものを喪失したときは，現在の未成年後見人の権限が拡大されるが，この場合でも従前の未成年後見事項の記載を更正するなどの措置をする必要はなく，そのままにしておく取扱いとされている（昭和25・2・3民事甲154号回答）。

3　審判前の保全処分に関する嘱託

　未成年後見人解任の審判の申立てがあった場合において，未成年被後見人の利益のため必要があるとき（家事181条・127条）は，その解任審判前に仮の処分として，未成年後見人の職務の執行停止又はその職務代行者の選任若しくは改任の処分がされる場合があるが，この場合には，その処分をした裁判所の書記官からその旨の戸籍記載の嘱託がなされ（家事116条2号），この嘱託に基づいて戸籍の記載をすることとされている（家事規76条2項3号，戸15条）。なお，未成年被後見人と未成年後見人との利益相反行為について選任される特別代理人（民860条・826条）は一時的暫定的なものであるから，戸籍の記載事項ではないとされている。

第2節　未成年後見届出の諸要件

〔1〕届出事件細別	〔2〕届出事件本人	〔3〕届出期間	〔4〕届出地	〔5〕届出義務者又は届出当事者	〔6〕添付書類	関係法令
未成年後見開始届	被後見人及び後見人	就職の日から10日以内	被後見人若しくは後見人の本籍地又は届出人の所在地	未成年後見人	遺言の謄本	戸81, 25 民838, 839, 847
未成年後見人地位喪失届	同上	後任者の就職の日から10日以内 （他の後見人がある場合は, その事実を知った日から10日以内）	同上	後任の未成年後見人又は他の未成年後見人 （未成年被後見人, その親族, 未成年後見監督人も届出することができる。）		戸27の3, 82, 25 民847
未成年後見終了届	同上	後見終了の日から10日以内	同上	未成年後見人	親権喪失, 親権停止又は管理権喪失の審判の取消しの場合は審判の謄本及び確定証明書	戸84, 25, 38② 民4, 10, 753 **(注)**, 836

未成年後見監督人就職届	被後見人,後見人及び後見監督人	就職の日から10日以内	被後見人,後見人若しくは後見監督人の本籍地又は届出人の所在地	未成年後見監督人	遺言の謄本	戸85,81,25 民848,850,852,847
未成年後見監督人地位喪失届	同上	後任者の就職の日から10日以内（他の後見監督人がある場合は,その事実を知った日から10日以内）	同上	後任の未成年後見監督人又は他の未成年後見監督人（未成年被後見人,その親族,未成年後見人も届出することができる。）		戸27の3,85,82,25 民849,850,852,847
未成年後見監督人任務終了届	同上	任務終了の原因が発生した日から10日以内	同上	未成年後見監督人	終了原因を証する書面	戸85,84,25 民852,847

(注) 平成30年法律第59号による民法の一部改正により，婚姻による成年擬制に関する第753条の規定は削除となる（令和4・4・1施行）。第1章第1節第1の1「親権の意義と内容」の項（注1）2頁参照。

〈注　解〉

〔1〕　届出事件細別

1　未成年後見開始届

　未成年後見開始の届出は，その実質は未成年後見人就職の届出の性質を有しているものであり，報告的届出である。未成年後見は，前述（第1節第2の2の項54頁以下参照）のとおり，開始原因の発生によって当然に開始するものであるからである。したがって，未成年後見人が後見開始の届出をしないうちに後見が終了した場合でも，未成年後見開始の届出をすべきであるとされる（昭和31・10・17民事㈡発533号回答）。

　上記のほか，未成年後見開始届との関連において留意すべき点は，次のとおりである。

(1)　親権者の職務執行が応急的に停止されたに過ぎない場合，すなわち，親権者の指定若しくは変更又は失権宣告の審判事件において，親権者の職務執行停止の保全処分又は管理権の執行停止の保全処分をすることができるが（家事105条1項・109条1項・106条1項），これによっては，未成年後見は開始しない（大判大正11・12・22民集1巻791頁，大判大正10・5・2民録27輯841頁）。この場合，職務代行者が選任される（家事174条・175条）。

(2)　15歳未満の養子が離縁をするに際して代諾すべき法定代理人がいないとき（例えば，縁組の代諾をした実父母がともに死亡している場合）は，養子の親族その他の利害関係人の請求によって，家庭裁判所の選任した養子の離縁後にその後見人となるべき者（家事39条・別表第一の70）が，離縁の協議及びその届出をすることになる（民811条5項）が，当該後見人は，離縁届の受理の日から後見を行うことになるから，戸籍法第81条の規定によって後見開始の届出をしなければならない（昭和37・5・30民事甲1469号通達二の㈡(2)）。もっとも，この場合，上記届出人（すなわち当該未成年後見人）は離縁届の届出人と同一人であるから，離縁届書の「その他」欄に「養子の離縁後に未成年後見人となるべき何某は，本件離縁届受理の日から後見を行うことになるので，その届出をする。」旨を記載し，これによって別の書面による未成年後見開始届に代えることが認められる（この場合，受附は，「養子離縁」と「未成年後見開始」の2件として処理する（前記通達二の㈡(3)）。）。

(3)　父母の一方が親権を行う場合（すなわち単独親権の場合）に，親権又は管理権の辞任があったとき，又は父母双方が同時にこれを辞任したときは，未成年後見が開始するが，この場合の親権又は管理権の辞任は，戸籍法第80条の届出により効力を生ずるから（創設的届出），その辞任の届出をしなければならないが，未成年後見人が選任されたときは，裁判所書記官からの嘱託により戸籍の記載がされるから（家事116条1号・別表第一の71，家事規76条1項2号，戸15条），未成年後見開始の届出は要しない。

(4)　子の親権者（すなわち，嫡出でない子の母）が未成年者であるときは，その

　未成年者に対して親権を行っている親権者（子からみれば，祖父母。なお，祖父母が既に死亡していて，未成年親権者のため未成年後見人が選任されているときは，その未成年後見人）が未成年者の親権を代行することになる（民833条・867条）が，上記の母が死亡したときは，これらの親権代行者があるときでも未成年後見が開始する（昭和25・12・6民事甲3091号回答）。したがって，この場合に，上記の子のために未成年後見人が選任されたときは，裁判所書記官からの嘱託により戸籍の記載がされるから，未成年後見開始の届出は要しない。

2　未成年後見人地位喪失届

　未成年後見人地位喪失の届出は，既成事実についての報告的届出である。

　未成年後見人がその地位を失う場合としては，例えば，未成年被後見人が成年に達し後見が終了することに伴って当然にその地位を失う場合（後見の絶対的終了）と，後見は継続しながら後見人その者がその地位を去り（例えば，後見人の死亡・辞任等）後任の後見人が定められる場合（後見の相対的終了）とがある（前述第1節第7の項69頁参照）。そして，この後者の場合が未成年後見人地位喪失届出（戸82条）の対象となる（前者の場合は，後述3の未成年後見終了届出の対象となる。）。

3　未成年後見終了届

　未成年後見終了の届出は，報告的届出であることはいうまでもない。

　未成年後見の終了とは，後見そのものが絶対的に終了する場合をいうことは前述したとおりである（後見終了の原因については，なお前述第1節第7の項69頁参照）。そして，この場合は，未成年後見終了の届出（戸84条）を要することとなる。もっとも，後見が絶対的に終了するすべての場合に未成年後見終了の届出をする必要はなく，場合により市町村長限りの職権で戸籍に未成年後見終了の記載をすべきときもある。以下，未成年後見終了（以下，本項において「未成年被後見人」は単に「被後見人」，「未成年後見終了」は単に「後見終了」という。）の原因ごとに届出と職権記載との関連等について説明すれば，およそ次のとおりである。

　(1)　被後見人が死亡し，又は失踪宣告を受けたとき。

　　この場合には，後見終了の記載は実益がないので，後見終了の届出も戸籍の記載も不要とされる（大正4・11・6民1564号回答）。

(2)　被後見人が成年に達したとき，又は婚姻により成年に達したものとみなされる（**注1**）とき（民753条）。

　　この場合には，市町村長限りの職権によって後見終了の旨の戸籍記載をすることができるが（昭和28・12・25民事甲2479号回答，昭和23・9・27民事甲2193号回答等），後見に服する未成年者が成年に達し，又は婚姻により成年に達したものとみなされたことにより後見が終了したということは，当該本人の戸籍の出生の年月日（**注2**）又は婚姻の記載により容易に判断し得ることから，当該本人から特に後見終了の記載方について申出がない限り，職権をもって積極的にその記載をすることを要しないものとされている（昭和54・8・21民二4391号通達）。なお，先例は，被後見人が成年に達して後見が終了する場合には，後見人の，後見終了の届出義務は免除されないとしているが（昭和31・6・15民事甲1359号回答），前述の趣旨により後見終了の届出及び戸籍の記載とも不要（後者については，当該本人から特に戸籍記載方の申出がない限り）と解する余地がある。

(3)　親権又は管理権を行う者があるに至ったとき。

　　この点については，新たに親権者が生ずるに至った場合と，従来の親権者が親権又は管理権を回復した場合とが考えられる。

　　前者の場合としては，例えば，①被後見人が養子となって養親の親権に服するに至ったとき（大正7・3・16民402号回答，昭和23・12・9民事甲3185号回答），②養子たる被後見人が離縁によって実親の親権に服するに至ったとき，③嫡出でない子につき準正嫡出子の身分取得（民789条）により父が親権を行うに至ったとき（昭和23・5・13民事甲1259号回答，昭和25・12・4民事甲3089号回答），④単独親権者（民819条各項）に管理権がないため，いわゆる管理後見が開始していた場合に，親権者が他の一方に変わったとき（同条3項〜6項）などが考えられる。後者の場合としては，例えば，⑤親権又は管理権の失権宣告により後見の開始後に，その宣告が取り消されたとき（民836条），⑥親権又は管理権の辞任により後見の開始後に，これを回復したとき（民837条2項），⑦親権者が後見開始の審判を受けて（民838

条2号）親権を行うことができなかった場合に，その取消しがあったとき（大正9・3・2民事178号回答），⑧行方不明又は長期不在の親権者が判明又は帰来し，現実に親権を行使し得るようになったとき（昭和37・2・13民事甲309号回答）などが考えられる。そして，これらのうち，前述の①から⑥の場合のように，それぞれの届出の受理によって親権の発生・復活・変更の効力が生じる場合には，後見終了の届出を待つまでもなく，市町村長限りの職権で後見終了の戸籍記載をして差し支えないとされる（昭和23・12・9民事甲3185号回答）。これらの場合には，戸籍の記載自体又は縁組・離縁等の届出により後見の終了は明らかであるからである。なお，先例は，その後さらに進んで，上記のような場合には本人から特に申出のない限り，後見終了の職権記載を省略しても差し支えないとしたことは前記(2)で述べたとおりである（昭和54・8・21民二4391号通達）。

　　しかし，⑦及び⑧の場合には，後見終了の届出が必要であり，戸籍の記載も省略すべきでないと解される。

（注1） 平成30年法律第59号による民法の一部改正により，婚姻による成年擬制に関する第753条の規定は削除となる（令和4・4・1施行）。第1章第1節第1の1「親権の意義と内容」の項（注1）2頁参照。

（注2） 成年到達について，民法は，満20年をもって成年としている（民4条。なお，第1章第1節第1の1親権の意義と内容の項（注1）2頁参照）。すなわち，20年目の出生年月日の応当日（誕生日）の前日の経過によって成年に達することになる。そこで，成年到達による後見終了の戸籍記載は，誕生日の前日（満了日）をもって記載することとされている（昭和2・7・16民事5290号回答，昭和30・9・7民事㈡発434号回答）。このほか，満了の時点を明らかにする趣旨から，応当日の前日の経過によって成年に達する旨（例・「年月日の経過により成年に達したため後見終了　月　日届出㊞）」）を記載して差し支えないとされる（昭和37・4・10民事甲1008号回答）。

4　未成年後見監督人就職届

　未成年後見監督人就職の届出は，報告的届出である。

　未成年後見監督人は，旧法当時とは異なり，現行法の下では未成年被後見人に多大の財産があるなど必要がある場合に置かれる任意機関であって，指定又は選定により置かれるが（民848条・849条），指定による場合は，〔2〕以下に

述べるところにより未成年後見監督人就職の届出を要することとなる（戸85
条・81条）。選定による場合は，裁判所書記官からの嘱託により戸籍の記載がさ
れるから（家事116条1号・別表第一の74，家事規76条1項2号，戸15条），未成年後
見監督人就職の届出は要しない。

5　未成年後見監督人地位喪失届

　未成年後見監督人地位喪失の届出も，報告的届出であることはいうまでもな
い。

　未成年後見監督人は，前述4のとおり必置機関ではない。そのため，後見そ
のものが依然継続している場合に，未成年後見監督人がその地位を失ったとし
ても，必ずしも後任の未成年後見監督人が選任されるとは限らない。したがっ
て，前任の未成年後見監督人が地位を失った場合には，一般に未成年後見監督
人任務終了の届出（後述6参照）をすべきものと解されている。そして，その届
出がなされ，又は市町村長限りの職権により任務終了の戸籍記載がなされた後
に，後任の未成年後見監督人が選任された場合には，裁判所書記官からの嘱託
により未成年後見監督人選任の記載がされるだけである（家事116条1号・別表第
一の74，家事規76条1項2号，戸15条）。これに対し，未成年後見監督人任務終了
の届出もなされず，また，職権による任務終了の戸籍記載もされていない場合
に，後任の未成年後見監督人が選任されたときは，後任者において未成年後見
監督人地位喪失の届出を要することとなる。なお，この届出がなされた以上，
前任者から任務終了の届出がなされても，これを受理することはできない。

6　未成年後見監督人任務終了届

　未成年後見監督人任務終了の届出も，その性質上報告的届出に属することは
いうまでもない。

　未成年後見監督人の任務終了の原因としては，①後見そのものの終了，②未
成年後見監督人の死亡，③未成年後見監督人の辞任（民852条・844条，家事39
条・別表第一の75），④未成年後見監督人の解任（民852条・846条，家事39条・別表
第一の76），⑤未成年後見監督人につき欠格事由の発生（民850条・852条・847条）
が挙げられる。そして，これらのうち，上記①の場合には，未成年後見人から

未成年後見終了の届出（戸84条）がなされ，これに基づく戸籍の記載によって公示の目的は十分に達せられるから，未成年後見監督人からそのうえ更に終了の届出をする必要はない。また，②の場合には，当該未成年後見監督人につき死亡の戸籍記載によって公示されるから，届出の余地はない。③及び④の場合には，裁判所書記官から戸籍記載の嘱託がなされ（戸15条，家事116条1号・別表第一の75・第一の76，家事規76条1項3号・4号），これに基づきその旨戸籍に記載されるから，いずれも届出の必要がない。⑤の場合には，任務の終了した当該未成年後見監督人から任務終了の届出を要することとなるが，その届出前に，後任者又は他の未成年後見監督人等から未成年後見監督人の地位喪失の届出があったときは，任務終了の届出義務は免れる。

〔2〕　届出事件本人

　未成年後見開始届，未成年後見人地位喪失届及び未成年後見終了届の届出事件本人は，被後見人及び未成年後見人である。

　未成年後見監督人就職届，未成年後見監督人地位喪失届及び未成年後見監督人任務終了届については，後見の監督機関に係る届出であるから，前記事件本人のほか，未成年後見監督人が届出事件の本人であることはいうまでもない。

〔3〕　届出期間

1　未成年後見開始届については，指定未成年後見人の場合は未成年後見人就職の日から10日以内である（戸81条）。ここに「就職の日」とは，遺言が効力を生じた日，すなわち後見開始の日である（大正8・4・7民835号回答）。選定未成年後見人については，未成年後見人選任の審判は告知を受けた日に効力を生ずるが（家事74条2項），この場合は，裁判所書記官からの嘱託により戸籍の記載がされるから（家事116条1号・別表第一の71，家事規76条1項2号，戸15条），未成年後見開始の届出は要しない。

　　15歳未満の養子の離縁にあたり選任された養子の離縁後に未成年後見人となるべき者については，未成年後見開始の届出を要するが，この場合の就職の日は当該離縁の届出が受理された日であることは，前述したとおりである（本節〔1〕1(2)参照）。

2　未成年後見人地位喪失届については，①後任者の就職の日から10日以内，②他の未成年後見人があるときはその事実を知った日から10日以内

である（戸82条）。

3　未成年後見終了届については，未成年後見終了の原因が発生した日から10日以内である（戸84条）。

4　未成年後見監督人就職届については，未成年後見監督人就職の日から10日以内である（戸85条・81条）。すなわち，指定未成年後見監督人の場合には，遺言の効力が生ずる日（つまり遺言者死亡の日―民985条1項）から10日以内である。遺言書が遺言者の死亡後日を経て発見されたため，この届出期間内に届出をすることができない場合（言い換えれば，就職の事実を過失なくして知らなかったことにより期間を経過したとき）には，その届出期間は，現実に就職した日から起算すべきであり，また，戸籍法第137条の制裁は科せられるべきではないと解されている（中川「新訂親族法」550頁，青木・大森「全訂戸籍法」373頁参照）。なお，選定未成年後見監督人の場合は，未成年後見監督人の選任の審判は告知を受けた日に効力を生ずるが（家事74条2項），この場合は裁判所書記官からの嘱託により戸籍の記載がされるから（家事116条1号・別表第一の74，家事規76条1項2号，戸15条），未成年後見監督人就職の届出は要しない。

5　未成年後見監督人地位喪失届については，未成年後見監督人が不在となる場合は，後任の未成年後見監督人就職の日から10日以内である（戸85条・82条）。

6　未成年後見監督人任務終了届については，任務終了の原因が発生した日から10日以内である（戸85条・84条）。

〔4〕届出地

いずれの届出の場合も，戸籍法第25条の一般原則による。すなわち，届出事件本人（前述〔2〕の項参照）の本籍地又は届出人の所在地である。

〔5〕届出義務者又は届出当事者

1　未成年後見開始届及び未成年後見終了届の届出義務者は，いずれも当該未成年後見人である（戸81条1項・84条）。

2　未成年後見人地位喪失届の届出義務者は，①未成年後見人が不在となるときは，後任の未成年後見人である（戸82条1項）。②他の未成年後見人があるときは，その未成年後見人である（民82条2項）。

　　なお，未成年者，その親族又は未成年後見監督人も，未成年後見人地位
　喪失の届出をすることができる（戸82条3項）。
　3　未成年後見監督人就職届及び未成年後見監督人任務終了届の届出義務者
　　は，いずれも当該未成年後見監督人である（戸85条・81条1項・84条）。
　4　未成年後見監督人地位喪失届の届出義務者は，次のとおりである（戸85
　　条・82条）。
　　①　未成年後見監督人が不在となるときは，後任の未成年後見監督人であ
　　　る（戸85条・82条1項）。
　　②　他の未成年後見監督人があるときは，その未成年後見監督人である
　　　（戸85条・82条2項）。
　　　なお，未成年者，その親族又は未成年後見人も，未成年後見監督人地
　　　位喪失の届出をすることができる（戸85条・82条3項）。

〔6〕　添付書類

1　未成年後見開始届

　指定未成年後見人の場合（民839条）には遺言の謄本の添付を要する（戸81条
2項）。選定未成年後見人の場合（民840条）には，裁判所書記官から未成年被後
見人の本籍地の市町村長に対し戸籍記載の嘱託がなされるので（家事116条1
号・別表第一の71，家事規76条1項2号，戸15条），戸籍の届出を要しない。

2　未成年後見人地位喪失届

　添付書類について特に規定はないが，未成年後見人が死亡により地位を喪失
した場合には，当該死亡事項が記載された戸籍謄本等，また，欠格事由に該当
することにより地位を喪失した場合には，当該欠格事由に該当することとなっ
たことを証する裁判書の謄本等を添付するのが相当と解される（戸27条の3）。
　後任者からなされる未成年後見人地位喪失の届出において，当該後任者の選
任に関する戸籍の記載嘱託がいまだされていないときは，選任の審判書謄本を
添付することにより，届出資格を確認することとなる。

3　未成年後見終了届

　添付書類について特に規定はない。しかし，親権喪失，親権停止又は管理権

喪失の審判の取消しによる未成年後見終了届の場合には，取消しの審判の謄本及び確定証明書を添付すべきである。

4　未成年後見監督人就職届

前記1の場合と同様に，指定未成年後見監督人の場合には遺言の謄本の添付を要する。選定未成年後見監督人の場合（民849条）には，裁判所書記官から戸籍記載の嘱託がなされるので（家事116条1号・別表第一の74，家事規76条1項2号），戸籍の届出を要しない。

5　未成年後見監督人地位喪失届

未成年後見監督人地位喪失届の添付書類については特に規定はないが，①未成年後見監督人が死亡により地位を喪失した場合には当該死亡事項が記載された戸籍謄本等，②欠格事由発生により地位を喪失した場合には，当該欠格事由に該当することとなったことを証する裁判書の謄本等を添付するのが相当と解される。

また，後任者からなされる未成年後見監督人地位喪失の届出において，当該後任者の選任に関する戸籍の記載嘱託がいまだされていないときは，選任の審判書謄本を添付することにより，届出資格を確認することとなる。

6　未成年後見監督人任務終了届

未成年後見監督人が破産手続開始の決定を受けたときは，欠格事由に該当することになる（民852条・847条）ので，任務終了届を要する。この場合は，破産手続開始の決定の裁判書の謄本及び確定証明書を添付する。

未成年後見監督人が未成年後見人と婚姻したときは，欠格事由に該当するので（民850条・852条），任務終了届を要することとなる（戸85条・84条）。この場合は，婚姻事項が記載された戸籍謄（抄）本を添付することになる。

第3節　未成年後見届書の審査上留意すべき事項

未成年後見に関する届出の受理にあたっては，第1節ないし第2節で述べた

基本的事項を十分理解しておく必要があることは，他の届出事件の場合と同様であるが，なお当該届書の審査にあたり特に留意すべき事項を挙げれば，概ね次のとおりである。

1 未成年後見開始届について，当該届書に未成年後見開始の原因及び年月日が記載されているか（戸81条2項1号）

未成年後見開始届には，届書の記載事項として，一般的記載事項（戸29条）のほか，(1)後見開始の原因及び年月日，(2)未成年後見人が就職した年月日を記載することとされているが，これらの事項は，第三者の利害に少なからず影響を与えるものであり，戸籍の公示上重要な意味を有する。

未成年後見開始の原因とは，既に第1節第2の2で述べたとおり，①親権を行う者がないこと，②親権を行う者が管理権を有しないことである。そして，後見開始の年月日は，上記の原因が発生した日である。例えば，ア　親権者の死亡の場合はその死亡の日，イ　親権若しくは管理権の喪失又は親権停止（民834条・834条の2・835条）の場合はその審判確定の日，ウ　親権又は管理権の辞任（民837条）の場合はその届出（戸80条）の日，エ　遺言による未成年後見人の指定（民839条1項本文）の場合は遺言者の死亡の日（すなわち遺言の効力が生ずる日（民985条））である（注1）。

ところで，未成年後見開始届を要するのは，上記エの場合及び15歳未満の養子の離縁に際して離縁後に未成年後見人となるべき者として選任された未成年後見人の就職の場合（後見開始の日は離縁の届出が受理された日）のみであるが，この場合，未成年後見開始の原因及び年月日については，前述のとおり戸籍の公示上重要な事項であり，かつ，関係戸籍の記載又は添付書類（遺言書謄本等）等の記載とも一致すべきものであるから，その記載につき十分照合の上，受否を決定する必要がある。

なお，未成年後見開始の原因が死亡，裁判の確定，戸籍届出等による通常の場合には，後見開始の日は前述のとおり明瞭であるが，例えば，親権者の行方不明又は長期不在等による場合には明瞭ではない（注2）。

（注1）未成年後見開始の原因及び年月日，未成年後見人就職の年月日等については，いわ

ゆる標準様式（昭和59・11・1民二5502号通達，平成24・6・25民一1551号各通達等参照）による届書には，あらかじめその記載欄が設けられている。そして，その開始原因として3項目が掲げられている（もっとも最後の項目は，未成年後見監督人の就職に関するもの）が，そのうち最初の項目（「親権を行う人がいない」）はいうまでもなく前述の後見開始原因の①の場合である。すなわち，親権者の死亡・行方不明・長期不在，親権者について心神喪失，親権の喪失，親権の辞任，成年後見の審判があったときなどいわゆる親権行使不能の場合がこれに該当することになる。

（注2）未成年後見開始の届出は，その実質において未成年後見人就職の届出の性質を有しているものである。また，戸籍の記載事項としても，むしろ，未成年後見人が誰であるかを明らかにする記載（すなわち，その本籍・氏名及び就職年月日）が重要であり，かつ，その記載がされることにより後見開始の旨はおのずと明らかにされる。他方，未成年後見開始の原因が，親権者の死亡・後見開始の審判の確定等による場合は，後見開始の年月日は明確であるが，親権者の行方不明又は長期不在等による後見開始の場合には，後見開始の年月日を正確に把握することは事実上不可能ともいえる。審判によって未成年後見人が選任されたときは，裁判所書記官からの嘱託により戸籍の記載がされるが（家事116条1号・別表第一の71，家事規76条1項2号，戸15条），戸籍には後見開始の年月日は，記載されない（法定記載例122・123参照）。したがって，後見開始の年月日は，戸籍の記載上からは判明しないので，もし，これを知ろうとするとき（例えば，訴訟上の必要等により）は，当該嘱託書に添付された審判の謄本等の記載により把握することになろう（家事規76条4項，戸48条参照）。

2　後見開始届について，「未成年後見人が就職した年月日」が記載されているか（戸81条2項2号）

未成年後見開始届には，当該届書に未成年後見開始の原因及び年月日とともに（前記1参照），「未成年後見人が就職した年月日」を記載することとされている。ここに「就職の日」とは，言い換えれば，未成年後見人がその職務を行うこととなった日であって，(1)指定未成年後見人の場合は，遺言が効力を生じた日である。すなわち，遺言による未成年後見人の指定は，遺言者（未成年者に対して最後に親権を行う者―民839条1項本文）が死亡して，遺言が効力を生じたときに効力を生ずる（民985条1項）。つまり，遺言者が死亡して未成年後見が開始すると同時に，被指定者が未成年後見人に就職することになる（注1）。(2)選定未成年後見人の場合は，裁判所書記官から戸籍記載の嘱託がされるので（家事116条1号・別表第一の71，家事規76条1項2号），戸籍の届出は要しないが，未成年後見人就職の日は，選任の審判に対して即時抗告が認められていないので，

当該審判が未成年後見人に告知された日（審判の告知の時期は，口頭による告知の場合はその告知の時，審判書謄本の送付による告知の場合は，その謄本が未成年後見人に到達した時）である。(3)15歳未満の養子の離縁に際して，養子の離縁後に未成年後見人となるべき者に選任された未成年後見人は，離縁の届出が受理された日が就職の日である。この後見人就職の日は，いうまでもなく戸籍の公示上重要な意味を有するものであり，かつ，関係戸籍の記載あるいは添付書類の記載と整合すべきものであるから，その当否につき慎重に審査の上，受否を決定する必要がある（注2）。

> （注1） 未成年後見人は，その就職の日から10日以内に未成年後見開始届をしなければならない（戸81条）が，例えば，遺言による未成年後見人の指定の場合に，当該遺言書が遺言者の死亡後日を経て発見されたような場合には，届出期間は，現実に就職した日から起算するのが妥当と解されている（中川「新訂親族法」550頁，青木・大森「全訂戸籍法」373頁参照）。
>
> （注2） 養子の離縁後の未成年後見人の就職については，裁判所書記官からの戸籍記載の嘱託はなされないので，戸籍法第81条の規定に準じて，未成年後見人となるべき者が未成年後見開始の届出をすることとなる。なお，この届出がなされない場合には，市町村長は，届出の催告手続を行うとともに，届出がされないときは，管轄法務局等の長の許可を得て，職権で戸籍の記載をすることとなる（戸44条1項〜3項，平成25・3・28民一316号通知）。

3 未成年後見人地位喪失届について，地位喪失の原因及び年月日が記載されているか（戸82条4項）

　未成年後見人地位喪失届には，一般的記載事項（戸29条）のほか，地位喪失の原因及び年月日を記載することとされているが，これらの事項は，戸籍の記載事項とされているものであり（法定記載例132参照），これを欠くときは，戸籍の記載を行うことができなくなるので，その記載の有無と記載の適否について審査しなければならない。ちなみに，地位喪失の原因及び年月日とは，未成年後見人の死亡又は失踪宣告・辞任・解任・欠格事由の発生等であり，当該未成年後見人がその地位を失った原因とその年月日を指称することはいうまでもない。

4　未成年後見人地位喪失届について，届出人に誤りはないか（戸82条1項〜3項）

未成年後見人地位喪失届の届出義務者は，次のとおりである。

(1)　未成年後見人が不在となるときは，後任の未成年後見人である（戸82条1項）。

(2)　他の未成年後見人があるとき（未成年後見人が複数の場合）は，その未成年後見人である（戸82条2項）。

なお，未成年者，その親族又は未成年後見監督人も，未成年後見人地位喪失の届出をすることができる（戸82条3項）。

上記のとおり，未成年後見人地位喪失の届出は，必ず上記の者からこれをすべきものとされるから，届出の受理にあたっては，届出人欄の記載（署名）によりその当否について審査しなければならない。

5　未成年後見終了届について，「後見終了の原因及び年月日」が記載されているか（戸84条）。また，その年月日に誤りはないか

未成年後見終了の届出は，必ずしも後見の終了したすべての場合に必要とされるわけではなく，未成年後見終了に関する戸籍の記載をする実益のない事案については，届出及び職権による戸籍の記載ともに不要とされることがあることは，第2節〔1〕3の項（76頁以下）で既に述べたとおりである。しかし，例えば，行方不明又は長期不在の親権者が判明又は帰来し，現実に親権を行えるようになった場合などにあっては，未成年後見終了の届出が必要であり，また，戸籍の記載をすべきであると解される。

ところで，未成年後見終了届書には，一般的記載事項（戸29条）のほか，未成年後見終了の原因とその年月日を記載することとされているが，これらはいずれも戸籍の記載事項とされており（法定記載例133参照），正確を期すべきものであるから，届出の受理にあたっては，その記載の適否につき審査を要することは当然である。

なお，未成年後見終了の原因及びその年月日については，第2節〔1〕3の項（76頁）以下参照。

6　未成年後見監督人就職届について，「未成年後見監督人が就職した年月日」が記載されているか（戸85条・81条2項2号）。また，その年月日に誤りはないか

　現行法の下における未成年後見監督人は，未成年被後見人に相当の財産があるなど必要な場合に置かれる任意機関とされているが，未成年後見監督人は，未成年被後見人と第三者との間の財産上の行為に関与する権限を有しており（民13条1項・864条・851条4号参照），その存在の有無は第三者に影響するところが少なくないので，これを戸籍に記載して，一般に公示することとされている（戸規35条5号，法定記載例134〜137）。そこで，指定により未成年後見監督人が置かれたときは，当該未成年後見監督人をして一定の期間内に届け出るよう義務づけている（戸85条・81条）ことは前述したとおりである。また，同届書には，一般的記載事項（戸29条）のほか，「就職の年月日」を記載しなければならないとされているが，ここに就職の年月日とは，指定による未成年後見監督人の場合には，遺言者の死亡の日である。この年月日は戸籍の記載事項であり，関係戸籍の記載（遺言者の死亡に関する戸籍記載事項）又は添付書類の記載等と整合すべきものであるから，その記載の適否につき審査を要することとなる。

　なお，選定未成年後見監督人の場合には，裁判所書記官からの嘱託により戸籍の記載がされるから（家事116条1号・別表第一の74，家事規76条1項2号，戸15条），未成年後見監督人就職の届出は要しない（第2節〔3〕4の項81頁参照）。

7　未成年後見監督人地位喪失の届出について，地位喪失の原因及び年月日の記載（戸85条・82条4項）に誤りはないか

　未成年後見監督人地位喪失の届書には，一般的記載事項（戸29条）のほか，地位喪失の原因と年月日を記載することとされているが，ここに地位喪失の原因と年月日とは，未成年後見監督人の死亡，欠格事由の発生（民852条・847条・850条）等であり，当該未成年後見監督人がその地位を失った原因とその年月日である。

　上記の事項は，いずれも戸籍の記載上からも必要とされるものであり（参考記載例163参照），当然正確を期さなければならないので，その記載の適否につき関係戸籍及び添付書類の記載と照合審査を要することになる。

8　未成年後見監督人地位喪失の届出について，届出人に誤りはないか（戸85条・82条1項～3項）

未成年後見監督人地位喪失届の届出義務者は，次のとおりである。

(1)　未成年後見監督人が不在となるときは，後任の未成年後見監督人である（戸85条・82条1項）。

(2)　他の未成年後見監督人があるとき（未成年後見監督人が複数の場合）は，その未成年後見監督人である（戸85条・82条2項）。

なお，未成年者，その親族又は未成年後見人も，未成年後見監督人地位喪失の届出をすることができる（戸85条・82条3項）。

9　未成年後見監督人任務終了の届出について，「任務終了の原因及び年月日」が記載されているか（戸85条・84条）。また，その年月日に誤りはないか

未成年後見監督人の任務は，次の場合に終了する。

(1)未成年後見そのものの終了，(2)未成年後見監督人の死亡，(3)辞任（民852条・844条），(4)解任（民852条・846条），(5)欠格事由の発生（民850条・852条・847条）(注1)。

しかし，任務終了の届出を要するのは，上記の原因のうち(5)の場合，すなわち，未成年後見監督人につき欠格事由が発生した場合のみである（この点については，第2節〔1〕6の項79頁以下参照）(注2)。そして，届書には，一般的記載事項（戸29条）のほかに，「任務終了の原因及び年月日」を記載することとされるが，この記載については，例えば，未成年後見監督人が，その就任後において，①破産手続開始の決定を受けたことにより任務が終了した場合（民852条・847条3号）であれば，当該裁判の確定年月日を，また，②未成年後見監督人が未成年後見人と婚姻したことにより任務が終了した場合（民850条）であれば，当該婚姻及びその成立年月日をそれぞれ記載することとなる（もっとも，標準様式による届書の場合には，あらかじめ設定されている原因のうち「□未成年後見監督人の任務が終了した」に✓を付し，「その他」欄に原因の具体的事由を記載するとともに，その終了年月日を記載することになろう。）。上記の記載は，戸籍の記載事項であり（注3），関係戸籍又は添付書類の記載とも整合すべきものであるから，その適否につき審査のうえ受否を判断すべきである。

(**注1**) (1)～(4)の任務終了は，次のとおり他の届出等によってされるから，未成年後見監督人任務終了の届出は要しない。

　　(1)の未成年後見そのものの終了は，未成年後見人から未成年後見終了の届出がされる（戸84条）。

　　(2)の未成年後見監督人の死亡は，死亡の届出及び未成年後見監督人地位喪失の届出がされる（戸86条・85条・82条）。

　　(3)(4)の辞任，解任は，家庭裁判所書記官から戸籍記載の嘱託がされる（家事116条1号・別表第一の75・76，家事規76条1項3号・4号，戸15条）。

(**注2**) 未成年後見監督人に欠格事由が発生したときは，後任者若しくは他の未成年後見監督人がいる場合には，それらの者から未成年後見監督人地位喪失の届出がされることとなる。なお，当該地位喪失届は，未成年者，その親族又は未成年後見人も届出をすることができる（戸85条・82条）。

(**注3**) 未成年後見監督人任務終了届に基づく戸籍記載例は，法定又は参考のいずれにも示されていないが，次の例で差し支えないと解する。

（紙戸籍記載例）

　　未成年被後見人の戸籍中その身分事項欄

　　令和五年参月六日未成年後見監督人甲川松子に欠格事由が生じたため任務終了同月拾日届出㊞

（コンピュータシステムによる証明書記載例）

未成年者の後見	【未成年者の後見監督終了日】令和5年3月6日
	【届出日】令和5年3月10日
	【特記事項】未成年後見監督人甲川松子に欠格事由が生じたため任務終了

第3章　生存配偶者の復氏届

第1節　生存配偶者の復氏届を受理するに あたって理解しておくべき基本的事項

第1　生存配偶者の復氏の意義

　婚姻関係は，いうまでもなく離婚及び夫婦の一方の死亡によって解消する。そして，このうち離婚の場合にあっては，それが協議上の離婚であると裁判上の離婚であるとに関係なく，法律上当然の効果として，婚姻によって発生した一切の効果を将来に向かって消滅させることとなる。例えば，婚姻によって形成された姻族関係は，離婚によって終了することとなる（民728条1項。ただし，民法第735条の規定による直系姻族間の婚姻障害は，離婚後においても消滅しない。）ほか，婚姻によって氏を改めた夫又は妻は当然に婚姻前の氏に復することとなる（民767条1項・771条）。これに対して，夫婦の一方の死亡の場合にあっては，復氏も姻族関係の終了も当然には発生しない。これらの効果を欲するか否かは，その後における生存配偶者の自由な意思に任せることとしている。すなわち，生存配偶者が婚姻によって氏を改めた者であるときには，その希望するときに，いつでも自由に婚姻前の氏に復することができるものとしている（民751条1項。なお，姻族関係の終了については，後述第4章「姻族関係終了届」の項103頁以下参照）（注）。これが本項の生存配偶者の復氏である。

> （注）生存配偶者の復氏は，前記のとおり，婚姻の際に相手方の氏を称して婚姻した者（民750条）が，相手方の死亡後に婚姻前の氏に復することを希望して，その旨の戸籍届出をすることである（民751条1項，戸95条）。
> 　婚姻又は養子縁組によって氏を改めた者（民750条・810条本文）は，離婚，婚姻の取消し，養子離縁又は縁組の取消しによって従前の氏に復することとなるが（民767条1項・771条・748条1項・749条・816条1項本文・808条），ここにいう復氏は，離婚又は離縁という身分行為に基づく当然の効果として生ずるものである。

第2　生存配偶者の復氏の要件等

1　要　件

　夫婦の一方が死亡した場合は，その生存配偶者が婚姻によって氏を改めた者であるときには，前記のとおり，その意思によりいつでも自由に婚姻前の氏に復することが認められるが（民751条1項），この意思表示は，戸籍法上の届出によってしなければならない。すなわち，生存配偶者の復氏は，いわゆる要式行為であって，戸籍の届出をしなければ，その効力が生じないのである（戸95条）（注1）。この場合，家庭裁判所の許可はもちろん，何人の同意も要しない。また，生存配偶者は，死亡配偶者を通じての姻族関係を消滅させたいときには，その自由な意思により，一方的に姻族関係終了の意思表示をすることができるとされている（後述第4章「姻族関係終了届」の項103頁参照）が，本項における復氏とこの姻族関係終了の意思表示は，相互に関連性はなく，かつ，時間的な制約などもない。夫婦の一方の死亡後においては，生存配偶者は，全くその自由な意思により，いつでもそのいずれか一方のみを行うことができるし，また，この両者を同時（同日の意）に又は時を異にしてこれを行うこともできる（注2）。つまり，生存配偶者が，離婚と同様の効果（すなわち，死亡配偶者との婚姻に基づく効果の一切を消滅させること。）を欲するときには，復氏の届出と姻族関係終了の届出の双方をしなければならないが，前記のとおり両者はそもそも無関係のものであるから，生存配偶者は，復氏届によって婚姻前の氏に復し，又は再婚して別の氏を称することとなっても，従前の姻族関係を継続させることもできるし，また，反対に婚姻中の氏を称したままで，姻族関係を終了させることもできるのである（昭和23・4・20民事甲208号回答，昭和23・4・21民事甲658号回答参照）（注3）。

　なお，生存配偶者が婚姻の際に氏を改めなかった者であるときは，復氏の問題の生ずる余地がないことはいうまでもない。

（注1）本人の意思に基づかない復氏届出は無効である（大阪高決昭和55・4・3家月32巻7号56頁参照）。

（注2）これは，旧法と異なり「家」の制度の廃止により，氏が単に個人の呼称となって，氏と家と姻族関係との連動関係がむしろ否定されるに至ったことによるものといえる。

●夫の死亡後，妻が婚姻前の氏に復してその戸籍に入籍する復氏届を，復氏後
　の本籍地の市町村長にした場合の例

復　氏　届 令和4年9月6日　届出 横浜市中区 長 殿	受理　令和4年9月6日 第　　1989　　号		発送　令和4年9月6日	
	送付　令和4年9月8日 第　　2121　　号		横浜市中区 長 印	
	書類調査	戸籍記載　記載調査　附　　票　住民票　通　　知		

（よ み か た） 復氏する人の 氏　　名	くさ の　　　　　　はる こ 氏草　野　　名春　子　　昭和62年 7 月 15 日生
住　　　　　所 （住民登録をして） （いるところ）	横浜市中区新山下1丁目8番19号 世帯主 の氏名草　野　春　子
本　　　　　籍	東京都目黒区東山2丁目63　　　番地 　　　　　　　　　　　　　　　　　番 筆頭者 の氏名草　野　秋　夫

（よ み か た） 復　す る 氏 父 母 の 氏 名 父母との続き柄	やま　むら 氏 山　村	父　山村　新次	続 き 柄 □男
		母　　　信子	2 ☑女

復氏した後の 本　　　　　籍	☑もとの戸籍にもどる　□新しい戸籍をつくる 横浜市中区日本大通113　番地 　　　　　　　　　　　　　　番　筆頭者 　　　　　　　　　　　　　　　　の氏名山村新次
死亡した配偶者	氏名　草　野　秋　夫　　令和4年 2 月 4 日死亡
そ の 他	
届 出 人 署 名 （※ 押印は任意）	草　野　春　子　　　　印

なお，復氏届と姻族関係終了届を同時にすることが許されることは前記のとおりであるが，1通の届書で両者を兼ねること（例えば，復氏届に姻族関係も終了する旨を併記して届出をすること）は認められない（昭和30・11・4民事甲2350号回答）。

（注3） 例えば，甲男と甲の氏を称して婚姻した乙女が，甲男の死亡後に，復氏届をして婚姻前の氏に復したとしても，甲男の父母との姻族関係は，姻族関係終了の意思を表示（届出）しない限り消滅しない。したがって，乙女が甲男の父母に対し扶養義務を負担する可能性も存続していることになる（民877条2項）。

2　復氏の効果

生存配偶者の復氏は，前記のとおり，戸籍の届出（戸95条）をすることによって初めてその効力を生ずる。すなわち，当該復氏の届出は，いわゆる創設的届出である。したがって，仮に家庭裁判所の調停において，復氏の意思表示がなされ，これが調書に記載されたとしても，戸籍の届出がない限り復氏の効力を生じない（昭和25・2・6民事甲284号回答）。

なお，復氏の効果及びこれに基づく戸籍の変動は，当該復氏者本人にのみ及び，その者の子の氏及び戸籍には当然には影響を及ぼさない。

3　戸籍の変動等

(1)　復籍と新戸籍編製

生存配偶者の復氏届がなされた場合は，戸籍の関係について，次のような変動を生ずることになる。

① 復氏者すなわち，婚姻の際に氏を改めた生存配偶者は，原則として婚姻前の戸籍に復籍する（戸19条1項本文・2項）。

② 上記①の場合において，復籍すべき戸籍が既に除かれているとき，又は復氏者が新戸籍編製の申出をしたときは，その者について新戸籍を編製する（戸19条1項ただし書）（注）。

なお，復氏者は，上記の入籍又は新戸籍の編製に伴い，従前の戸籍から除籍されることになる（戸23条）が，死亡配偶者との間の子は，復氏する親に当然には随伴せず，婚姻中の父母の氏を称してそのままその戸籍にとどまることとなる。

(2)　復氏の関連問題と先例

　次に，前記戸籍の変動等に関連する問題及び関係先例等には，次のようなものがある。

①復すべき氏　婚姻によって氏を改めた生存配偶者が，復氏届によって復すべき氏は，婚姻直前の氏と解すべきであり，その際自由な氏の選定は許されない（昭和23・1・13民事甲17号通達(1)，青木・大森「全訂戸籍法」174頁）。

②転婚者の復する氏　婚姻によって氏を改めた者が，その配偶者の死亡後に実方の氏に復することなく，再婚（転婚）によって氏を改めた場合において，後の婚姻の配偶者もまた死亡したため，生存配偶者として復氏しようとするときには，第1の婚姻の氏に復すべきか，又は実方の氏に復すべきかが問題となるが，この場合には，本人の自由な選択によりいずれの氏にも復氏することができる（昭和23・1・13民事甲17号通達(2)）。

③実方の氏の変更と復氏　婚姻によって氏を改めた生存配偶者の実方の氏が戸籍法第107条第1項（氏の変更届）によって変更されている場合に，復氏すべき氏は，そのいずれであるかは問題のあるところであるが，先例は，上記の氏変更は，氏そのものの変更ではない（後述第7章「氏の変更届」の項201頁参照）との趣旨により，変更後の氏に復するものと解している（昭和23・1・13民事甲17号通達(5)）。

④生存配偶者が自己の氏を称して再婚した後の復氏　婚姻によって氏を改めた者が，配偶者の死亡後実方の氏に復することなく，婚姻中の自己の氏を称して再婚をした場合であっても，前婚（第1の婚姻）の生存配偶者として実方の氏に復氏することができる（昭和23・12・1民事甲3429号回答）。この場合，再婚の相手方たる配偶者の氏もこれに伴って当然に改まる（夫婦同氏の原則）こととなる。

⑤生存配偶者が相手方の氏を称して再婚した後の復氏　上記とは反対に，上記の生存配偶者が再婚において相手方の氏を称したときには，その婚姻継続中は，この復氏が認められないことは夫婦同氏の原則上当然のことといえる。

⑥生存配偶者が養子となる縁組後の復氏　婚姻によって氏を改めた者が，配偶者の死亡後に実方の氏に復することなく，他の者と養子縁組をして

氏を改めた場合，又は婚姻によって氏を改めた者が，その配偶者の父母と養子縁組をした後に配偶者が死亡した場合にあっては，その縁組関係が継続している限りは，実方の氏に復氏することはできない（昭和23・1・13民事甲17号通達(1)）。

⑦配偶者とともに養子となる縁組後に配偶者が死亡し，生存配偶者が行う復氏　婚姻継続中に配偶者とともに養子となった後，その一方が死亡した場合，生存配偶者が婚姻によって氏を改めた者であるときは，その者は民法第810条ただし書にいう「婚姻の際に定めた氏を称すべき間」（この規定は，昭和62年の民法の一部改正—昭和62年法律101号・昭和63・1・1施行—により新設。）に該当するので，養親の氏を称することはないが，生存配偶者の復氏届をすると，いったん観念的に婚姻前の氏に復すると同時に，直ちに養親の氏を称する（つまり養親の戸籍に入る）ことになる（昭和62・10・1民二5000号通達第1の3，昭和33・8・19民事甲1686号回答参照）。また，この場合，生存配偶者たる養子は，当該縁組を解消しない限り実方の氏に復氏することはできない（昭和24・4・21松山司法事務局管内東宇和郡戸研決，昭和23・10・21〜22宇都宮司法事務局中央部管内戸研決，昭和24・9・20〜22岡山地方法務局管内5市ほか戸協決参照）。なお，後述⑨参照。

⑧帰化者による生存配偶者の復氏　外国人夫婦がともに帰化した場合，又は日本人と婚姻している外国人が帰化した場合には，夫婦同氏同戸籍の原則上，その協議で，いずれの氏を称するかを帰化の届書に記載の上，これに基づき夫婦につき新戸籍を編製し又は日本人配偶者の戸籍に帰化者を入籍させる（日本人配偶者の氏を称すると定めた場合にその者が筆頭者であるとき）ことになるが，この場合，帰化により配偶者の氏を称することとなった者については，帰化後の氏は創設されていない，つまり配偶者の氏を称する以前の氏は存在しないとの趣旨により，仮に配偶者が死亡した場合，生存配偶者として復氏の届出をすることはできないものとして取り扱われてきた（昭和35・12・19民事甲3195号回答，昭和55・7・2民二3948号回答）。しかし，その後，この取扱いは改められ，生存配偶者から復氏の届出があった場合には，これを受理して差し支えなく，また，この場合，復氏者につき復すべき氏及び戸籍がないものとして，復氏者の

自由に定める氏及び新本籍をもって新戸籍を編製する（戸19条1項ただし書準用）ものとされた（昭和63・3・29民二2020号通達）。

⑨配偶者の死亡後に養子となる縁組をしている生存配偶者の復氏　婚姻によって氏を改めた者が，配偶者の死亡後に，生存配偶者の復氏届をしないまま他の者の養子となる縁組をした場合，従来は，その者は縁組によって養親の氏を称するものとして，婚方戸籍から除籍されて養親の戸籍に入籍する取扱いがされていたが，昭和62年の民法の一部改正（昭和62年法律101号・昭和63・1・1施行）により，婚姻によって氏を改めた者が養子となった場合は，その者は婚姻の際に定めた氏を称すべき間は，養親の氏を称しないこととされた（民810条ただし書の新設）ことに伴い，縁組によって直ちに養親の氏を称するということはなくなり，養子が生存配偶者の復氏の届出をして，婚方から復氏するときに，初めて養親の氏を称してその戸籍に入籍することになるものとされた（昭和62・10・1民二5000号通達第1の3）。

⑩生存配偶者が再婚後に離婚し，婚氏続称届をしている場合の復氏　婚姻によって氏を改めた者が，配偶者の死亡後に，実方の氏に復することなく，更に相手方の氏を称して再婚をした後に離婚し，実方に復していない場合は，戸籍法第77条の2の届出（いわゆる婚氏続称届）により離婚の際の氏を称して新戸籍が編製されていても，生存配偶者の復氏届によって実方の氏を称することができる（昭和51・10・14〜15高知県連合戸協決）。

⑪平和条約発効後の元日本人女の復氏の取扱い　平和条約発効（昭和27・4・28）前において，朝鮮人男又は台湾人男との婚姻によって日本の戸籍から除籍された日本人女は，配偶者である上記夫の死亡後でも，生存配偶者の復氏の届出をして日本の戸籍に復することはできないとされている（昭和23・10・11民事甲2195号回答，昭和24・5・31民事甲1253号回答）。朝鮮人・台湾人については，復氏に関する我が民法及び戸籍法の規定は適用されないことによる。

(注) 復氏者の申出によりその者について新戸籍が編製される場合に，従前は，復氏者の復籍すべき戸籍にその者と同氏の子（又は養子）があるときは，その子（又は養子）は上

記の新戸籍に当然に入籍するものとされていた（昭和23・10・23民事甲2303号回答）が，その後先例変更により，当該子（又は養子）の意思を尊重する趣旨から，当然には入籍せず，別途本人から入籍届があったときにそれに基づき初めて入籍する取扱いとされている（昭和51・11・4民二5351号通達）。

4　戸籍の処理

　生存配偶者の復氏届がなされた場合は，前記のとおり，復氏者（すなわち生存配偶者）は復氏前の戸籍から除籍され（戸23条），婚姻前の戸籍に復籍するか又は新戸籍が編製される（戸19条2項）。

　復氏者につき新戸籍が編製されるときは，戸籍事項欄に新戸籍の編製に関する事項を記載する（戸規34条1号，法定記載例148）。また，復氏前及び復氏後の各戸籍の身分事項欄に生存配偶者の復氏に関する事項（戸規35条7号，法定記載例146・147・149・150）を記載するほか，入籍戸籍には重要身分事項を移記することとなる（戸規39条）。

第2節　生存配偶者の復氏届出の諸要件

〔1〕 届出事件細別	〔2〕 届出事件本人	〔3〕 届出期間	〔4〕 届出地	〔5〕 届出人	〔6〕 添付書類	関係法令
生存配偶者の 復氏届	生存配偶者	届出によっ て効力を生 ずる	生存配偶者の 本籍地又は所 在地	生存配偶者		戸95，25 民751①

〈注　解〉

〔1〕　届出事件細別

　生存配偶者の復氏の意義ないしその届出の性質等については，既に第1節の項で概説したとおりである。本届出は，民法第751条にも規定されているとおり，夫婦の一方の死亡後になされるものであるが，同規定は，夫婦の一方が失踪宣告を受けた場合にも適用があると解されている。失踪宣告がされた場合には，その者について死亡が擬制されるからである（民31条）。したがって，夫婦の一方が失踪宣告を受けて死亡とみなされたときは，婚姻の際に氏を改めた他

方は，婚姻前の氏に復することができることはいうまでもない（昭和24・8・19民事甲1873号回答）。

　夫婦の一方が失踪宣告を受け，他方が再婚した後に失踪宣告の取消しがあったときは，前婚は復活しないと解されているので（民32条1項後段，昭和6・10・19民事805号回答，昭和25・2・21民事甲520号回答），この場合は，後婚の解消後でも，前婚は復活しないとされる。例えば，失踪宣告を受けた者の配偶者（婚姻の際に氏を改めた者）が自己の氏を称して再婚した後に，失踪宣告の取消しがあった場合でも，同配偶者は生存配偶者として復氏することができる（昭和23・12・1民事甲3429号回答参照）。婚姻によって氏を改めた者が失踪宣告を受け，その相手方が再婚した後に失踪宣告が取り消されたときも同様に復氏することができる（昭和24・8・19民事甲1873号回答，第18回法務省裁判所戸籍事務連絡協議会結論，昭和25・6・10民事甲1655号回答）（注）。

　　（注）失踪宣告を受けた者に配偶者があり，その配偶者が再婚していない場合において，失踪宣告が取り消されたときは，その婚姻は回復するものと解されている（昭和6・10・19民事805号回答参照）。したがって，例えば，夫が失踪宣告の裁判確定によって死亡とみなされたため，婚姻によって氏を改めた妻が，生存配偶者の復氏届をして，婚姻前の氏に復したところ，その後に夫の失踪宣告が取り消されたときは，当該復氏届は無効となるから，戸籍法第114条による戸籍訂正手続によって妻を従前戸籍に回復する等の戸籍訂正を要することとなる。なお，このことは姻族関係終了の届出後に失踪宣告の取消しがあった場合も同様である。

〔2〕　届出事件本人

　生存配偶者の復氏の意思表示は，いわゆる単独の要式行為であるから，その届出（意思表示）をしようとする者すなわち，婚姻の際に氏を改めた生存配偶者のみが届出事件の本人であることはいうまでもない。

〔3〕　届出期間

　届出期間の制限はない。すなわち生存配偶者の復氏届は，これが市町村長において受理されることによって効力を生ずる創設的届出であるから，届出期間の定めはなく，いつでもこれをすることができる。

〔4〕　届　出　地

　戸籍法第25条の届出地に関する一般原則により，届出人である生存配偶者の本籍地又は所在地である。

　届出人の本籍地が復氏の届出によって他の市町村に転属する場合，すなわち，その復籍地（又は新本籍地）が届出人の所在地である場合は格別，そうでないときはその復籍地又は新本籍地への届出は認められない（昭和24・7・19民事甲1643号回答）。

〔5〕　届　出　人

　復氏しようとする生存配偶者である（戸95条）。なお，生存配偶者の復氏届は，創設的届出であるから，届出義務者なるものの概念がないことはいうまでもない。

〔6〕　添付書類

　生存配偶者の復氏は，家庭裁判所の許可はもちろん，何人の同意を要することなく，生存配偶者の全く自由な意思により，いつでもこれをすることができるものであるから，添付書類についても特段の定めはない。ただし，非本籍地（届出人の所在地）に届出をする場合には，届出時における届出人の戸籍謄（抄）本及び復籍すべき戸籍の謄（抄）本を添付する必要があり（戸27条の3），また，現在の本籍地に届出をする場合には，復籍すべき戸籍の謄（抄）本の添付が必要となろう。

第3節　生存配偶者の復氏届書の審査上
留意すべき事項

　生存配偶者の復氏届の審査にあたって特に留意しなければならない事項は，概ね次のとおりである。

1　届出人は，婚姻によって氏を改めた生存配偶者であるか

　生存配偶者の復氏届をすることができるのは，いうまでもなく死亡配偶者との婚姻の際に氏を改めた生存配偶者（言い換えれば，死亡配偶者の氏を称して婚姻した者）である。したがって，届出の受理にあたっては，届出人がそれに該当する者であるか否かにつき，関係戸籍の原本又は添付の戸籍謄（抄）本の記載（婚姻事項及び配偶者の死亡による婚姻解消事項）により照合審査の上，届出の受否を判断すべきである。

2　復する氏及び本籍の記載に誤りはないか

　婚姻の際に氏を改めた生存配偶者が，復氏の届出によって復する氏は，原則として婚姻直前の氏であり，また，転婚者が復氏する場合（第1の婚姻の際に氏を改めた者が，その配偶者死亡後実方の氏に復さないまま，更に相手方の氏を称して再婚（いわゆる転婚）したが，その配偶者も死亡したため，生存配偶者として復氏する場合）の復氏すべき氏については，実方の氏に復することが認められるのはもちろん，第1の婚姻の氏に復することも認められる。

　そして，復氏届書には，上記により「復する氏」及び復氏後の「本籍」を記載することとされているが，これらの記載の適否につき，関係戸籍（原本又は謄（抄）本）の記載により照合審査の上，届出の受否を判断しなければならない。

　なお，復氏者がいわゆる転婚者であって，直接実方の氏に復する場合であっても，届書に記載すべき「死亡した配偶者」については，最後の婚姻の配偶者の氏名及び死亡の年月日を記載することとされている。また，復氏後の「本籍」欄の「もとの戸籍にもどる」については，新戸籍を編製しない場合のすべてを含む趣旨である（したがって，転婚者が実方又は前婚のいずれの戸籍に復籍するかに関係なく，すべて「もとの戸籍にもどる」に含まれる。）。

3　婚姻によって氏を改めた者が，相手方の死亡後に他の者の養子となる縁組をした後，生存配偶者の復氏届をする場合，その復すべき氏は，養親の氏となっているか

　婚姻の際に相手方の氏を称して婚姻した者が，相手方の死亡後に，他の者の養子となる縁組をしても，その氏及び戸籍に変動はなく，引き続き婚方の戸籍にとどまるものとされ（民810条ただし書），そして，その後において，生存配偶者として復氏の届出をしたときは，直ちに養親の氏を称するものとしてその戸籍に入籍するものとされる（第1節第2の3(2)⑨の項97頁参照）。この点は，例えば，上記の縁組（婚姻によって氏を改めた者のみの単独縁組）が相手方の生存中になされ，その後に相手方が死亡し，次いで生存配偶者が復氏の届出をした場合も同様である。本例のように，復氏者が養子であるときは，復氏届書の「その他」欄に，その養親の氏名及び養父母との続き柄を記載すべきである（戸35条，

戸規56条2号等参照）。したがって，この場合における復氏届の受理に際しては，特に当該届書の「復する氏」につき誤りのないよう留意する必要がある。

4　届出人の署名は，復氏前の氏でされているか

　生存配偶者の復氏の効果は，いうまでもなく届出の受理によって生ずる。したがって，届出人の署名は，復氏前の氏をもってすべきであるから，届書審査上留意しなければならない（もっとも，復氏後の氏によってされているときは，あえて補正を求めるまでの必要はない。）。

第4章　姻族関係終了届

第1節　姻族関係終了届を受理するにあたって理解しておくべき基本的事項

第1　姻族関係終了の意義

　姻族関係は，いうまでもなく婚姻によって発生する。すなわち，婚姻が有効に成立すると，当事者は互いに配偶者関係に入るのみでなく，互いに相手方の血族と姻族関係に入る（注1）。

　姻族関係は，上記のように婚姻によって発生する身分関係であるから，そもそもその発生原因となった婚姻関係の解消により当然に消滅すべきものであるところ，現行法は，離婚による婚姻の解消の場合（注2）には，姻族関係は法律上当然に消滅する（民728条1項）が，配偶者の死亡による婚姻解消の場合には，姻族関係を終了させるか否かは，生存配偶者の自由な意思に任せることとしている（同条2項）（注3）。すなわち，夫婦の一方が死亡すると，死亡配偶者と生存配偶者の血族との姻族関係は当然に消滅するが，生存配偶者と死亡配偶者の血族との姻族関係については当然には消滅せず，生存配偶者において姻族関係終了の意思表示をすることによって初めてこれを消滅させることができるとされているのである。これが本項の姻族関係の終了である。なお，姻族関係終了の意思表示をすることができる生存配偶者とは，婚姻の際に氏を改めた者であるか否かは全く関係がない。

　（注1）三親等内の姻族　夫婦の一方と他方の血族との関係を相互に姻族という。例えば，夫と妻の父母・兄弟又は妻と夫の父母・兄弟とは互いに姻族である。しかし，夫婦の一方の血族と他方の血族（すなわち夫の親と妻の親），夫婦の一方と他方の姻族（すなわち姉の夫と弟の妻）はいずれも姻族ではない。姻族間の親等は，配偶者が血族として有する親等による。例えば，夫からみて妻の父母は姻族一親等，妻の兄弟姉妹は姻族二親等である。したがって，姻族であって親族に入るのは，配偶者の伯叔父母，甥姪までで

ある。また，姻族についても血族の場合と同じく，直系，傍系や尊属，卑属の区別がな
されるが，単に直系尊属，直系卑属といえば血族だけを意味し，姻族を含まない。

（注2） 婚姻の取消しの場合については，離婚による姻族関係終了の規定（民728条1項）
が準用されるから（民749条），婚姻の取消しによって，姻族関係は当然に終了する。

（注3） 旧法下においては，生存配偶者が家を去ることによって姻族関係が終了するものと
していた（旧民729条2項）が，家制度を廃止した応急措置法の下では，他の戸籍に
入っても姻族関係は終了しないものと解され（昭和22・9・27民事甲1023号回答），
同法施行中は，姻族関係を終了させる方法はなかった。

第2　姻族関係終了の要件等

1　要　件

　夫婦の一方が死亡したときは，その生存配偶者（それが夫であるか妻であるか，
また，婚姻の際に氏を改めた者であるか否かは問わない。）は，前述のとおり，姻族関
係終了の意思表示をすることによって，死亡配偶者の血族との間の親族関係を
消滅させることができるが，この意思表示（注1）は，戸籍法上の届出（戸96
条）によってしなければならない。すなわち，姻族関係終了の意思表示は，い
わゆる要式行為であって，戸籍の届出をすることによって初めてその効力を生
ずる（注2）。この場合，家庭裁判所の許可はもちろん，死亡配偶者の親族等何
人の同意も要しない。生存配偶者の全く自由な意思により一方的にこれをする
ことができる。しかも，姻族関係終了の届出の時期については，特別制限され
ているわけではないから，相手方の死亡後であれば，いつでも可能である。し
たがって，再婚後であっても，もちろん差し支えない（昭和23・4・21民事甲
658号回答）。しかし，姻族関係終了の意思表示をした以上は，再びこれを復活
することは許されないとされる（昭和24・7・27福島地方法務局白河支部戸協決）。

　上記に対して，死亡配偶者の側から生存配偶者との間の姻族関係を終了させ
る途は認められていない。また，婚姻によって氏を改めた生存配偶者は，いつ
でも自由に婚姻前の氏に復することができる（民751条1項，第3章「生存配偶者
の復氏届」の項91頁参照）が，この復氏と姻族関係の終了とは全く関係がない。
すなわち，生存配偶者が婚姻前の氏に復し，又は他に再婚して氏を改めるに
至っても，既存の姻族関係には何らの影響はなく，姻族関係はなお存続するこ
ととなる（昭和23・4・20民事甲208号回答）。反対に，生存配偶者が引き続き婚

●生存配偶者たる夫が，妻の親族との姻族関係終了届を本籍地の市町村長にした場合の例

姻族関係終了届 令和4年10月18日　届出 東京都中央区 長 殿	受理　令和4年10月18日 第　　2123　　号	発送　令和　年　月　日
	送付　令和　年　月　日 第　　　　号	長 印
	書類調査　戸籍記載　記載調査	

（よみかた） 姻族関係を終了させる人の氏名	氏　たに　かわ 谷 川　　名　きよし　し 清 志	昭和55年 5 月 16 日生
住　　所 （住民登録をしているところ）	東京都中央区月島3丁目20番18号	
	世帯主の氏名　谷川清志	
本　　籍	東京都中央区月島3丁目123　番地番	
	筆頭者の氏名　谷川清志	
死亡した配偶者	氏名　谷川澄子　令和3年 9 月 13 日死亡	
	本籍　東京都中央区月島3丁目123　番地番	
	筆頭者の氏名　谷川清志	
そ の 他		
届出人署名 （※ 押印は任意）	谷川清志　　　　　印	

姻中の氏を称しながら（もっといえば，仮に死亡配偶者の血族と同居しているような場合であっても），姻族関係を終了させることができるのである。要するに，復氏と姻族関係の終了とはそもそも別個の法律関係であり，相互に何の関連性もないのである（第3章第1節第2の1の項92頁参照）。

2 効 果

姻族関係終了の届出が有効になされると，姻族関係の効果として生じた地位・権利義務（注3）は消滅する。ただし，直系姻族間の婚姻障害（民735条），裁判官の除斥事由（民訴23条，刑訴20条）及び証言拒絶権（民訴196条，刑訴147条）等については，姻族関係終了後においてもなお存続することとなる。なお，姻族関係終了に伴う特殊な効果として発生するものに祭祀財産返還の問題がある（民751条2項・769条・728条2項）。

3 戸籍の変動等

姻族関係終了の届出によっては，戸籍の変動は生じない。生存配偶者（すなわち届出事件の本人）の身分事項欄に姻族関係終了の事項を記載するだけである（戸規35条7号，法定記載例151，参考記載例172）。この事項は，姻族関係終了届出当時の本人の属する戸籍に記載されるべきである。したがって，例えば，本人が婚姻の際に氏を改めた者であって，姻族関係終了の届出前に「復氏届」により婚姻前の戸籍に復籍し，又は新戸籍が編製されているとき（姻族関係終了の届出と復氏届とは，いずれを先にしても，また，同時にしても差し支えないことは前述のとおりである。）は，その戸籍に記載することとなる（昭和23・4・8民事甲467号回答）。

また，仮に，復氏の届出と姻族関係終了の届出が同時にされたときは，姻族関係終了届書の本人の属すべき戸籍の表示が，復氏前の戸籍（つまり婚方の戸籍）を記載してあるときは，同届出を先に受け付ける（復氏届はその次に受け付ける）ことになるから，姻族関係終了事項は，上述の婚方の戸籍（復氏前の戸籍）に記載し，復氏後の戸籍には何らの記載を要しない（この場合，復氏後の戸籍には，姻族関係終了事項を移記することも要しない。）。

（注1）姻族関係終了の意思表示には，意思能力さえあれば足りる。被保佐人及び被補助人

は，つねに単独で有効になし得るし，成年被後見人も本心に復しているときは，成年後見人の同意を要することなく単独で有効にこれをすることができる（民738条・764条，戸32条等参照）。

（注2） 姻族関係の終了について，仮に家庭裁判所における調停が成立しても，これによって効力が生じないことは復氏の場合と同様である（昭和25・2・6民事甲284号回答）。

（注3） ちなみに，姻族関係終了の届出の効果として当然に消滅するものとなお存続するものとを挙げれば，次のとおりである。

　1　消滅するもの

　　最も重要な効果は，扶養を命じられるかもしれない地位（民877条2項）の消滅であるが，そのほかに，後見開始・保佐開始・補助開始の審判及びその取消しの請求権（民7条・10条・11条・14条・15条・18条），扶け合いの義務（民730条—ただし同居の姻族），親権・管理権の喪失及び親権停止の審判及びその取消しの請求権（民834条ないし836条），婚姻・縁組の取消請求権（民744条・805条〜807条），後見人，後見監督人の選任・解任の請求権（民840条・843条・846条・849条・852条），遺産に関する必要な処分の請求権（民895条），遺言の証人・立会人の欠格事由（民974条3号）などが消滅することになる。

　2　存続するもの

　　姻族関係終了後もなお存続する主要なものは，直系姻族間の婚姻障害（民735条）がある。直系姻族間の婚姻を禁止するのは，社会倫理的な見地に基づいており，配偶者の直系血族は親族関係としても（民725条3号），自己の直系血族と類似した関係にあると意識されるのが一般であることから，配偶者の直系血族との婚姻は親子秩序に準じた枠内の問題として考えられていることによるものである。したがって，直系姻族間では，姻族関係が終了した後でも，これまでの秩序と婚姻秩序が矛盾するものとして，これを禁じていると解されている（中川淳「改訂親族法逐条解説」49頁）。このほか，訴訟法上，裁判官が当事者の三親等内の姻族であったとき（民訴23条1項2号）や裁判官が被告人又は被害者の親族であったとき（刑訴20条2号）は，法律上その職務の執行から除外される。また，証人の三親等内の姻族であった者の刑事上の訴追又は処罰を招くおそれがある事項に関するときや上記の者の恥辱となるような事項についての証言を拒むことができるし（民訴196条1号），証人の二親等内の姻族であった者が刑事訴追を受け，又は有罪判決を受けるおそれがある証言を拒むことができる（刑訴147条1号）ことなどが姻族関係終了後もなお存続することになる。

第2節 姻族関係終了届出の諸要件

〔1〕 届出事件細別	〔2〕 届出事件本人	〔3〕 届出期間	〔4〕 届出地	〔5〕 届出人	〔6〕 添付書類	関係法令
姻族関係終了届	生存配偶者	届出によって効力を生ずる	生存配偶者の本籍地又は所在地	生存配偶者		戸96，25 民728②

〈注 解〉

〔1〕 届出事件細別

　姻族関係終了の意義ないしその届出の性質等については，既に第1節の項で概説したとおりである。本届出もまた，民法第728条第2項に規定のとおり，夫婦の一方の死亡後になされるものであるが，この規定は，生存配偶者の復氏の届出（民751条1項，戸95条）の場合と同様に，夫婦の一方が失踪宣告を受けた場合にも適用があると解されている。失踪宣告の審判が確定すれば，その者について死亡が擬制されるからにほかならない（民31条，家事39条・別表第一の56）。したがって，夫婦の一方が失踪宣告により死亡とみなされたときは，生存配偶者は，姻族関係終了の届出をすることができることはいうまでもない。

　配偶者の失踪宣告後，他方が再婚した後，失踪宣告が取り消されても，前婚は復活しないと解されているので，その後において他方配偶者から姻族関係終了の届出をすることが認められる（昭和25・6・10民事甲1655号回答）。このことは，失踪宣告を受けて取り消された者についても同様と解されている（青木・大森「全訂戸籍法」408頁）。失踪宣告を受けた者の配偶者が再婚後に，失踪宣告の取消しがあっても前婚は復活せず，したがって失踪宣告を受けた者は（既に再婚している，かつての配偶者とともに），民法第728条第2項にいう生存配偶者に該当することになるからである。

〔2〕 届出事件本人

　姻族関係終了の意思表示，すなわち戸籍の届出は，いわゆる単独の要式行為であるから，その届出をしようとする生存配偶者のみが届出事件の本人である。

〔3〕 届出期間

届出期間の制限はない。すなわち姻族関係終了の届出は，いわゆる創設的届出であって，いつでもこれをすることができる。

〔４〕　届　出　地

戸籍法第25条の届出地に関する一般原則により，届出人である生存配偶者の本籍地又は所在地である。

〔５〕　届　出　人

届出人は，生存配偶者であることはいうまでもない。

〔６〕　添付書類

特別の規定はない。ただし，届出人の非本籍地（すなわち所在地）に届出をする場合には，要件等審査の必要上，届出当時における当該届出人の戸籍謄（抄）本の添付を要する（戸27条の３参照）。

第３節　姻族関係終了届書の審査上留意すべき事項

姻族関係終了届書の審査にあたって留意しなければならない事項は，概ね次のとおりである。

1　届出人は，生存配偶者であるか。また，相手方配偶者の死亡は事実であるか

姻族関係終了の届出は，配偶者の一方の死亡後に，生存配偶者と死亡配偶者の血族との姻族関係を終了させる目的の下になされるものである。したがって，この届出をすることができる者は，生存配偶者のみに限られ，死亡配偶者の血族の側からの意思表示によって姻族関係を消滅させる方法は認められていない。当該届書には，一般的記載事項（戸29条）のほか，特に死亡した配偶者の氏名，本籍及び死亡の年月日を記載して届け出るべきものとされる（戸96条）が，これは，この届出が，いうまでもなく配偶者の死亡を前提としてなされるものであるからである。そこで，当該届出の受理にあたっては，まず配偶者の死亡の事実につき戸籍の原本又は添付の戸籍謄（抄）本によって確認するとともに，その生存配偶者に該当する者から届け出られているか否かを照合審査の上，受否を判断する必要がある。

2　姻族関係終了の届出と復氏の届出が同時（同日の意）に提出された場合，姻族関係終了届書の届出人（すなわち生存配偶者）の本籍及び筆頭者の氏名は，復氏届書における復氏後の本籍及び筆頭者の氏名との間にそごはないか

　姻族関係の終了と復氏とは，そもそも別個の法律関係であり，相互に関連性は有しないので，そのいずれを先にしても差し支えない（昭和23・4・8民事甲467号回答，昭和23・4・17福岡司法事務局管内戸協決等参照）（注）が，その先後によって姻族関係終了の事項（戸規35条7号）を記載すべき戸籍が異なってくる。すなわち，上記の事項は，届出当時の本人の属する戸籍に記載されるべきものであるから，仮に復氏の届出が先になされたときは，その復籍戸籍又は新戸籍に記載すべきこととなり（昭和23・4・8民事甲467号回答），反対に，姻族関係終了の届出が先になされれば，届出本人の現在戸籍に記載されることとなる（第1節第2の3の項参照）。このように，いずれの届出を先にするかによって，戸籍の記載処理が異なってくるので，両者の届出が同時（同日の意）に提出されたときは，各届書に記載の届出人の属する戸籍の表示（すなわち本籍及び筆頭者の氏名）につき照合審査し，その間にそごがないこと（すなわち，仮に姻族関係終了の届出が先であるときは，同届書に記載されるべき届出人の属する戸籍の表示は現在の戸籍となり，反対に復氏の届出が先であるときは，復氏後の戸籍の表示となるはずである。）を確認の上，これを受理するよう留意する必要がある。なお，上記の場合，各届書の受附の順序についても留意すべきである（第1節第2の3の項参照）。

　　(注)　離婚の場合と同様に，婚姻によって発生した法律効果のすべてを消滅させるためには，生存配偶者は，姻族関係終了の届出と復氏の届出の双方の手続を必要とする。しかし，この場合，届出は各別にすべきであり，1通の届書をもって両者の届出を兼ねることは認められないことは，第3章「生存配偶者の復氏届」の項で述べたとおりである（同章第1節第2の項における（注2）―92頁参照）。

3　届出人が，いわゆる転婚者である場合，終了させるべき姻族関係における死亡配偶者の氏名にそごはないか

　姻族関係終了の届出は，前述のとおり相手方の死亡後であれば，生存配偶者はいつでもこれをすることができる。

　また，相手方の死亡後，他の者と再婚した後であっても差し支えない。この

ことは，例えば，再婚後，その再婚の相手方が死亡した場合でも同様であり，この場合は，第1の婚姻の死亡配偶者の親族との姻族関係を終了させること，又は第2の婚姻の死亡配偶者の親族との姻族関係を終了させること，更にはその双方を終了させることももとより差し支えない（この場合，それぞれについて届出を要することになる。）。したがって，転婚者が生存配偶者として姻族関係終了の届出をする場合にあっては，いずれの死亡配偶者の親族との姻族関係を終了させる意思を表示するのか——その者の本籍及び筆頭者の氏名を，当該届書の「死亡した配偶者」欄に記載して届出をすることを要するとともに，その適否につき関係戸籍の原本又は添付の戸籍謄（抄）本によって審査の上，その受否を判断すべきである。

第5章　推定相続人廃除届

第1節　推定相続人廃除届を受理するにあたって理解しておくべき基本的事項

第1　推定相続人廃除制度の概要

1　廃除の意義

　法律上相続人となるべき者に，欠格事由（民891条）ほどの重大な事情ではないが（後述参照），相続的協同生活関係を破壊するとみられる程度の一定の事由があり，しかも，被相続人がその者に相続させることを欲しない場合には，被相続人の意思すなわち請求に基づいて，家庭裁判所が審判（家事別表第一の86）によって，その者の相続権を剥奪することができるものとされる（民892条）。これが，本項の相続人廃除の制度である（注1）。

　法律上相続人となるべき者が相続資格を失う場合としては，上記のほかに「相続欠格」がある。相続欠格とは，推定相続人につき相続的協同生活関係を破壊する法定の事由がある場合に，その者の相続資格を，被相続人の意思を問うことなく法律上当然に喪失させる制度である（注2）。言い換えれば，相続欠格は，欠格事由にあたる事実が発生すれば，何らの手続を要しないで，法律上当然にその効力が発生し，欠格事由に該当する者は相続資格を失うことになるのである（注3）。これに対し，相続人の廃除は，上述のとおり被相続人の意思に基づいて相続人の資格を剥奪するものであり，この点において相続欠格の場合とは重要な差異がある（注4）。なお，相続人の廃除については，生前の廃除のほか，遺言による廃除が認められている（民893条）。

（注1）旧法は，家督相続人の法定廃除原因としては，㈠「被相続人ニ対シテ虐待ヲ為シ又ハ之ニ重大ナル侮辱ヲ加ヘタルコト」，㈡「疾病其他身体又ハ精神ノ状況ニ因リ家政ヲ執ルニ堪ヘサルヘキコト」，㈢「家名ニ汚辱ヲ及ホスヘキ罪ニ因リテ刑ニ処セラレタルコト」，㈣「浪費者トシテ準禁治産ノ宣告ヲ受ケ改悛ノ望ナキコト」の四つの事由が

挙げられ，認定廃除原因として，㈡「此他正当ノ事由アルトキハ被相続人ハ親族会ノ同意ヲ得テ其廃除ヲ請求スルコトヲ得」としていた（旧民975条）。上記㈠ないし㈢は明らかに封建的家族制度を維持するため，戸主としての不適任者を排除しようとする思想に基づくものであり，㈡は何ら非行もない法定推定家督相続人を家業の継続，家の利益のために廃除する機能を営んでいた。遺産相続人の廃除については，さすがに家的色彩は緩和され，「被相続人ニ対シテ虐待ヲ為シ又ハ重大ナル侮辱ヲ加ヘタルトキ」が廃除原因にあたるとしていた（旧民998条）。

　現行法は，これらの家的色彩をすべて排除し，「相続人が，被相続人に対して虐待をし，若しくはこれに重大な侮辱を加えたとき」，又は「相続人にその他の著しい非行があったとき」を廃除原因とすることに改めている（民892条）。

(注2) 相続欠格とは，前述のとおり一定の重大な反道徳的行為をした相続人の相続資格を被相続人の意思を問うことなく法律上当然に奪う制度である（民891条）。

　民法が欠格事由として挙げているのは，次の五つの場合である（民891条1号〜5号）。

(1)　故意に被相続人又は相続について先順位若しくは同順位にある者を死亡するに至らせ，又は至らせようとしたために，刑に処せられたこと——この場合，殺人の故意を要件としているから，過失致死・傷害致死（大判大正11・9・25民集1巻534頁）は含まれない。

(2)　被相続人の殺害されたことを知って，これを告発せず，又は告訴しなかったこと——この事由は，封建的復讐の思想に基づくものであり，公訴制度が整備されている今日では，解釈論としては，犯罪が既に捜査の権限を有する機関に発覚している場合には，たとえ被相続人の殺害されたことを知って告訴・告発をしなくても，相続欠格とはならないと解されている。

(3)　詐欺又は強迫によって，被相続人が相続に関する遺言をし，撤回し，取り消し，又は変更することを妨げたこと——これは，被相続人の遺言の自由を保障するためのものである。

(4)　詐欺又は強迫によって，被相続人に相続に関する遺言の作成・撤回・取消し・変更をなさしめたこと——これは，被相続人の遺言の自由を保障するためのものである。遺言が相続開始後に詐欺・強迫を理由に取り消された場合にも（民96条），この欠格事由に該当する。

(5)　相続に関する被相続人の遺言書を偽造・変造・破棄・隠匿したこと——これは，被相続人の遺言の自由を保障するためのものである（中川淳「親族相続法」201頁以下参照）。

(注3) 相続人が相続欠格事由に該当する場合でも，これについては戸籍の記載事項とはされていないので，戸籍によって相続欠格を証明することはできない。そこで，例えば，不動産登記の申請をするにあたり，特定の相続人が欠格者であって相続人たる資格を失っているか否かを明らかにすることができない場合があるため，先例は，その申請手続に際しては，次のように取り扱うべきであるとしている。

　　相続による所有権移転登記について，共同相続人中に民法第891条に該当する相続の
　欠格者がある場合，欠格者を除外して非該当者のみより相続登記を申請する際の上記第
　891条該当者についての証明書は，当該欠格者について民法第891条所定の欠格事由が
　存する旨を証する当該欠格者の作成した書面（なお，右の書面に押印した当該欠格者の
　印鑑証明書の添付を要する。）又は確定判決の謄本で差し支えない（昭和33・1・10民
　事甲4号回答）。
（注4）相続欠格の事由が重大な相続的協同生活関係の破壊であるのに対し，相続人廃除の
　　原因は，その程度に至らないものである。このため，欠格事由があるときは，法律上当
　　然に相続権を失うものとされる（民891条，昭和3・1・18民事83号回答）のに対し，
　　廃除原因があるときは，これを被相続人の意思に任せることとしている。相続人の廃除
　　と相続欠格との相違点は，相続欠格にあっては，すべての相続人につき問題となるのに
　　対し，相続人廃除にあっては遺留分を有する推定相続人，すなわち，直系卑属，直系尊
　　属及び配偶者についてのみ問題となる。遺留分を有しない兄弟姉妹のみが推定相続人で
　　あるときは，被相続人はその相続分をゼロと指定し（民902条）又は全財産を他の者に
　　処分することによって相続から除外することができるから，兄弟姉妹は廃除の対象とな
　　らない。相続人廃除の原因はすべて被相続人死亡前の事由に関する。これに対し，相続
　　欠格においては，欠格事由は相続開始の前後を問わず生ずることがある点で，両者は差
　　異がある。また，相続人廃除は，遺言による場合であると否とを問わず，つねに家庭裁
　　判所が被相続人の意思に基づき，審判の形式によりその効果を生ずるものであり，この
　　点において法律上当然に生ずる欠格と重大な差異がある。のみならず相続欠格者は受遺
　　能力も否定される（民965条）のに対し，相続人廃除の効果は受遺能力には及ばない。

2　廃除の対象

　　相続人の廃除は，遺留分（注）を有する推定相続人，すなわち直系卑属，直
系尊属，配偶者のみに認められている（民892条）。遺留分をもたない兄弟姉妹
については，相続人廃除の対象から除外されている（民1042条参照）。この場合
には，被相続人が家庭裁判所に請求するまでもなく，遺言によって，相続分の
指定をゼロにするとか，相続財産の全部を他人に贈与又は遺贈することによっ
て，廃除と同じ目的を達することができるとの理由によるものといわれる（東
京高決昭和38・9・3家月16巻1号98頁）。その意味において，適法に遺留分の生
前放棄をした相続人も廃除の対象とはならない。また，上記にいう推定相続人
とは，現在最先順位にある相続人のことである。したがって，子のある者があ
らかじめ父又は孫を廃除する必要がないし，廃除することも許されないとされ
る。

◉父から本籍地の市町村長に推定相続人廃除届をした場合の例

	推定相続人廃除届 令和4年12月6日　届出 東京都港区　長　殿	受理　令和4年12月6日 第　　　3456　　　号	発送　令和　年　月　日	
		送付　令和　年　月　日 第　　　　　　　号		長　印
		書類調査　戸籍記載　記載調査		

		廃　除　さ　れ　た　人		廃　除　し　た　人	
（よ み か た）		かわ　はら　　　なつ　お		☑父 □母 □その他（　　　　）	
氏　　　名		氏 川原	名 夏夫	氏 川原	名 耕造
生 年 月 日		平成8年 9月 18日		昭和38年 10月 9日	
住　　　所 （住民登録をして いるところ）		東京都新宿区大久保 2丁目38番16号		東京都港区赤坂 3丁目36番21号	
本　　　籍		東京都港区芝浦 2丁目156　番地 　　　　　　　番 筆頭者 の氏名 川原夏夫		東京都港区芝浦 2丁目156　番地 　　　　　　　番 筆頭者 の氏名 川原耕造	
廃 除 の 種 別		☑審判 令和4年 11月 30日 確定 □調停　　年　　月　　日 成立			
そ の 他		添付書類　推定相続人廃除の審判書謄本，審判確定証明書			
届 出 人		☑廃除した人　　　□遺言執行者			
	住　所	東京都港区赤坂3丁目36番21号			
	本　籍	東京都港区芝浦2丁目156　番地 　　　　　　　　　　　　　　番　筆頭者 の氏名 川原耕造			
	署　名 （※ 押印は任意）	川原耕造　　　　印　昭和38年 10月 9日生			

（**注**）遺留分とは，一定の相続人が相続に際して法律上取得することを保障されている相続財産の一定の割合であって，被相続人の生前処分又は死因処分によっても奪われることのないものである。

　　遺留分制度が認められる結果，被相続人のした贈与又は遺贈が遺留分を侵害する場合には，相続人は遺留分に基づいてその効力を失わせるため，侵害額の請求を行うことができる。この権利を遺留分権（遺留分侵害額請求権）という。

　　遺留分権を有する者を遺留分権利者という。民法が遺留分権利者としているのは，兄弟姉妹を除く相続人，すなわち直系卑属（子，その代襲相続人，再代襲相続人），直系尊属及び配偶者である（民1042条）。胎児も生きて生まれれば，子としての遺留分を有する（民886条）。相続欠格者，相続人たることを廃除された者及び相続を放棄した者は遺留分を有しない。しかし，遺留分を有する子が被相続人より先に死亡し，あるいは相続欠格者となり，相続人たることを廃除されているときは，その子の代襲相続人も，被代襲者たる子と同じ遺留分を有する（民1042条・887条）。

　　相続人全体の遺留分の率（割合）は，相続人が，(a)直系尊属のみであるときは，被相続人の財産の価額（被相続人が相続開始時において有した財産の価額にその贈与した財産の価額を加えた額から債務の金額を控除した額）の3分の1（民1042条1項1号・1043条・1044条），(b)その他の場合は2分の1である（同項2号）。

第2　推定相続人廃除の要件と効果

1　実質的要件

　相続人廃除の実質的要件は，民法上の廃除原因（事由）が存在することである。理由もないのに廃除を許したのでは，相続人の順位を法律で一定し，あるいは遺留分の制度を認めた趣旨が失われてしまうからである。廃除の原因は，第1が虐待，第2が重大な侮辱，第3が著しい非行である（民892条）。いずれの場合にも具体的事実が相続的協同関係の破壊というに足りる程度に重要であるか否かの見地から判断すべきであるとされる。判例にあらわれた事例に即していえば，親を殴打し，その病臥中看病もせず，又は親を告訴するような行為は廃除原因としての虐待又は重大な侮辱にあたる（東京控訴院判決大正11・3・11新聞1973号21頁，同判決大正4・12・17新聞1078号13頁，同判決昭和11・3・7新聞3994号12頁）。しかし，放蕩の父に対し準禁治産宣告（平成11年法律149号による改正前民法7条・11条等参照）の申立てをすることは廃除原因とならない。品行が修まらず，父母妻子を棄ててほかの女と同棲する男，又は父や夫及び子を棄てて有婦の男と同棲する妻の行為は廃除原因たる非行である（広島家審昭和30・

9・2家月7巻10号23頁）とするのが判例である。

2　形式的要件

　相続人廃除の形式的要件は，被相続人たる廃除権者の請求に基づく家庭裁判所の審判（民892条・893条，家事39条・別表第一の86）である。

　相続人廃除事件については，旧家事審判法の下ではいわゆる乙類審判事項とされ，第一次的には当事者の協議による解決が期待される事項とされていた（旧家審17条・18条）。したがって，調停の成立によって廃除の効果が生じ（旧家審21条1項），調停が成立しないときは，通常の審判手続により判断されることになっていた（旧家審24条〜26条，旧家審規99条・100条参照）。しかし，家事事件手続法（平成23年法律52号）の施行（平成25・1・1施行）により家事審判法は廃止され，新法の下では推定相続人の廃除は別表第一の審判事件とされ（家事39条・別表第一の86・188条），旧法の甲類事項の場合と同様に，家事調停の対象とはなり得ない事項に改められている。廃除制度は，そもそも被相続人の意思に基づいて，相続人の相続権を剥奪するという重大な効果を生じさせるものである以上，廃除請求権者と相続人の合意による廃除は許容されるべきではないことから，調停の対象とはならない事項としたものと解される。

3　廃除の審判

　相続人廃除の審判においては，廃除事由の存否が審査されるが（注），家庭裁判所が，職権で事実の調査及び必要があるときは証拠調べをすることができる（家事56条〜64条，家事規44条〜46条）。廃除の申立てを認容する審判に対しては相手方である推定相続人が，また，申立てを却下する審判に対しては申立人である被相続人が，それぞれ2週間以内に即時抗告をすることができる（家事85条〜87条・188条）。なお，即時抗告の抗告状は，原裁判所に提出しなければならないとされる（家事87条1項）。

　（注）廃除事由として，現行法施行後の裁判例として参考となるものを挙げると，次のようなものがみられる。
　　1　実親子間に関するもの
　　（ア）虐待又は侮辱と認められた事例

① 夫婦争いが絶えず，妻と夫の母及び妹との折合も悪い状態で，夫が再三にわたって妻に暴行を加え，そのため妻は，顔面左眼部などに創傷を受け，ついには腹部を蹴られたことから流産し死亡するに至ったが，妻が危急時遺言のなかに夫の廃除を申し遺した事例（大阪高決昭和37・5・11家月14巻11号119頁）

② 相手方は家出，怠学，犯罪性のある者等との交友等の虞犯事件を繰り返し起こして，前科のある暴力団の一員と婚姻するに至り，抗告人がその婚姻に反対であることを知悉しながら，その披露宴の招待状を抗告人らの知人等にも送付する等相手方の一連の行為により，抗告人らが多大な精神的苦痛を受け，また，その名誉が毀損され，その結果抗告人らと相手方との家族的協同生活関係が全く破壊されるに至り，今後もその修復が著しく困難な状況となっているとして，廃除を認容した事例（東京高決平成4・12・11判時1448号130頁）

③ 相手方は，根拠もなく，申立人の精神障害ないし人格異常をいって，主張ないし行動を続け，現時点に至るまで重大な侮辱を続けているのであり，これらの行為により，相続的協同関係は破壊されるに至ったことは明らかであるとして，廃除を認容した事例（和歌山家審平成16・11・30家月58巻6号57頁）

(イ) 虐待又は侮辱と認められなかった事例

① 相続人たる二男の暴行暴言の原因は母の性格や考え方及びそれに追随する父の態度にあるとした事例（大阪高決昭和37・3・13家月14巻7号55頁）

② 被相続人に対する準禁治産宣告の申立て（その後取り下げている。）も，それが被相続人の放埓な生活を反省させるためになしたという事情があれば，重大な侮辱にあたらないとした事例（釧路家審昭和33・10・3家月10巻10号73頁）

③ 被相続人を背任罪で告訴した場合でも，その原因が被相続人にある等の事情があるときは，本条の重大な侮辱にあたらないとした事例（東京高決昭和49・4・11判時741号77頁）

(ウ) 著しい非行にあたるとされた事例

① 雇人その他数名の女と情交関係を結び妻子を捨てて顧みない事例（東京高決昭和24・6・21家月1巻9・10号3頁）

② 正業に就かず浪費を重ね社会の落伍者の地位に転落した，いわゆる「親泣かせ」の部類に属する末子の事例（大阪家審昭和37・8・31家月14巻12号111頁）

③ 身分不相応の浪費をして，夫や子を捨てて失踪し，音信不通4年に及ぶ娘の事例（神戸家姫路支審昭和49・7・6家月27巻5号140頁）

④ 民法第892条にいう推定相続人の「その他の著しい非行」は，単に被相続人に対する非行に限定されるものではなく，他人に対する非行であっても，それが被相続人及び他の共同相続人らに対し直接間接に財産的損害や精神的苦痛を与え，このために相続的協同関係が破壊される程度のものであれば廃除原因になりうるとした事例（広島高岡山支決昭和53・8・2家月31巻7号56頁）

⑤ 資産家として名を成した両親のもとで不自由なく成育した長女が，離婚後間もなく，両親不知の間に窃盗，詐欺等の前科のある男性と同棲し，同人の就職に際

しては実家の信用を利用してその身元引受人となりながら，同人が勤務先から多額の金員を横領して所在をくらますや，年老いた両親の悲嘆，心労等を顧慮せず，音信不通のまま同棲相手と逃避行を続けていることは，両親との相続的共同関係を破壊する行為であり，民法第892条にいう著しい非行に該当するとした事例（和歌山家審昭和56・6・17家月34巻10号88頁）

⑥　長年月愛人と生活してきた夫が別居中の妻に対してある程度の財産給付をしてきたとしても，精神的に妻を遺棄したものであって，著しい非行に該当するとした事例（名古屋家審昭和61・11・19家月39巻5号56頁）

⑦　相手方は，自己の管理する被相続人の多額の財産をギャンブルにつぎ込んで減少させ，被相続人の唯一の収入であるマンションの賃料を横領し，さらには，虚偽の金銭消費貸借契約や虚偽の賃貸借契約を作出し，被相続人を困惑させよう，あるいは被相続人の財産を減少させようと意図して，民事紛争を引き起こし，訴訟になった後も，被相続人と敵対する不正な証言を行って，高齢である被相続人に多大の心労を負わせたことなど，相手方の一連の行動は，民法第892条所定の「著しい非行」に該当することは明らかであるとした事例（大阪高決平成15・3・27家月55巻11号116頁）

⑧　相手方は，妻子とともに被相続人と同居していたところ，被相続人が70歳を超えた高齢であり，身体障害者1級の認定を受けて介護が必要な状態であったにもかかわらず，被相続人の介護を事実上妻に任せたまま出奔し，妻と離婚した後も，未成年の子ら3名や被相続人の扶養料を支払うことも全くなく，被相続人の夫から相続した田畑を被相続人や親族らに知らせないまま売却した。相手方のこれらの行為は，悪意の遺棄に該当するとともに，相続的共同関係を破壊するに足りる著しい非行に該当するものと認められるとして，廃除を認容した事例（福島家審平成19・10・31家月61巻4号101頁）

⑨　相手方は，これまで窃盗等を繰り返して何度も服役し，今も常習窃盗罪で在監中であり，ほかにも，交通事故を繰り返したり消費者金融から借金を重ねたりしながら，賠償や返済をほとんど行わず，このため，申立人をして被害者らへの謝罪と被害弁償や借金返済等に努めさせ，これにより，申立人をして精神的苦痛と多額の経済的負担を強いてきたことが明らかであって，申立人に対する著しい非行があったと認められ，その他諸般の事情を勘案すると，相手方を申立人の推定相続人から廃除するのが相当であるとした事例（京都家審平成20・2・28家月61巻4号105頁）

⑩　相手方は，競馬，パチンコや車の購入，女性との交際費等で多額の借金をし，被相続人に返済させるなど，長年にわたって，被相続人に過大な経済的負担をさせ，また，相手方の債権者が被相続人の自宅に押しかけて来るなどにより，被相続人の心の平穏や住居の平穏が著しく害されてきたことは否定できない。これら相手方の行為による被相続人の経済的，精神的な苦痛の大きさやその継続に鑑みれば，結局，社会的通念に照らし，相手方と被相続人の相続的協同関係を破壊し，

　　　相手方の遺留分を否定することが正当であると判断される程度に重大なものであ
　　　り，民法第892条の「著しい非行」に該当するとして，廃除を認容した事例（神
　　　戸家伊丹支審平成20・10・17家月61巻4号108頁）
　（エ）著しい非行とは認められなかった事例
　　①　子が父名義の山林を売却したり担保に入れたりした行為も，それが家庭事情や
　　　生活関係などの調査上，転々他出する父に代わって苦しい家庭事情を救うための
　　　ものであれば，著しい非行とはいえないとした事例（仙台高決昭和32・3・13
　　　家月9巻4号44頁）
　　②　廃除申立人の家から一方的に出て調停申立てをした農家の長男の行動は親に対
　　　する侮辱行為とみることはできず，しかも20有余年にわたって同居し農業経営
　　　に従事してきたことに対し申立人が配慮を欠いたことにも一因がある，として廃
　　　除請求を却下した事例（仙台家審昭和48・10・1家月26巻8号70頁）
　　③　相手方が申立人の孫らを債務者としてサラ金等から借金させ，約束を守らず弁
　　　済を怠り迷惑，不利益を与えたことをもって相手方の相続権を剥奪廃除するに足
　　　る「著しい非行があった」と認めるのは無理であるとした事例（福島家審平成
　　　元・12・25家月42巻9号36頁）
　2　養親子間に関するもの
　　著しい非行にあたるとされた事例
　　①　養親たる被相続人の虚偽の住民異動届をするなどして，無断で被相続人所有の
　　　不動産全部を売却しその所有権移転登記手続をしたことにより公正証書原本不実
　　　記載等の有罪判決が確定している，養子夫婦の行為は，離縁原因にはあたらない
　　　としても相続的協同関係を破壊するに足る著しい非行であるとした事例（東京家
　　　審昭和50・3・13家月28巻2号99頁）
　　②　被相続人夫婦と養子縁組をするとともに，その二女と婚姻した者が，被相続人
　　　から居宅及び賃貸用家屋を贈与されるなど生計上種々の配慮を受けながら，重篤
　　　な病状に陥った被相続人の療養看護にも努めず，他女と無断外泊を繰り返した上
　　　同女と出奔して所在不明となり，妻子に対し生活上の仕送りもしないことは，被
　　　相続人夫婦との親子関係及びその二女との家庭生活を一方的に破壊し，被相続人
　　　に重大な精神的苦痛を与えるものであり，民法第892条にいう著しい非行にあた
　　　るとした事例（横浜家審昭和55・10・14家月33巻10号98頁）
　　③　養子の実母との離婚後，養子との離縁調停を申し立てていた養父の養子に対す
　　　る遺言による推定相続人廃除の申立てについて，16歳の高校生で社会生活を送
　　　る上での分別もあると認められる程度に成長していた相手方である養子の責めに
　　　帰すべき事由により，養子縁組を継続し難い重大な事由が存すると認められるよ
　　　うな事態になったときは，推定相続人である相手方に被相続人との間の相続関係
　　　を破壊するような重大な非行があったといい得るとした事例（旭川家審昭和
　　　59・4・18家月37巻4号57頁）
　　④　被相続人の養子である相手方は，10年近くの間，被相続人が入院及び手術を

繰り返していることを知りながら，居住先である外国から年1回程度帰国して生活費等として被相続人から金員を受領する以外には看病のために帰国したりその面倒をみたりすることはなかったこと，また，被相続人から自身に対する離縁訴訟が提起されたことを知った後，連日被相続人に電話をかけ，被相続人が，体調が悪いと繰り返し訴えるのも意に介さず，長時間にわたって上記訴訟を取り下げるよう執拗に迫ったこと，信義に従い誠実に訴訟を追行すべき義務に違反する態様で本件離縁訴訟を遅延させたことの相手方の一連の行為を総合すれば，民法第892条にいう「著しい非行」に該当するとした事例（東京高決平成23・5・9家月63巻11号60頁）

3　夫婦間に関するもの

虐待又は侮辱と認められた事例

　相手方（夫）は，被相続人（妻）が末期ガンを宣告された上，手術も受けて退院し自宅療養中であったにもかかわらず，療養に極めて不適切な環境を作出し，被相続人に寒さが厳しい時期に，暖房の行き渡らない部屋で，極めて不適切な環境の中で生活を強いた行為は，客観的にみて虐待と評価するほかない。そして，その虐待行為の程度自体も甚だしく相手方に推定相続人からの廃除という不利益を科してもやむを得ないとして，廃除を認容した事例（釧路家北見支審平成17・1・26家月58巻1号105頁）

4　廃除の申立手続

廃除の当事者，方法等は，次のとおりである。

(1)　廃除権者（申立人）

　家庭裁判所に対し相続人廃除の請求（申立て）をすることができる者は，生存廃除の場合には，被相続人であり，遺言廃除の場合には，遺言執行者である（民892条・893条）。この請求権は，いわゆる一身専属権である。したがって，代理は許されないし（大判大正6・7・9民録23輯1105頁）（注1），これを放棄することもできない。なお，推定相続人の廃除に関する審判事件の被相続人には，手続行為能力の特則の規定が準用される（家事188条2項・118条）。

(2)　被廃除者（相手方）

　被廃除者は，前述のとおり遺留分を有する推定相続人であるが，その者が未成年者又は成年被後見人であるときは，その法定代理人が代理すると解されている。被廃除者が未成年の子で，廃除の請求をする被相続人がその子の

法定代理人であるときは，廃除の請求は，いわゆる利益相反行為となるため（民826条1項・860条），当該未成年の子のために特別代理人の選任を要することになる。

(3)　管　轄

被相続人（申立人）の住所地を管轄する家庭裁判所である（家事188条1項）。

(4)　審判の確定と通知

廃除の審判に対しては，前述のとおり，廃除された推定相続人が即時抗告をすることができるので（家事188条5項），その期間の経過により審判は確定する（家事74条2項・86条）。

なお，廃除の審判が確定したときは，裁判所書記官から廃除された者の本籍地の市町村長にその旨の通知がされる（家事規100条）。

(5)　廃除の方法

相続人の廃除には，前述したように，生存廃除と遺言廃除がある。そして，生存廃除の場合には，被相続人が生存中に家庭裁判所に審判を請求することによって行い，遺言廃除の場合には，遺言の効力の発生（すなわち被相続人の死亡）後に，遺言執行者が遅滞なく家庭裁判所に廃除の請求をすることによってこれを行う（民892条・893条前段）。

廃除の請求があった後，その審判の確定前に被相続人が死亡して相続が開始した場合には，家庭裁判所によって選任された相続財産管理人に受け継がれて，審判手続が続行するものと解されている（大判大正6・5・9民録23輯710頁，昭和36・7・3民事甲1578号回答）**（注2）**。相続財産管理人がいないときには，家庭裁判所は，親族，利害関係人又は検察官の請求により遺産の管理について必要な処分をすることができるとされる（民895条）。必要な処分として管理人が選任された場合には，その管理人の職務・権限については，不在者の財産管理人に関する規定が準用される（民895条2項・27条～29条）。なお，廃除事件の係属中に被廃除者（相手方）である推定相続人が死亡したときには，審判の目的は消滅し，事件は終了することはいうまでもない（大判昭和2・11・12新聞2788号101頁）。

（注1） 成年被後見人であっても，意思能力があれば，単独で相続人廃除の申立てをするこ

とができる（民962条，家事188条2項・118条）。法定代理人が代わって申立てをすることは許されない（大判大正6・7・9民録23輯1105頁）。

（注2）推定相続人廃除申立事件の係属中に申立人（被相続人）が死亡したため，遺産管理人が審理手続を受継して審判が確定し，同遺産管理人から推定相続人廃除の届出があったときは，これを受理して差し支えないとされる（昭和36・7・3民事甲1578号回答）。

5　推定相続人廃除の効果

(1)　効果の発生時期

　廃除の効果は，これを認める審判の確定によって法律上当然に生じ，これによって被廃除者である相続人は直ちに相続権を失うことになる。戸籍の届出は効力発生の要件ではない（大判昭和17・3・26民集21巻284頁）。遺言による廃除請求の場合には，相続開始の後に廃除が確定することになるが，廃除の効果は，相続開始の時（すなわち被相続人の死亡の時）に遡って生ずるものとされる（民893条後段）。言い換えれば，被廃除者は，相続開始の時に遡って相続権を失うことになる。被相続人の生存中に廃除の請求があり，被相続人の死亡の後に廃除の審判が確定した場合については，別段規定はないが，廃除制度の趣旨にかんがみ，上述の遺言による場合と同様に，相続開始の時に遡って相続権を失うものと解される。

(2)　相対的効果

　相続人の廃除は，前述のように相続権を喪失させるが，しかし，廃除の効果は，相続欠格の場合と同じく，相対的である。すなわち，廃除は，特定の被相続人との間においてのみ，その効力を生ずるに過ぎないから，被廃除者は，廃除の請求をした被相続人に対する相続権を失うのみであって，被廃除者が他の者の相続人となる地位・資格には何ら影響がない。そのため，例えば，父に廃除された子であっても，母の相続人たる地位を失わないし，仮に父母双方から廃除された子であっても，自己の兄弟姉妹を相続することは妨げられない。また，被廃除者の子（直系卑属）は，被廃除者の地位を代襲して，直接に廃除者の推定相続人となる（民887条2項・3項）。

(3)　相続資格の重複と廃除

　更に，被廃除者は，廃除者との間にその後に生じた身分関係（例えば，嫡出でない子を廃除した実親が，その子を養子にしたとき）に基づいて新たな相続権を

取得する。すなわち，上記の例でいえば，子は，養子として相続することが
できると解されている（大判大正9・2・28民録26輯120頁，大判昭和7・2・29新
聞3389号16頁）（注1）。

　廃除はまた，上記のように被相続人（すなわち廃除権者）に対する被廃除者
の相続権を失わしめるに過ぎないから，扶養その他の身分的法律関係には何
ら影響がないし，受遺能力（すなわち被相続人から遺贈を受ける資格）を失うこと
もない（注2）。

（注1）この点の趣旨について，判例・学説は，上記の例のように，被相続人（すなわち廃
　　　除権者）が自己の意思に基づいて，被廃除者との間に新たに相続権を生ずるような身分
　　　関係を作り出した場合には，一種の宥恕（後述第3の項参照）があったものと考えられ
　　　ることにあるとしている。
（注2）遺贈　遺言によってなされる財産的利益の無償譲与。単独行為である点で贈与契約
　　　と，相手方のある点で遺言による寄附行為と，死因行為である点で通常の生前贈与と，
　　　それぞれ異なる。主な場合は包括遺贈と特定遺贈とである（民964条）が，相続財産だ
　　　けについてなされることを原則とする（民996条本文）が，必ずしもそれに限られるも
　　　のではなく（民996条ただし書・997条），また，積極財産だけでなく債務免除も含ま
　　　れる。要は財産的利益を目的とするにある（「新法学辞典」20頁）。

第3　推定相続人廃除の取消しと宥恕

1　廃除の取消し

　相続人の廃除は，欠格の場合とは異なり，これを取り消すことができるとさ
れる（民894条）。すなわち，相続人廃除は，被相続人の意思，感情を考慮する
ものであるから，欠格の場合とは異なって，廃除権者である被相続人が廃除の
効果を失わせることを要望するのであれば，これを妨げる必要はないといえる。
そこで，被相続人は，いつでも，また，特別の理由を必要とすることなく，推
定相続人の廃除の取消しを家庭裁判所に請求することができるものとされてい
る（民894条1項）。この請求は，遺言によってすることも許される。その場合
には，廃除の請求の場合と同様に，その遺言が効力を生じた後，遺言執行者か
ら遅滞なく取消しの請求をすべきものとされ，その効力も被相続人死亡の時，
すなわち相続開始の時に遡るものとされる（民894条2項）。

2　廃除審判の取消し

　廃除取消しの審判を請求することができる者は，被相続人に限られ（通説），廃除された者からその取消しを請求することは認められない。

　廃除取消しの請求事件も，家事事件手続法別表第一に掲げる事項であるから，審判の申立てによって開始するが（家事188条1項），取消しの申立てを審理するにあたっては，取消しが被相続人の真意に基づくものかどうか（例えば，被廃除者からの圧力などによる不本意な取消しの請求など）について調査されるべきである（家事56条1項）。被相続人の廃除取消しの請求が真意に基づくものであることが確認された場合には，必ず取消しの審判をすべきものと解されている（「新版注釈民法(26)」351頁）。この審判に対しては，即時抗告は許されないので，審判は被廃除者に対する告知によって効力を生ずることになる（家事74条）。

　なお，推定相続人廃除の審判の取消しの申立ては，被相続人の住所地を管轄する家庭裁判所にすべきこと（家事188条1項），被相続人には，手続行為能力があること（同条2項・118条），廃除取消しの審判が確定したときは，裁判所書記官から被廃除者の本籍地の市町村長にその旨の通知がされる（家事規100条）ことは，廃除の審判の場合と同様である。

　廃除取消しの請求がなされた後，審判確定前に相続が開始した場合に，家庭裁判所が遺産管理の必要処分をなし得ることは，廃除請求の場合と同様である（民895条）。

3　廃除取消しの効果

　廃除取消しの審判が確定すると，相続人廃除の効果は消滅し，被廃除者は，将来に向かって相続人の地位を回復することになる。

　遺言による廃除の取消しの場合は，廃除の効果は相続開始の時に遡って消滅するものと定められており（民894条2項・893条），相続開始後に廃除取消しの審判があった場合には，別段の規定はないが，制度の趣旨にかんがみ，相続開始の時に遡って廃除の効果は消滅するものと解される（民893条後段参照）。

4　廃除の宥恕

　被相続人が廃除を宥恕することは認められないとされる。前述のように，被

相続人は，いつでも自由に，しかも任意に贈与又は遺贈によって被廃除者に利益を与えることもできることから，廃除の取消し（廃除の取消しは，そもそも被相続人の宥恕にも相当すると解される。）とは別に，いったん審判で確定した廃除の効果を失わせる宥恕まで認める必要はないというのがその理由と解される。

第4　推定相続人廃除に関する戸籍の記載

　推定相続人の廃除によっては戸籍の変動等を来さないことはいうまでもない。推定相続人の廃除に関する事項については，廃除された者の身分事項欄に記載することとされている（戸規35条8号，法定記載例152・153）。この廃除事項は，いわゆる移記を要すべき重要身分事項とされているので（戸規39条1項6号），廃除の取消しがなされない限りは，被廃除者について新戸籍が編製され，又は他の戸籍に入籍する場合には当然移記しなければならないこととなる（注）。

（注） 旧法当時における推定家督相続人又は遺産相続人が，旧民法第975条第1項第1号（被相続人ニ対シテ虐待ヲ為シ又ハ之ニ重大ナル侮辱ヲ加ヘタルコト）又は第998条（上記と同じ事由）の規定によって廃除されたときは，現行民法の適用については，同法附則第29条の規定に基づき同法第892条の規定によって廃除されたものとみなされる（すなわち，上記の廃除事由は，同法892条前段の廃除事由に該当するため）。その反面解釈として，旧民法第975条第1項第2号ないし第4号に該当する事由があるとして家督相続人たることを廃除された者は，現行民法の施行とともに廃除を解除されたものと解されるべきである。

　　そこで，従前の戸籍に，家督相続人廃除事由として「家名ニ汚辱ヲ及ホスヘキ罪ニ因リテ刑ニ処セラレタ」等の記載があるものについては，先例は，当初その廃除事由を削除する戸籍訂正をしてもよいとしたが（昭和30・6・9民事甲1109号回答），その後，廃除事項中廃除事由が明記されているか，又は裁判の謄本等を添付し廃除事由は上記の事由によるものであることを明らかにして申出があれば，廃除事項を削除しても差し支えないこととした（昭和31・2・15民事甲297号回答）。更に，本人から申出があった場合には，便宜，戸籍法第11条に準じて戸籍を再製し廃除事項中括弧内の廃除原因は移記を省略して差し支えないこととした（昭和37・2・16民事甲313号回答）。なお，旧法当時にされた相続人廃除事項については，現行法施行の当初から，その理由のいかんを問わずすべて移記を要しないとされている（昭和23・7・1民事甲1788号回答）。

第2節　推定相続人廃除届出の諸要件

〔1〕届出事件細別	〔2〕届出事件本人	〔3〕届出期間	〔4〕届出地	〔5〕届出義務者又は届出人	〔6〕添付書類	関係法令
推定相続人廃除届	推定相続人	審判確定の日から10日以内	推定相続人の本籍地又は届出人の所在地	審判の申立人	審判の謄本及び確定証明書	戸97，63①，25，38②　民892，893
推定相続人廃除取消届	同上	審判告知の日から10日以内	同上	同上	審判の謄本	戸97，63①，25，38②　民894，893

〈注　解〉

〔1〕　届出事件細別

　推定相続人の廃除及びその取消しの意義ないし手続要件等については，既に第1節（112頁以下）で概説したとおりである。

　推定相続人の廃除が取り消された場合において，その取消しの効果が相続の開始後に発生した場合，すなわち遺言による取消しの場合や相続の開始後に取消しの審判が確定した場合には，相続の開始の時に遡って廃除の効果は消滅する（第1節第3の項124頁参照）。なお，廃除後において，被廃除者すなわち，相続人に相続資格を回復させる手続としては，被相続人が廃除の取消しを家庭裁判所に請求する方法をとるのが通常といえるが，この手続によることなく，贈与（民549条）又は遺贈（民964条）の方法をとることによって，実質的に廃除取消しと同様の効果を生じさせることも可能である。

〔2〕　届出事件本人

　推定相続人廃除届及び廃除取消届とも届出事件本人は，被廃除者すなわち，遺留分を有する推定相続人である。これらの届出は，いずれもこの推定相続人につき相続人たる地位の喪失又は回復にかかわるものであるからである（被相続人は相続人廃除又は廃除取消しの届出の事件の基礎となってはいるものの，当該届出事件の直接的な事件本人ではない（成毛「戸籍受附帳の処理要領」324～325頁参照）。）。

〔3〕 届出期間

推定相続人の廃除及び廃除取消しの効力は，いずれも審判の確定によって生ずる（家事188条5項・74条2項・86条）。したがって，廃除の届出及び廃除取消しの届出とも報告的届出に属し，その届出期間は，いずれも審判の確定の日から10日以内である（戸97条・63条1項）。

〔4〕 届 出 地

戸籍法第25条の届出地に関する一般原則による。すなわち，廃除届及び廃除取消届とも，被廃除者たる推定相続人の本籍地又は届出人（後述〔5〕参照）の所在地である。

〔5〕 届出義務者又は届出人

推定相続人の廃除又は廃除取消しの審判の申立人である。すなわち，通常の場合は，廃除権者である被相続人である。遺言による場合は，遺言執行者である（民893条・894条）。

〔6〕 添付書類

推定相続人廃除届については，審判の謄本を添付しなければならない（戸97条・63条1項前段）。なお，廃除の審判に対しては即時抗告が許されるので，審判の謄本のほか確定証明書の添付を要する（家事188条5項1号・74条2項・86条，昭和23・5・20民事甲1074号回答）。

遺言による請求に基づいてされた廃除の審判による届出には，遺言書の添付は要しないとされる（大正4・8・6民1293号回答）。遺言による廃除請求の趣旨は，通常審判書に記載されているからである。

推定相続人廃除取消届については，審判の謄本を添付しなければならない。廃除取消しの審判に対しては即時抗告が許されないので，確定証明書の添付を要しないことはいうまでもない。

第3節 推定相続人廃除届書の審査上留意すべき事項

推定相続人の廃除に関する届書の審査にあたって，特に留意しなければならない事項は，概ね次のとおりである。

1　推定相続人の廃除又はその取消しの届出は，廃除又はその取消しの審判の申立てをした者から届け出られているか

第2節〔5〕の項（128頁）でも述べたとおり，推定相続人の廃除又はその取消しの届出は，その審判の申立人が届出義務者である（戸97条・63条1項。なお，遺言廃除の場合は，遺言執行者―民893条・894条）。したがって，両届出の受理にあたっては，添付の審判書の謄本により審判の申立人が誰であるかを確認するとともに，当該届出が果たしてそれらの申立人から届け出られているか否かにつき届出人欄（署名）と照合審査の上，受否を判断する必要がある。

なお，推定相続人の廃除又はその取消しの審判が確定したときは，裁判所書記官は，遅滞なくその旨を被廃除者の本籍地の市町村長に通知することとされているので（家事規100条），前述の届出義務者が届出をしないときは，当該本籍地の市町村長は，上記の通知を資料として，職権をもって戸籍の記載をしなければならない。

2　推定相続人の廃除又はその取消しの届出について，届書に記載の審判確定の年月日の記載がされているか，また，廃除の届出については，その年月日は添付の審判の確定証明書の記載と一致しているか

既に第2節〔3〕の項でも述べたように，推定相続人の廃除又はその取消しは，家庭裁判所における審判の確定によって効力を生ずるため，これに基づく届出は報告的届出であって，審判の申立人がその届出義務を負うものとされる。そして，その届書には，一般的記載事項（戸29条）のほか，審判確定の日を記載しなければならないとされる（戸97条・63条1項後段）。そして，その審判確定の日については，戸籍の記載事項とされており（第1節第4の項126頁参照），特に廃除の届出については，審判確定証明書の添付を要し（廃除取消しの届出については確定証明書の添付を要しない。），添付の審判確定証明書に記載の審判確定の年月日と一致すべきものであるから，同添付書面と十分照合し，その記載にそごがないことを確認した上で受理すべきである。

3　推定相続人廃除の請求をした者が，父又は母以外の者である場合，廃除の届書の「廃除した者」の被廃除者に対する続柄が記載されているか

推定相続人廃除の審判の申立てをすることができる者（廃除権者）は，被相続人であることはいうまでもない（民892条）。そこで，廃除の審判が確定してその届出をする場合，届書（法務省民事局長通達に基づく標準届書）に記載する「廃除した人」については，「廃除された人」との続柄を記載することとされている。これは，被廃除者の戸籍に記載すべき推定相続人の廃除に関する事項（戸規35条8号）の中で廃除者が被廃除者の何にあたるか（言い換えれば，被廃除者が誰の推定相続人たる地位を喪失したか）を明示する上で必要とされるものである。届書のこの続柄については，あらかじめ「父」と「母」が設定されており，それ以外の場合は「その他」として括弧書きすることとされている。したがって，廃除者が父又は母以外の場合，例えば，「養父（母）」又は「祖父（母）」であるときは，その続柄を記載させる必要があるので，届書の審査上留意しなければならない。なお，被廃除者が，仮に養子であるときは，当該届書の「その他」欄に養父（母）の氏名及びその続柄を記載するのが相当であろう（戸規55条・56条等参照）。

4 推定相続人廃除の取消届の場合，届書の「その他」欄にその旨の記載がされているか

推定相続人廃除に関する届出は，廃除及びその取消しの届出とも「推定相続人廃除届」として同一様式の用紙が用いられる（いわゆる標準届書様式参照）。したがって，廃除取消しの届出の場合には，届出の内容を明瞭にする趣旨から，届書の「その他」欄に，「推定相続人廃除取消届」である旨を記載させて受理する必要があろう。

第6章　国籍の取得及び喪失届

第1節　国籍の取得及び喪失届を受理するにあたって理解しておくべき基本的事項

第1　国籍の意義

　個人は，原則として，国籍によっていずれかの国家に所属し，その構成員となっていることは疑いのないところである。そのような意味から，国籍とは，個人を特定の国家に結びつける法律的なきずな（紐帯）である（江川「国際私法」86頁）とか，あるいは特定の国家の構成員たる資格を意味し，そしてそれは，夫婦，親子というような私法上の身分に対し，公法上の身分である（平賀「国籍法（上）」71頁）というように説かれている。

　このように国籍（**注1**）は，特定の国家の国民であるための資格であり，それはまた，特定の国民共同体の一員となる資格でもあることを意味するから，個人は，国籍を有することによって，その属する国家との間に各種の権利義務，その他の法律関係が発生する。例えば，国家に対する忠誠義務，法律に対する服従義務，あるいは国内に居住する権利（憲法22条1項），国政に参画する権利（参政権—憲法15条）等がそれである。また，外国にあっても，母国の人的管轄権の下に立つから，最大限に母国の保護を受けることができる（**注2**）。

　ところで，現在，このような国籍を定める世界的に統一された国際法の原則というものはなく，それぞれの国が原則として自由にその国内法によって国籍の要件を定めることができるものとされている。すなわち，国籍に関する事項は，いわゆる「国内管轄事項」とされている。1930年のハーグ条約（国籍の抵触についてのある種の問題に関する条約—1930年4月12日ハーグで署名，1937年7月1日効力発生，日本は署名したが批准していない。）は，その第1条において「国内立法により何人が自国国民たるかを決定するのは各国家の権限に属する。この立法は，国際条約・国際慣習及び国籍に関し一般に認められたる法の原則に一致す

る限り，他の国家により認めらるべし」と規定して上記の点を明らかにしているが，これはとりもなおさず国際法上の一般原則を宣言したものともいうことができる。

そこで，各国は，それぞれ固有の歴史的伝統，人口政策，政治・経済的政策あるいは国防上の要請等を考慮しながら独自に国籍の取得及び喪失の要件を定めている（国籍立法の自主性）ところである。これがすなわち「国籍法」という法律であることはいうまでもない。

なお，各国における国籍立法は，上記のとおり各国の主権事項とされており，おのずと各国の国籍法の内容に相違を来す結果，必然的に1人で複数の国籍を有する重国籍者（国籍の積極的抵触）と，反対に，いずれの国の国籍も有しない無国籍者（国籍の消極的抵触）を生ずることとなる。このような現象は当該個人の利益保護及び外交保護権の行使等において国家間の衝突を生じ，国籍関係の安定の上からも好ましいものでないことは容易に理解し得るところである。そこで，「人はすべて一の国籍を有せざるべからず」「人はすべて二以上の国籍を有すべからず」という二つの原則，あるいはこの両者を統一した国籍唯一の原則なるものが，各国国籍立法の理想とされている（平賀「国籍法（上）」101頁）。

（注1）国籍の問題については，内国法人，外国法人（民35条・36条，会社法817条），内国船舶，外国船舶（船舶法1条以下），航空機（航空法3条の2）などの法人，物についても，国籍が問題となる場合があるが，国籍法にいう「国籍」は，人的要素である自然人に関するものであることはいうまでもない。

（注2）すなわち，個人が外国又は外国人から権利を害されたような場合には，加害国や加害者の属する国が，被害者に対して正当な権利の保護や救済を与えないならば，母国に救済を求め得る。これに応じて母国は加害国に対して，被害者の保護や賠償や加害者の処罰などを外交的機関を通じて請求し得るのであって，このようないわゆる「外交的保護権」などの方法によって個人はその国籍によって母国の保護を受けることができるのである（山本「国籍」11頁）。

第2　国籍法の概要

1　国籍法の目的

日本国憲法第10条は，「日本国民たる要件は，法律でこれを定める。」と規定しており，この憲法の規定に基づいて国籍法が制定されている。すなわち，

日本国籍の得喪の要件については，我が憲法はその規律を国籍法に委ねている
わけである。したがって，日本国民であることの要件（言い換えれば，ある個人が
日本国民であるか否か）は，この国籍法（現行憲法の制定後，昭和25年法律147号をもっ
て制定，昭和25年7月1日から施行されたが，昭和59年法律45号をもって大幅に改正，昭
和60年1月1日から施行され，その後，数度の改正を経て現在に至っている。）によって
定められることになる（注）。

> （注）昭和59年法律第45号による国籍法の一部改正は，昭和55年7月に政府が署名した
> 「女子に対するあらゆる形態の差別の撤廃に関する条約」の批准に備えること，国籍法
> が制定された昭和25年以来の国際情勢，社会情勢の変化に対処することという要請に
> 基づいて行われたものであるが，その改正の要点は次のとおりである。すなわち，(1)出
> 生による国籍の取得について，従来の父系血統主義を改め，父母両系血統主義を採用し
> たこと（国2条1号），(2)準正により日本国民の嫡出子たる身分を取得した者（この要
> 件は，平成20年法律88号（平成21・1・1施行）により，日本国民たる父又は母が認
> 知した子とされた。）について，届出による国籍取得の制度を新設したこと（国3条），
> (3)日本国民の配偶者である外国人の帰化条件について，その者が夫であるか妻であるか
> にかかわらず同一の条件を定めるとともに，生計条件，重国籍防止の条件など帰化の条
> 件を整備したこと（国7条・5条1項4号・2項・8条4号），(4)国籍留保の制度を国
> 外で出生した血統による重国籍者にも適用するなどして，留保制度を整備したこと（国
> 12条・17条1項），(5)重国籍者は成年に達した後一定期間内にいずれかの国籍を選択し
> なければならないとする国籍選択の制度を新設したこと（国11条2項・14条～16条・
> 17条2項）などが挙げられる。これらの改正を更に要約すると，出生による国籍の取
> 得，帰化の条件及び重国籍の減少に関して国籍法を改善，合理化したものであるといえ
> よう。これに伴い，戸籍法の国籍の得喪に関する規定も大幅に改正されるに至ったこと
> はいうまでもない。

2　日本国籍の取得及び喪失の原因

　現行国籍法上における日本国籍の取得原因は，(1)出生（国2条），(2)法務大臣
への届出による国籍の取得（国3条・17条1項・2項・昭和59年法律45号附則5条・
6条，平成20年法律88号附則2条～5条），(3)帰化（国4条）の三つの場合である。
　日本国籍の喪失原因は，(1)自己の志望による外国国籍の取得（国11条1項），
(2)重国籍者の外国法令による外国国籍の選択（国11条2項），(3)国籍を留保しな
いことによる当然喪失（国12条），(4)届出による国籍離脱（国13条），(5)重国籍者
の国籍の不選択（国15条3項），(6)日本国籍の喪失宣告（国16条2項～5項）の六

つの場合である。これらは，いずれも国籍の積極的抵触（重国籍）を防止するための配慮に基づくものであることはいうまでもない。なお，現行国籍法上，身分行為に基づく日本国籍の喪失ということはあり得ない（注）。

（注）日本国籍の取得及び喪失の原因を図示すると，次表のとおりとなる。
1　国籍の取得原因

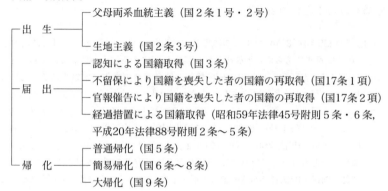

2　国籍の喪失原因
- 志望による外国国籍の取得（国11条1項）
- 外国の法令による外国国籍の選択（国11条2項）
- 国籍不留保による国籍喪失（国12条）
- 届出による国籍の離脱（国13条）
- 国籍選択の催告による国籍の当然喪失（国15条3項）
- 法務大臣の宣告による国籍の当然喪失（国16条2項～5項）

3　日本国籍の取得

(1)　出生による国籍の取得（国2条）

　　出生による国籍の取得には，親子関係を基準とする血統主義と，出生地との地縁を基準とする生地主義があることは広く知られているところである。我が国では，出生による国籍の付与について，旧国籍法（明治32年法律66号）以来，血統主義の原則を採用する一方，国籍の消極的抵触（無国籍）を防ぐ趣旨から補充的に生地主義を採用している。このうち血統主義については，前述のとおり昭和59年の改正により従来の父系血統優先主義を改め，父母両系血統主義を採用している。

　　以下，出生による国籍の取得について分説すれば，次のとおりとなる。

ア　出生の時に父又は母が日本国民であるとき，又は出生前に死亡した父が死亡の時に日本国民であったときは，出生地が日本国内であるか否かを問わず，子は日本国籍を取得する（国2条1号・2号）。

　　父又は母については，そのいずれかが日本国籍を有していればよい（父母のいずれもが日本国籍を有している場合を含む。）。

　　父又は母が重国籍者（すなわち，外国の国籍を併有している場合）であることや日本国籍取得の原因等は問わない。

　　父は，事実上の父というだけでは足りず，法律上の父であることが必要である（昭和26・8・3民事甲1592号回答，東京高決昭和42・5・15高裁民集20巻3号268頁）。母子関係については，分娩の事実によって発生すると解されているので（大正5・10・25民805号回答，大正11・6・6民事2104号回答，最判昭和37・4・27民集16巻7号1247頁），事実上の母子関係があれば足りる。

イ　日本で生まれた場合において，父母がともに知れないとき，又は無国籍であるときは，子は日本国籍を取得する（国2条3号）。

　　ここに日本とは，日本の領土，領海並びに公海における日本籍の船舶及び航空機をいう。

　　父については，法律上の父でなければならない。母については，事実上の母子関係があればよい（前述ア参照）。したがって，上記の父母がともに知れない場合とは，父母が事実上判明しないこと（例えば，棄児がこれに該当しよう。）をいう（注）。また，父母が無国籍であるときとは，子の出生の時に無国籍であるということを意味する。

（注）上記の「父母がともに知れないとき」の解釈について参考となるべき次の裁判例がある。

　　旧国籍法第4条前段（注・現行国籍法2条3号前段）の「父母カ共ニ知レサルトキ」とは，法律上及び事実上の父並びに子を分娩した母がいずれも判明しない場合のほか，事実上の父は判明しているがその子との法律上の父子関係が存在せず，かつ，生母が判明しない場合をも含むと解するのが相当であり，これを棄児のみに限定すべき理由はない（国籍存在確認請求控訴事件―東京高判昭和58・6・29家月36巻7号82頁）。

(2) 法務大臣への届出による国籍の取得 (国3条・17条)

届出による国籍の取得 (国籍取得の効力等については, 後述する。) とは, 一定の条件を有する者が, 法務大臣に対する意思表示 (届出) により当然に日本の国籍を取得するという制度である。この制度は, 昭和59年の法改正により設けられたものであることは前述したとおりである。

届出による国籍取得が認められるのは, 次の場合である。

　ア　日本人父又は母に認知された子で, 20歳未満のもの (日本国民であった者を除く。), イ　国籍を留保する意思を表示しなかったことにより日本の国籍を失った者で, 20歳未満のもの, ウ　官報公告により国籍選択の催告を受けたが, 国籍選択の届出をしなかったことにより日本国籍を失った者等は, 所定の条件を備えるときは, 法務大臣へ届け出ることによって, その届出の時に日本の国籍を取得することができる (国3条・17条1項・2項)。

　① 認知による国籍取得 (国3条)

　　日本人父と外国人母間の婚姻前に出生した子は, 父から胎児認知されている場合を除き, 血統上日本国民の子であっても出生によって日本国籍を取得することはない。しかし, その後, 父又は母が認知した子で20歳未満のもの (日本国民であった者を除く。) は, 父又は母が子の出生の時に日本国民であり, かつ, 現に日本国民であるとき, 又はその死亡の時に日本国民であったときは, 届出という簡易な方法で日本国籍を取得し得ることを認めたものである。

　　国籍法第3条が適用される子については, 従前は, 出生後において父母の婚姻及び認知により嫡出子の身分を取得した子 (すなわち準正子) を対象としていたが, 平成20年6月4日の最高裁大法廷判決 (民集62巻6号1367頁) は「法律上の婚姻関係がない日本国民である父と外国人母との間に出生し, 父が認知した子について父母の婚姻により準正嫡出子としての身分を取得した場合に限り, 届出による日本国籍の取得を認め, 認知されたにとどまる子と準正による嫡出子との間に日本国籍の取得に関する区別を生じさせている。これは, 合理的な理由のない差別として憲法第14条に違反する。」旨判示した。この最高裁判決を受けて, 改正

前の国籍法第3条第1項を最高裁判決の趣旨に沿った憲法に適合した内容のものとするため，平成20年法律第88号による国籍法の一部改正により現行のとおり改められ，平成21年1月1日から施行された。

　20歳未満であることの要件は，法務大臣に対する国籍取得の届出のときに存在することが必要であって，届出のときに既に20歳を超えているときは，この届出をすることはできない（注1）。

　なお，国籍法第3条は，法文上認知をする日本国民が母であることも予定しているが，母子関係は，民法の解釈上分娩の事実によって当然に成立するとされているので（したがって，子は出生により当然に日本国籍を取得する―国2条1号），同法第3条の適用を受ける子は，実際上は，出生の時に日本国民父の婚姻外の子であったものに限られることになる。

② 　国籍不留保者の国籍再取得（国17条1項）

　外国で出生し，出生により日本国籍のほかに外国の国籍をも取得した者（日本国籍と外国国籍の重国籍者）は，原則として出生の日から3か月以内に出生の届出とともに日本国籍留保の届出をしなければ，出生時に遡って日本国籍を喪失するものとされている（国12条，戸104条）が，上記により日本国籍留保の届出をしなかったことにより日本国籍を失った者が20歳未満で，かつ，日本に住所を有する場合に限り，法務大臣に対する意思表示（届出）のみによって日本国籍を再取得することを認めたものである（注2）。

　日本国籍喪失の原因は，国籍法第12条の日本国籍不留保によるものであることが必要であり，これに該当するものであれば，その後，仮にその者が他の外国籍を取得していたとしても，前述のとおり日本国籍再取得の対象となる。

　「日本に住所を有する」とは，永続的に日本に居住する意思があること，生活の本拠地を実際的にも日本に置いていることと解すべきである（国5条，民22条参照）。したがって，一時的な居所・滞在はこの要件を充足しているとはいえない。例えば，出入国管理及び難民認定法上の在留資格が，日本が生活の本拠として予定されていない場合（すなわち「短期滞在」―観光，親族訪問等―の場合）には，通常は国籍法第17条第1項は適

●国籍法第3条の規定により日本国籍を取得し，法定代理人から父の本籍地の
市町村長に届出をした場合の例

国 籍 取 得 届　　　令和4年3月1日 届出　　東京都千代田区 長 殿	受理　令和4年3月1日　　　発送　令和　年　月　日
	第　　489　　号
	送付　令和　年　月　日　　　　　　　長 印
	第　　　　　号
	書類調査｜戸籍記載｜記載調査｜附　票｜住民票｜通　知｜

	（よみかた）　たかやま　まりこ		平成27年 2 月 15 日生
氏　　　名	氏 高 山　　名 真 理 子		
	（従前の氏名）氏 ベルナール	名 マリア	
住　　　所	東京都文京区千石2丁目3番14号	番地 番　　号	
父　　　母 の 氏 名	父 氏 高 山　　名 良 男		父母との続き柄
	母 氏 ベルナール　名 マーガレット		長 □男 ☑女
(1) 父 母 の 本 籍 （外国人のときは国籍だけを書いてください）	父 東京都千代田区平河町1丁目7	番地 番	筆頭者の氏名 高山良男
	母 アメリカ合衆国	番地 番	筆頭者の氏名
国籍取得の 年 月 日	令和4 年 2 月 23 日	国籍取得の際の外国の国籍	アメリカ合衆国
(2) 氏を同一とする時の父又は母の本籍	東京都千代田区平河町1丁目7	番地 番	筆頭者の氏名 高山良男
(3) 婚姻していると きは配偶者の氏 名，本籍（外国人 のときは国籍）	（配偶者）氏　　　名　　　年　　月　　日生		
		番地 番	筆頭者の氏名
	（婚姻の年月日）　　　　　年　　月　　日		
(4) 養子となってい るときは養親の 氏名，本籍（外国 人のときは国籍）	（養父）氏　　　名　　　年　　月　　日生		
	（養母）氏　　　名　　　年　　月　　日生		
		番地 番	筆頭者の氏名
	（養子縁組の年月日）　年　月　日	養親との続き柄	□養子 □養女
国 籍 取 得 後 の 本 籍	□ 下記の新しい戸籍をつくる ☑ (1)の戸籍に入る □ (2)の戸籍に入った後下記の新しい戸籍をつくる □ 下記のとおり		
	新本籍	番地 番	筆頭者の氏名

住民となった 年 月 日	平成27 年 2 月 15 日
住所を定めた 年 月 日	平成27 年 2 月 15 日

世帯主・世 帯員の別	□世帯主 ☑世帯員 世帯主（　　高山良男　　　）　世帯主と（　子　） の氏名　　　　　　　　　　　　　の続き柄
そ の 他	国籍取得事項のほかに記載すべき身分事項は、別添「国籍取得証明書」のとおり。
届出人署名 （※押印は任意）	印

届　　　出　　　人

（国籍を取得した人が十五歳未満のときに書いてください。届出人となる未成年後見人が３人以上のときは、ここに書くことができない未成年後見人について、その他欄又は別紙（届出人全員が別紙の余白部分に署名してください。署名欄に押印をしている場合は、余白部分への押印でも差し支えありません。）に書いてください。）

資　　　格	親権者（☑父 □養父）□未成年後見人	親権者（☑母 □養母）□未成年後見人
住　　　所	東京都文京区千石 ２丁目３番14号	左に同じ
本　　　籍	東京都千代田区平河町１丁目 7番地 筆頭者 高山良男 　番 の氏名	アメリカ合衆国 番地 筆頭者 番 の氏名
署　　　名 （※押印は任意）	高山良男 印	Margalet Bernerd 印
生 年 月 日	平成元 年 1 月 17 日	西暦1994 年 4 月 19 日

連　　署　　人
（国籍を取得した人の配偶者が日本人のときに書いてください）

	□夫　　□妻
住　　　所	
本　　　籍	番地 筆頭者 番 の氏名
署　　　名 （※押印は任意）	印 年 月 日生

用されないと解される。また，在留資格が「日本人の配偶者等」の場合であれば当然に日本に生活の本拠があると認められるわけではなく，在留資格がいずれであっても実際に生活の本拠がない限り，本要件を充足しているとはいえないと解すべきであろう（法務省民事局第五課職員編「新しい国籍法・戸籍法」132頁参照）。

　上記の要件は，結局，当該子が未成年の間に日本に住所を定め，日本との結合関係が明らかになった場合には，帰化よりも簡易に日本国籍を再取得し得るとするのが合理的であるとの趣旨によるものと解される。

③　官報催告による国籍喪失者の国籍再取得（国17条2項）

　出生による国籍の取得について，我が国籍法は，昭和59年の改正により両性平等原則により父母両系血統主義を採用したため，日本の国内外では日本国籍と外国国籍を併せ有する者（重国籍者）が従前よりも増加することとなることから，これを極力解消する方策として，重国籍者は，一定の期限内にいずれかの国籍を選択しなければならないこととする（国14条1項）とともに，この期限までに国籍選択をしない重国籍者に対し，法務大臣は書面により国籍の選択を催告することができることとし（国15条1項），催告を受けた者は，一定期限内に日本国籍を選択しないと，期限経過時に日本国籍を喪失することとされた（国15条3項）。この催告は，当該重国籍者の所在不明等やむを得ない場合等には，官報によってすることができることとされている（国15条2項）が，官報による催告の場合には，実際上はこれらの者が催告されていることを知ることはないのが普通であると考えられるので，これらの者の日本国籍の再取得については，簡易な手続，すなわち届出によってすることができることとされた。

　上記の届出の要件は，ⓐ官報掲載による催告（国15条2項）によって，日本国籍を喪失した者であること（国15条3項），ⓑ無国籍であるか，又は外国の国籍を失うこと，すなわち重国籍防止の条件として，法務大臣への国籍取得の意思表示（届出）時において現に無国籍であるか，又は届出による日本国籍の取得によってその外国国籍を失うこととなること（言い換えれば，日本国籍の取得によって当然に外国国籍を喪失しない場合には，本

条による国籍取得はできない―国5条1項5号），ⓒ日本国籍喪失を知った時から1年以内に届け出ることである（国17条2項本文）。

　なお，上記の届出期限の「1年以内」とは，当該本人が自己の日本国籍喪失の事実を知った日から起算する。天災その他本人の責めに帰することのできない事由によって，この期間内に届出ができないときは，届出が可能となったときから1月以内に届け出ることが認められる（国17条2項ただし書）が，「責めに帰することができない事由」としては，天災等による交通途絶が通常考えられるほか，本人の病気，戦争，伝染病発生による外出禁止等の事実上届出をすることが不可能の場合を含むものと解する。

④　昭和59年法律第45号の経過措置による国籍取得（同法附則5条・6条）

　㋐　昭和40年1月1日から昭和59年12月31日（同法による改正国籍法施行の日の前日）までの間に，外国人父と日本人母との間の嫡出子として出生した者（日本国民であった者を除く。）は，その出生の時に母が日本国民であって，かつ，現在（死亡しているときは，その死亡の時）も日本国民であるときは，改正法施行の日から3年以内に限って，前記①〜③と同様に法務大臣へ届け出ることによって日本の国籍を取得することができる（同附則5条）（注3）。

　㋑　前記㋐の届出によって日本国籍を取得した者の子（日本国民であった者を除く。）であって，出生の時にその父又は母と法律上の親子関係が存在している場合（ただし，その父又は母が養親であるとき，又は出生の後に認知した者であるときは除外される。）についても，上記㋐と同様にして日本の国籍を取得することができる（同法附則6条）（注4）。

⑤　平成20年法律第88号の経過措置による国籍取得（同法附則2条〜5条）

　㋐　昭和60年1月1日（昭和59年法律45号による改正国籍法の施行日）以後，平成21年1月1日（平成20年法律88号による改正国籍法の施行日）より前に，平成20年法律第88号による改正前の国籍法第3条第1項の準正要件を満たしていないが，同項の規定によるものとして日

本国籍取得の届出（以下「従前の届出」という。）をしていた者については，平成20年法律88号による改正国籍法の施行日から3年以内に限り，改めて法務大臣へ届け出ることによって日本の国籍を取得することができる（同法附則2条1項）（注5）。この場合，その届出の時に日本の国籍を取得するが，従前の届出が平成15年1月1日以後にされていた場合は，その従前の届出の時に遡って日本の国籍を取得する（同条3項）。

　そのほか，特例として，平成20年6月5日以後に従前の届出をした者については，法務大臣に対して反対の意思を表示した場合を除き，同改正国籍法の施行日に上記の届出をしたものとみなされる（同附則3条1項）。この場合，従前の届出の時に遡って日本の国籍を取得する（同附則2条3項ただし書）。

(イ)　上記(ア)の届出をしていなかった者についても，父又は母が認知した子で，平成15年1月1日から平成20年12月31日（同改正国籍法施行日の前日）までの間に同改正国籍法第3条第1項の規定の適用があるとすれば，届出によって日本の国籍を取得することができるものであったときは，同改正国籍法の施行日から3年以内に限り，前記同様，法務大臣へ届け出ることによって，日本の国籍を取得することができる（同附則4条1項）（注6）。この場合，その届出の時に日本の国籍を取得する（同条2項）。

(ウ)　上記(ア)の届出により日本の国籍を取得した者のうち，同届出の時に日本の国籍を取得した者（平成15年1月1日より前に従前の届出をした者）の子で，父又は母がした従前の届出の時以後父又は母の日本国籍の取得の時前に出生したものは，同改正国籍法の施行日から3年以内に限り，法務大臣へ届け出ることによって日本の国籍を取得することができる（同附則5条1項）（注7）。この場合，その届出の時に日本の国籍を取得する（同附則5条2項）。

（注1）（注2）国籍法第3条第1項及び第17条第1項の年齢要件については，平成30年法律第59号による国籍法の一部改正により「18歳未満」と改正されている（令和4・

４・１施行）。これは，民法の一部改正による成年年齢の引下げ（上記法律による民４条の改正）に伴うものである。

（注３）（注４） 昭和59年の国籍法の改正前においては，出生による国籍の取得につき父系血統主義を採用していたことから，外国人父と日本人母との間に生まれた子（嫡出子又は外国人父から胎児認知された者）は日本国籍を取得しなかったが，昭和59年の改正により父母両系血統主義を採用したことに伴い，改正法施行後は上記のような父母の間に出生した子は，出生により当然に日本国籍を取得することとなった（国２条１号）。そこで，改正法施行前のこのような父母間の出生子については，一定の条件を具備するときは，改正法施行後３年に限り，法務大臣への意思表示（届出）のみによって簡易に日本国籍を取得することを認めたのである。なお，この場合の届出の要件は，前述のほか，①届出により日本国籍を取得しようとする者が，かつて日本国民であったが，後に日本国籍を喪失している者であるときは，届出は認められない（このような者については，簡易な手続による日本国籍の取得を認める必要がない。），②届出期間は，改正法施行の日から３年以内であるが，届出人の責めに帰することができない事由により届出ができないときは，届出が可能となったときから３月以内とされている。

（注５）（注６）（注７） 届出期間は，平成20年の改正国籍法の施行日から３年以内であるが，届出人の責めに帰することができない事由により届出ができないときは，届出が可能となった時から３月以内とされている（平成20年法律88号附則６条）。

(3)　帰　化（国４条）

外国人（無国籍者を含む。）は，帰化によって，日本の国籍を取得することができる。帰化とは，外国人たる身分を有する者からの日本国籍取得を希望する意思表示（帰化の許可申請）に対して，国家が許可を与えることによって日本国民たる資格（国民としての権利義務の発生）という包括的地位（すなわち国籍）を創設する行為である（平賀「国籍法（下）」249頁，田代「国籍法逐条解説」251頁）。すなわち，帰化は，申請とこれに対する許可とによって成立する公法上の双方行為であるとされる。

届出による国籍取得の場合は，前述のとおり一定の条件を備えていれば当然に日本国籍を取得するのに対し，帰化の場合は，国籍法所定の条件（一般の条件について国５条，特定の場合の緩和された条件について同６条〜９条）を具備する場合に，本人（本人が15歳未満であるときは，その法定代理人―国18条）の申請に対し，法務大臣が許可を与えることによってなされるものである（国４条２項）（注１）。

しかし，帰化の許可申請に対して，これを許可するか否かは法務大臣の自

◉単身者が帰化し，帰化後の本籍地の市町村長に帰化届をした場合の例

帰　化　届								
	受理 令和4年7月6日				発送　令和　年　月　日			
	第　　1978　　号							
令和4年7月6日 届出	送付　令和　年　月　日						長　印	
	第　　　　　　号							
東京都渋谷区 長 殿	書類調査	戸籍記載	記載調査	附 票	住民票	通　知		

氏　　　名	（よみかた）　はやし だ　　　みつ あき						
	氏　林　田		名　光　明		平成5年 5 月 13 日		
生 年 月 日	（従前の氏名）　氏　金				名　光　晃		
住　　　所	東京都渋谷区初台2丁目34番28号						
父　　　母 （日本人のときは本籍を書いてください）	父　氏　金		名　成　明	父母との続き柄 ☑男 2 □女	父の国籍　韓　国		
	母　氏　崔		名　淑　香		母の国籍　韓　国		
帰 化 の 際 の 国　　　籍	韓　国						
告 示 の 年 月 日	令和4 年　6 月 28 日						
帰 化 後 の 本　　　籍	☑新しい戸籍をつくる　□父・母の戸籍に入る　□養父・養母の戸籍に入る						
	東京都渋谷区初台2丁目68				番地 番		
	筆頭者の氏名　林田光明						
住民となった 年　月　日	平成28年 11 月 26 日						
住所を定めた 年　月　日	平成28年 11 月 26 日						
世 帯 主・世 帯 員 の 別	☑世帯主　　　　　□世帯員						
	世帯主 の氏名（　　　　　　　　　　）			世帯主との続き柄（　　　　　　）			
そ の 他	帰化事項のほかに記載すべき身分事項は、別紙「帰化者の身分証明書」のとおりです						
届出人署名 （※押印は任意）	林田光明				印		

届　　出　　人 (帰化した人が十五歳未満のときに書いてください。届出人となる未成年後見人が3人以上のときは、ここに書くことができない未成年後見人について、その他欄又は別紙（届出人全員が別紙の余白部分に署名してください。署名欄に押印をしている場合は、余白部分への押印でも差し支えありません。）に書いてください。)		
資　　　　格	親権者（□父　□養父）□未成年後見人	親権者（□母　□養母）□未成年後見人
住　　　所		
本　　　籍	番地番　筆頭者の氏名	番地番　筆頭者の氏名
署　　　名（※押印は任意）	印	印
生　年　月　日	年　　月　　日	年　　月　　日

◉夫婦が帰化し，帰化後の本籍地の市町村長に帰化届（夫の氏を称して夫婦に
つき新戸籍編製）をした場合の例

帰　化　届 令和4年9月20日 届出 東京都品川区長 殿	受理　令和4年9月20日 第　　　2345　　号	発送　令和　年　月　日
	送付　令和　年　月　日 第　　　　　　号	長　印
	書類調査　戸籍記載　記載調査　附　票　住民票　通　知	

		夫	妻
（よみかた）		たか やま　　たか お	たか やま　　あき こ
氏　　名		高山 (氏)　孝夫 (名)	高山 (氏)　明子 (名)
生年月日		(従前の氏名)　高 (氏)　孝善 (名)	(従前の氏名)　李 (氏)　明順 (名)
		昭和59年　8月　16日	昭和62年　10月　17日
住　　所		東京都品川区北品川 2丁目18番19号	夫と同じ
父母の氏名 父母との続き柄	父	高 (氏)　孝宗 (名)　続き柄 2男	李 (氏)　啓康 (名)　続き柄 2女
	母	李 (氏)　淑善 (名)	姜 (氏)　幸子 (名)
父母の国籍 (日本人のときは本籍を書いてください)	父	韓　国	韓　国
	母	父と同じ	父と同じ
帰化の際の国籍		韓　国	
告示の年月日		令和4年　9月　10日	
帰化後の夫婦の氏と新しい本籍		☑夫の氏　　□妻の氏 東京都品川区北品川2丁目18　　番地番 筆頭者の氏名　高山孝夫	
住民となった年月日		平成28年　4月　2日	平成28年　4月　2日
住所を定めた年月日		平成28年　4月　2日	平成28年　4月　2日
世帯主・世帯員の別		☑世帯主　　□世帯員 世帯主の氏名（　　　　　　　） 世帯主との続き柄（　　　　　）	□世帯主　　☑世帯員 世帯主の氏名（高山孝夫） 世帯主との続き柄（妻）

その他	帰化事項のほかに記載すべき身分事項は、別紙「帰化者の身分証明書」のとおりです

届出人署名 （※押印は任意）	夫　高山孝夫　㊞	妻　高山明子　㊞

連　署　人 （帰化した人の配偶者が日本人のときに書いてください）		
□夫　　　　□妻		
住　　　所		
本　　　籍		番地 番　　　　筆頭者 の氏名
署　　　名 （※押印は任意）		㊞　　　　年　　月　　日生

由裁量に属するものと解されているところから，仮に上記の条件を具備していると認められる外国人であっても，必ず許可されるということにはならない（注2）。

　帰化の申請手続については，国籍法施行規則第2条に規定されている（なお，昭和25・6・1民事甲1566号通達参照）。

　法務大臣が帰化を許可したときは，官報にその旨を告示しなければならない（国4条2項・10条1項）。帰化の効力は，その告示の日から生ずる（国10条2項）。

　いわゆる大帰化の場合には，法務大臣の許可につき国会の承認が必要である（国9条）。

（注1）帰化許可の条件については，前述のとおり国籍法の規定するところであるが，この条件との関係により①普通帰化（国5条），②簡易帰化（国6条〜8条），及び③大帰化（国9条）の三種に区別される。

　　　普通帰化の条件が基本であって，簡易帰化は申請者と日本との地縁的・血縁的関係を考慮して普通帰化の条件を一部緩和したものであり，また，大帰化は日本に対する特別の功労に報いて普通帰化の条件を全面的に免除したものである。

（注2）**帰化の許可**　国籍法は，前述のとおり帰化許可の条件を第4条から第9条において規定しているが，これは，国家的利益の保護の見地から，法務大臣の裁量に一定の基準を与え，法務大臣の恣意によって帰化の許可がなされることを防止しようとするに過ぎないものであり，かかる条件を具備する外国人に帰化の請求権を与え，これに対して法務大臣に帰化を許可すべき義務を負わせているものではないと解されている。

　　　行政上の不服申立て　前述のとおり，帰化の許否は，法務大臣の自由裁量行為であるから，違法の問題を生ずる余地はないとされる。したがって，法務大臣のした帰化の不許可処分に対しては，審査請求又は異議の申立てはできないと解されている（行政不服審査法7条1項10号は，「帰化に関する処分」とし，この旨を明記している（平賀「国籍法（下）」270頁））。

　　　行政訴訟　前記と同様の理由から，不許可の決定に対し，取消訴訟（行訴8条）も許されないと解する説（横浜地判昭和47・1・27訟務月報18巻5号761頁）と，取消訴訟の対象となるとする説（東京高判昭和47・8・9訟務月報18巻10号1532頁）とがある。しかし，仮に取消訴訟が許されるとしても，三権分立の建前から，裁判所が積極的に法務大臣に代わって許可処分をすることはできないと解される（田代「国籍法逐条解説」254頁〜264頁）。

　　　帰化の無効　次の場合には，外形上の許可処分（官報告示）があっても，帰化の性質に照らし当然無効とされている。①帰化意思のない者に対する許可処分（例えば，官報

告示前の申請の取下げ，抵抗できない程度の強迫による申請），②既に日本国籍を有する者に対する許可処分，③死亡者に対する許可処分（法務省民事局法務研究会編「国籍実務解説」75頁）。

帰化の取消し　帰化処分は，国家の側から取り消すことは公定性の要求からも適当ではない。しかし，処分の瑕疵の程度，公益性などを比較考量して，帰化取消しの明文規定がなくとも，帰化者が詐欺その他の重大な不正行為によって帰化許可処分を得たような場合には，行政法上の一般法理に従って許可処分を取り消すことができると解されている（田代「国籍法逐条解説」264頁以下，法務省民事局第五課職員編「新しい国籍法・戸籍法」103頁以下，法務省民事局編「国籍法・戸籍法改正特集」民事月報VOL.39号外22頁）。

4　日本国籍の喪失

　国籍の喪失とは，国民たる資格の消滅である。したがって，国籍喪失によって国籍に伴う法律関係（特に参政権，国内居住権等）は当然に消滅することはいうまでもない。

　従来，日本国民が日本国籍を喪失するとされていたのは，①自己の志望によって外国の国籍を取得したとき（国11条1項―旧8条），②日本国籍を留保しなかったことにより当然に日本国籍を喪失したとき（国12条―旧9条）及び，③重国籍者が日本国籍を離脱したとき（国13条―旧10条）のほかは，解釈上帰化が取り消された場合に限られていたが，昭和59年国籍法の改正により，父母両系血統主義を採用したこと及び諸外国も同様に父母両系血統主義を採用する国が増加したことに伴い，重国籍の発生の防止及び解消を図る趣旨から，④重国籍者が外国の国籍を選択した場合（国11条2項），⑤国籍選択の催告を受けた重国籍者が所定の期間内に日本国籍を選択しなかった場合（国15条），⑥日本国籍選択の宣言をした後に，外国国籍保有を就任要件として外国の公務員の職に就いた重国籍者につき日本国籍の喪失宣告がなされた場合（国16条2項）も，日本国籍を喪失することとされた。

　以下，日本国籍の喪失について分説すれば，およそ次のとおりとなる。

⑴　自己の志望による外国国籍の取得（国11条1項）

　日本国民が自己の志望によって外国国籍を取得したときは，これによって当然に日本国籍を喪失する。国籍離脱の自由の実現と国籍の積極的抵触の防止を目的としたものである。

●自己の志望によって外国の国籍を取得し，日本国籍を喪失したため，日本国内居住の叔父から本籍地の市町村長に国籍喪失届をした場合の例

国籍喪失届	受理 令和4年11月15日 第　　2456　　号	発送 令和　年　月　日
令和4年11月15日 届出	送付 令和　年　月　日 第　　　　　　号	長印

東京都新宿区 長 殿

書類調査	戸籍記載	記載調査	附　票	住民票	通　知

（よみかた）国籍を喪失した人の氏名（外国人としての氏名をローマ字で付記してください）	氏 まつやま　名 よしはる 松山　　芳春 （　　　　）（　　　　）　　平成11年4月3日生
住　　　所	アメリカ合衆国カリフォルニア州ロングビーチ市 西三番街8 世帯主の氏名 松山芳春
本　　　籍	東京都新宿区若松町345　　　番地 　　　　　　　　　　　　　番 筆頭者の氏名 松山草太郎
喪失の年月日	令和4年　10月　26日
喪失の原因	☑ 志望により新たに（アメリカ合衆）国の国籍を取得した □（　　　　　　　）国の国籍をも有しているので離脱した □（　　　　　　　）国の国籍を選択した □ 国籍選択の催告を受けて選択をしなかった □ 国籍喪失の宣告を受けた
その他	
届出人署名（※押印は任意）	印

届　　出　　人 （国籍を喪失した人以外の人が届け出るときに書いてください）
□夫　□妻　□父　□母　☑その他（　　叔父　　）
住　所　東京都新宿区若松町78番56号
本　籍　東京都新宿区若松町345　　番地　筆頭者　松山芳次郎 　　　　　　　　　　　　　　　　　番　の氏名
署名（※押印は任意）　松山芳次郎　㊞　昭和38年7月8日生

記入の注意　国籍を喪失した人の氏名欄には、戸籍上の氏名を書くとともに、住民票の処理上必要なため、外国人としての氏名をローマ字で付記してください。
届出人署名押印欄に外国人としての氏名を書いたときは、戸籍上の氏名をカッコ書きで記載してください。

　日本国籍の喪失の効果が生ずるためには，①外国の国籍を取得すること（例えば，外国への帰化など），②外国国籍の取得が自己の志望によること，の二つの条件を必要とする。したがって，意思行為によることなく，一定の事実によって法律上当然の効果として国籍が付与される場合（例えば，外国人との婚姻等いわゆる身分行為の効果として外国の国籍を取得する場合）は，自己の志望によるものに該当しない（注）。

　日本国籍喪失の時期は，外国国籍を取得した時である。

（注）「志望による」とは，直接的に外国国籍の取得を希望する行為によってその効果として外国国籍を付与される場合であれば足りる。また，国籍法第11条に，いわゆる「自己の志望によって外国の国籍を取得したときは」というのは，外国国籍の取得がそれを直接に希望する意思行為に基づくものであることを要するとする趣旨であるから，その意思行為に瑕疵がある場合，すなわち，抵抗することのできない程度の強迫を受けて外国国籍取得の行為をなした場合などのように，実質上その国籍取得が本人の意思に基づくものと認め得ない場合には，たとえ当該外国が本人に対しその国の国籍を付与する場合でも自己の志望によって外国国籍を取得したという場合には該当しない。例えば，第2次大戦後に，樺太在住の日本人がソ連に帰化している場合につき，樺太の特殊事情を考慮して，ソ連への帰化は，自己の志望によるものとはいえないとした先例等がある（昭和38・10・16民事(五)発245号回答，昭和40・12・16民事(五)発376号通知，昭和41・3・8民事甲646号回答）。

(2)　重国籍者の外国国籍の選択（国11条2項）

　外国の国籍を有する日本国民（いわゆる重国籍者）が，外国の法令によりその外国の国籍を選択したときは，日本の国籍を失う。これは，前記(1)の場合と同様，国籍離脱の自由の実現と国籍の積極的抵触の防止を目的とするものである。我が国の国籍選択制度と類似の制度を有する外国において，当該外国及び日本の国籍を有する者が，当該外国の法令に従い，その外国の国籍を維持・確保し，日本国籍を不要とする旨の意思を明らかにしたときは，その時に日本国籍を当然喪失させるとするものである。

　上記の外国国籍の選択は，外国の法令に従い，適法になされることが必要である。単なる事実行為は含まれない。外国法令の定める方式に基づくものであれば，宣言，宣誓，届出等いずれの方法によることも差し支えない。

(3)　国籍不留保による国籍喪失（国12条）

　国籍法第12条は，「出生により外国の国籍を取得した日本国民で国外で生まれたものは，戸籍法（昭和22年法律第224号）の定めるところにより日本の国籍を留保する意思を表示しなければ，その出生の時にさかのぼつて日本の国籍を失う。」と規定している。これは，国籍の積極的抵触の防止を図ることを主眼としたものであることはいうまでもない。

　上記の規定により国籍留保の意思表示をしないと日本の国籍を喪失する者の範囲は，①出生によって外国の国籍を取得したこと，②血統により日本の国籍を有すること，③外国で出生したこと，の各要件を備える者である（注1）。

　上記に該当する者については，出生の届出をすることができる者（戸52条1項・2項・4項。なお，同条3項の規定によって届出をすべき者は除外される。）が，出生の日から3か月以内（天災その他出生の届出をすることができる者の責めに帰することができない事由によって所定の期間内に届出をすることができないときは，届出をすることができるに至った時から14日以内）に出生の届出とともに，日本の国籍を留保する旨の届出を要し（戸104条），この法定の届出期間内に国籍留保の届出をしないときは，出生の時に遡って日本の国籍を喪失することになる（国12条）。なお，国籍留保の意思表示（届出）をしなかったことにより日本国籍を喪失した者は，20歳未満であって，かつ，日本に住所を有するときは，国籍取得の届出により国籍の再取得が可能である（国17条1項（注2）。なお，前述3の(2)②の項137頁参照）。

（注1）国籍の取得につき，いわゆる出生地主義をとる外国に駐在する日本の大使，公使及びその職員（参事官，書記官など）の子が，それらの国で出生した場合には，その国の出生による国籍取得に関する法律の適用を受けないのが通例であるから，国籍留保の意思表示をするまでもなく，引き続き日本の国籍を保有する。そこで，これらの子を戸籍に記載する際は，在外公館の職員の子であることを明瞭にすることとされている（昭和32・9・21民事甲1833号通達，参考記載例8参照）。
（注2）国籍法第17条の年齢要件については，3の(2)「法務大臣への届出による国籍の取得」の項（注1）（注2）142頁参照。

(4)　届出による国籍離脱（国13条）

　外国の国籍を有する日本国民は，日本の国籍を離脱することができる。国籍離脱の自由の実現と国籍の積極的抵触の解消を目的としたものであり，離

脱者の自由な意思に基づき直接的に日本国籍を失うことを目的とする点で，他の国籍喪失の場合と異なるものといえる。

　国籍の離脱は，法務大臣に対する届出によってなされる（国13条1項）。その手続については，国籍法施行規則第3条に規定されている。

　国籍を離脱する場合の要件としては，①日本の国籍を有していること，②外国の国籍を有すること，の二つであり，これ以外の要件はない。重国籍になった原因が出生によるものか出生後の事由によるものかは問わない。また，住所が国内，国外のいずれにあるかも問わない。国籍離脱の要件を具備している以上は，届出が不適法でない限り，法務大臣は届出を拒否することはできないのである。なお，国籍法は，外国の国籍を有しない者が日本国籍を離脱して「無国籍者」となることを認めていないが，これは，憲法第22条第2項の国籍離脱の自由に反するものではないとされる。国籍立法上の理想とされる国籍自由の原則（基本的人権の一内容として国籍の得喪における個人の意思の尊重）は，無国籍者の発生をも認める趣旨であるとは解しがたいからである（澤木「国際私法」85頁）。

　国籍離脱の効力発生時期については，昭和59年改正前の国籍法にあっては，離脱届の受理が決定され，その旨が官報に告示された日に生ずるものとされていた（同改正前国籍法10条・12条）が，現行国籍法の下では，国籍離脱手続に時間を要すること（言い換えれば，国籍離脱を迅速に行い得ないこと）は，憲法によって保障されている国籍離脱の自由（権利）を阻害することも考えられるため，届出当事者の意思に即応して早期に離脱させる上から，官報告示の要件を廃止し，国籍離脱の届出の時に効力が生ずるものとされた（国13条2項）（注）。

（注）国籍離脱の届出をした者が，その届出当時において外国の国籍を有していなかった場合の効力が問題となるが，昭和59年の改正前においては，前述のとおり国籍離脱の効力は，国籍離脱届を受理した旨の官報の告示によって生ずるものとされていた。このことから，同届出の受理は，官報への告示を伴う処分であると解され，したがって，その法的安定性を考慮すべきであるとの観点から，外国の国籍を有しない者の国籍離脱の届出は，これを受理した旨の告示により国籍離脱の効力を生ずると解されていた（昭和35・7・8民事甲1631号回答等参照）。これに対し，昭和59年の改正後は，上記の告示制度が廃止され，届出の受付等に処分性はなく，国籍離脱の届出がなされたときは，

法務大臣の何らの行為を要せずにその効力を生ずる（国13条2項）とされるから，国籍離脱の条件を欠く届出はその効力を生じないと解されている（法務省民事局法務研究会編「国籍実務解説」113頁参照）。

　なお，昭和59年改正前国籍法当時において，日本人女の嫡出でない子（昭和24生）が中華民国人男（台湾籍）に認知（昭和27）され，中華民国国籍を有するとして国籍離脱をした後，認知無効の審判が確定した（平成2）ため，もともと中華民国国籍を有せず，したがって，先の国籍離脱はその要件（重国籍）を欠き無効であるとして，日本国籍の存在確認を求め，これが認容された裁判例がある（東京高判平成4・4・15判時1423号75頁）。

(5)　重国籍者の国籍の不選択（国15条3項）

　外国の国籍を有する日本国民は，重国籍（日本国籍のほかに複数の外国国籍を有する者も含む。）となった時が20歳に達する以前であるときは，原則として22歳に達するまでに，重国籍となった時が20歳に達した後であるときはその時から2年以内に，日本か当該外国のいずれかの国籍を選択しなければならない（国14条1項）（注）。

　法務大臣は，前記の期限までに選択義務を履行しない重国籍者に対し，書面又は官報による国籍選択の催告をすることとなり（国15条1項・2項），催告を受けた者は，催告の書面が到達した日（官報に掲載してする催告にあっては到達したものとみなされた日）から1か月以内に日本国籍を選択しなければ，1か月の経過の時に日本国籍を失うこととなる（国15条3項）。

　上記は，いうまでもなく重国籍（国籍の積極的抵触）の解消を図ることを目的とするものである。すなわち，国籍選択制度は，外国国籍を有する日本国民に対し，いずれかの国籍の選択を義務づけることによって自主的に重国籍の解消を図るとともに，その義務を履行しない重国籍者に対しては，前述のとおり法務大臣から国籍選択の催告を行い，それでもこれに応じない者については，催告にかかる選択期間の経過とともに日本国籍を喪失させることによって，可能な限り重国籍の解消を図ろうとするものである。

（注）　国籍法第14条第1項の年齢要件は，平成30年法律第59号による国籍法の一部改正により，同項中，「20歳」は「18歳」と「22歳」は「20歳」と改正されている（令和4・4・1施行）。これは，民法の一部改正による成年年齢の引下げ（上記法律による民4条の改正）に伴うものである。

⑹　日本国籍喪失宣告（国16条2項〜5項）

　日本国籍の選択宣言（国14条2項後段）をした重国籍者が，その後当該外国国籍を離脱しないばかりでなく，自己の志望によりその外国の公務員の職（その国の国籍を有しない者であっても就任することができる職を除く。）に就任した場合，法務大臣は，その就任が日本国籍を選択した趣旨に著しく反すると認めるときは，その者の日本国籍の喪失の宣告をすることができる（国16条2項〜5項）（注）。

　日本国籍の喪失宣告の対象となる者は，日本国籍の選択宣言（国14条2項後段）をした日本国民であって，かつ，現に外国国籍を有する者である。

　日本国籍の選択方法として，外国国籍の離脱（国14条2項前段）をした者は対象とならないことはいうまでもない。

（注）日本国籍の選択の宣言（国14条2項）は，日本国籍を維持・確保し，併有する外国国籍を放棄し，外国の国籍に伴う権利・特権を行使しない旨の意思の宣明にほかならないから，日本国籍の選択の宣言をした者が，宣言後において，外国国籍を離脱しないのみか，自己の志望によって外国の国籍を有することを要件とする権利・特権を行使することは，選択の宣言をしたことと両立せず，元来，真意に基づかずに選択の宣言をしたか，又は宣言後新たに外国の国籍を選択したものと同様に評価することができる。そこで，国籍法は，そのような場合のうち，外国の国籍を有することを就任の要件とする外国の公務員の職に就任し，これによって日本の国籍を選択した趣旨に著しく反すると認められる場合には，法務大臣は，その者に対し日本国籍の喪失の宣告をすることができるものとしたとされる（国16条2項）（法務省民事局法務研究会編「国籍実務解説」92頁以下参照）。

第3　戸籍の記載と国籍証明

1　戸籍の記載

　戸籍は，日本国民の親族的身分法律関係を登録し，かつ，これを公証する公文書である。戸籍に記載される者は日本国籍を有する者に限られ，外国人は戸籍に記載されないことは当然である。その意味において，戸籍は，日本国民の登録簿としての機能（いわゆる国籍公証機能）をも併せ有しているものということができる。

　国籍の得喪に関する事項は，国籍を取得し又は喪失した者の戸籍の身分事項

欄に記載される（戸規35条11号）。出生による国籍の取得は，出生の届出に基づき，その者が戸籍に記載されることによって明らかにされる。出生により外国の国籍を取得した日本国民で国外で生まれたものについては，適法に国籍留保の届出（国12条，戸104条）がなされた者のみについて，出生と国籍留保とを同一の事項として戸籍に記載することとされている（法定記載例3・4参照）。法務大臣への届出による国籍の取得については，国籍取得の届出（戸102条）により，帰化による国籍の取得については，帰化の届出（戸102条の2）によって，それぞれ戸籍に記載される（戸16条・18条・22条）。重国籍者については，日本国籍の選択宣言の届出（戸104条の2）により，又は外国国籍を喪失したときはその届出（戸106条）により，それぞれその旨が戸籍に記載される（国籍の喪失については，なお上記届出のほか，国籍喪失者のあることを知った官公署からの報告による戸籍の記載が認められている―戸105条）。更に自己の志望による外国国籍の取得，又は外国国籍の選択の事由により日本国籍を喪失したとき（国11条）はその届出によりそれぞれ戸籍の記載がなされる。そして，上記による国籍の喪失者については，届出又は報告によって戸籍から除籍されることになる（戸23条）。

2　国籍証明

　戸籍は，前述のとおり日本国籍の証明機能をも併有しているものであるが，戸籍のほか，法定はされていないが，行政証明として法務省民事局が発行する国籍証明書がある（昭和59・12・7民五6377号民事局第五課長依命通知）。この証明書には日本国民であること（積極証明），日本国民でないこと（消極証明），帰化した者であること，国籍取得の届出により日本の国籍を取得したこと，日本国籍の選択宣言をしたこと，の五種がある。この証明を求める者があったときは，法務局，地方法務局において，本人若しくはその法定代理人から，(1)国籍証明申請書，(2)戸籍謄本（本人について戸籍のないときは，父母の戸籍謄本及び出生国の権限のある官憲の発給し，若しくは証明した出生証明書），(3)住所を証する書面（住民票の写し。日本国籍を喪失した者については，（外国人登録に代わる）在留カード，住民票の写し等）を提出させるとともに，国籍の得喪に関する事情を調査し，その調査書を添えて法務省に進達すべきものとされている（昭和44・9・1民事甲1741号通達，昭和44・9・1民事(五)発1025号依命通知参照）。

　なお，上記の証明書は，外国官憲に提出する等必要やむを得ない理由があるときに限り発行することとなっていて，申請があったときは使用目的を聴取し，戸籍謄本で目的が達せられる場合にはそれを用いるように指導し，発行部数も原則として1部に限られている。

第2節　国籍の取得及び喪失届出の諸要件

〔1〕 届出事件細別	〔2〕 届出事件本人	〔3〕 届出期間	〔4〕 届出地	〔5〕 届出義務者又は届出当事者	〔6〕 添付書類	関係法令
国籍取得届	国籍取得者	国籍取得の日から1か月以内 （国外にあるときは3か月以内）	国籍取得者の本籍地，届出人の所在地又は在外公館	国籍取得者 （未成年のときは法定代理人。ただし，15歳以上のときは本人がすることができる）	国籍取得証明書，訳文	戸102，25，31 戸規63 国3，17①②，18
帰化届	帰化者	告示の日から1か月以内	届出人の所在地又は本籍を定める地	帰化者 （未成年のときは法定代理人。ただし，15歳以上のときは本人がすることができる）	帰化者の身分証明書	戸102の2，102②，25，38② 国4—10，18
国籍喪失届	国籍喪失者	国籍喪失の事実を知った日から1か月以内 （届出人が国外にあるときは3か月以内）	国籍喪失者の本籍地，届出人の所在地又は在外公館	国籍喪失者，配偶者又は四親等内の親族	国籍喪失を証すべき書面，訳文	戸103，25 戸規63 国11，13，15，16
国籍喪失の報告	国籍喪失者	遅滞なく	国籍喪失者の本籍地の市町村長	国籍喪失者を知った官庁又は公署	国籍喪失を証すべき書面，訳文	戸105 戸規63 国11，13，15，16

| 国籍選択届 | 日本国籍選択者 | 22歳に達する前（重国籍となった時が20歳後のときは，その時から2年以内）又は催告を受けた日から1か月以内（**注**） | 国籍選択者の本籍地，届出人の所在地又は在外公館 | 国籍選択者〔15歳未満のときは法定代理人〕 | | 戸104の2国14，15，18 |
| 外国国籍喪失届 | 外国国籍喪失者 | 喪失の事実を知った日から1か月以内〔国外にあるときは3か月以内〕 | 外国国籍喪失者の本籍地，届出人の所在地又は在外公館 | 外国国籍喪失者〔未成年のときは法定代理人。ただし，15歳以上のときは本人がすることができる〕 | 外国国籍喪失を証すべき書面，訳文 | 戸106，31戸規63国14 |

（**注**）第1節第2の4(5)「重国籍者の国籍の不選択」の項（注）154頁参照。

〈注　解〉

〔1〕　届出事件細別

　国籍の意義，日本国籍の取得及び喪失の原因とその態様・効果等については，既に第1節で概説したとおりである。

　そこで，本項では，主として各届出の趣旨・要件等について概説することとする。

第1　国籍取得届

1　法務大臣に対する国籍取得届出の要件及び手続等

(1)　要　件

　第1節第2の3(2)（136頁以下）でも述べたとおり，次のいずれかの条件を備えている外国人は，法務大臣に対する国籍取得の届出をすることによって，当然に日本の国籍を取得することができる。

　　ア　日本人父又は母に認知された子で20歳未満のもの（日本国民であった者を除く。）で，父又は母が子の出生の時に日本国民であり，かつ，現に日本国民であるか，又はその死亡の時に日本国民であった場合（国3条）

（注1）

イ　国籍留保の届出（国12条，戸104条）をしなかったことにより日本国籍を喪失した者が20歳未満で，かつ，日本に住所を有する場合（国17条1項）（注2）

ウ　官報公告により国籍選択の催告を受けたが，国籍選択の届出をしなかったため日本国籍を喪失した者（国15条3項）が，無国籍であるか，又は日本国籍の取得によって外国の国籍を失う場合において，日本国籍喪失の事実を知ってから1年以内であるとき（国17条2項）

エ　昭和40年1月1日から昭和59年12月31日までの間に，外国人父と日本人母との間に嫡出子として出生した者（日本国民であった者を除く。）であって，母が現に日本国民であるか，又はその死亡の時に日本国民であった場合において，昭和59年法律第45号による改正国籍法施行の日（昭和60・1・1）から3年以内（届出人の責めに帰することができない事由により届出ができないときは，届出が可能となったときから3月以内）であるとき（昭和59年法律45号附則5条）

オ　上記エにより日本国籍を取得した者（日本国民であった者を除く。）の子であって，出生の時にその父又は母と法律上の親子関係（養親子関係を除く。）がある場合（同附則6条）

カ　昭和60年1月1日（昭和59年法律45号による改正国籍法の施行日）以後，平成21年1月1日（平成20年法律88号による改正国籍法の施行日）より前に，平成20年法律第88号による改正前の国籍法第3条第1項の準正要件を満たしていないが，同項の規定によるものとして日本国籍取得の届出（以下「従前の届出」という。）をしていた場合において，平成20年法律第88号による改正国籍法の施行日から3年以内（届出人の責めに帰することができない事由により届出ができないときは，届出が可能となった時から3月以内）であるとき（平成20年法律88号附則2条1項）

キ　上記カの届出をしていなかった者について，父又は母が認知した子で，平成15年1月1日から平成20年12月31日（同改正国籍法の施行日の前日）までの間に同改正国籍法第3条第1項の規定の適用があるとすれば，届出によって日本の国籍を取得することができるものであった場合におい

　　　て，同改正国籍法の施行日から3年以内（届出人の責めに帰することができ
　　　ない事由により届出ができないときは，届出が可能となった時から3月以内）であ
　　　るとき（同附則4条1項）

　　ク　上記カの届出により日本の国籍を取得した者のうち，同届出の時に日
　　　本の国籍を取得した者（平成15年1月1日より前に従前の届出をした者）の子
　　　で，父又は母がした従前の届出の時以後父又は母の日本国籍の取得の時
　　　前に出生したものである場合において，同改正国籍法の施行日から3年
　　　以内であるとき（同附則5条1項）

（注1）（注2）第1節第2の3(2)「法務大臣への届出による国籍の取得」の項（注1）（注
　　2）142頁参照。

⑵　**手　続**

　　ア　届出人　本人が15歳以上であるときは，本人自ら届出をしなければ
　　　ならない。国籍取得の届出は，日本国籍取得の意思に基づくことを要す
　　　るから，15歳以上の者であっても，意思能力を有しないとき（例・重度
　　　精神障害，心神喪失等）は届出をすることは認められないし，法定代理人
　　　からの届出も認められない。15歳未満であるときは，法定代理人が代
　　　わって届出をしなければならない（国18条，通則法32条・35条参照）。法定
　　　代理人以外の者からなされた届出は無効と解される（**注1**）。

　　イ　届出先　本人が日本に住所を有するときは，その住所地を管轄する法
　　　務局又は地方法務局若しくはその支局を経由してする。本人が外国に住
　　　所を有するときは，その国に駐在する日本の領事官（領事官の職務を行う
　　　大使館若しくは公使館の長又はその事務を代理する者を含む。）を経由してする
　　　（国規1条1項・2項・同附則2項）。

　　ウ　届書の提出　届出は，本人（15歳未満の場合は法定代理人）が自ら法務局
　　　等に出頭し，書面（届書）によってすることを要する。届書には，所定
　　　の事項を記載の上，届出人が署名し，国籍取得の条件を具備しているこ
　　　とを証するに足りる書面を添付しなければならない（国規1条3項〜6
　　　項・4条・同附則2項）（**注2**）。

　　　国籍取得届書の記載事項と添付書類は，次のとおりである。

① 届書の記載事項（国規 1 条 4 項）

　㋐ 国籍の取得をしようとする者の氏名，現に有する国籍，出生の年月日及び場所，住所並びに男女の別（同項 1 号）

　㋑ 父母の氏名及び本籍，父又は母が外国人であるときは，その氏名及び国籍（同項 2 号）

　父母が日本国民であるときは，国籍取得後の戸籍上の処理のため，その本籍を記載する。

　㋒ 国籍を取得すべき事由（同項 3 号）

　届出により国籍を取得するための原因となる事実である。例えば，昭和59年改正法附則第 5 条第 1 項の規定による届出については，国籍取得をしようとする者が，㋐昭和40年 1 月 1 日から昭和59年12月31日までの間に生まれたこと，㋑日本国民であったことがないこと，㋒出生の時に母が日本国民であったこと，㋓母が現に（又は死亡の時に）日本国民であることの各取得原因事実を記載する（同項参照）。なお，法定代理人が国籍取得の届出をするときは，更に法定代理人の氏名，住所及び資格（例えば，親権者，未成年後見人等）を届書に記載しなければならないこととされている（国規 4 条）。

② 届出人の署名

　届書には，前述のとおり届出人の届出意思を確認するため，届出人が署名しなければならない（国規 1 条 4 項・同規則 2 項，平成20年法務省令73号附則 2 条）。押印については，従前は，印鑑を慣用していない者は署名するだけで足りる（外国人ノ署名捺印及無資力証明ニ関スル法律（明治32年法律50号） 1 条 1 項参照）とされていたが，平成20年法務省令第73号により届書や申請書への押印を要しないこととされた（国規 1 条 4 項・ 2 条 3 項・ 3 条 2 項）。

③ 添付書類（国規 1 条 5 項の新設―虚偽届出の防止）

　改正前の国籍法第 3 条第 1 項中「父母の婚姻」という要件を削除するに際しては，国会の審議等各界において，虚偽の認知により不当な国籍取得がされるおそれがあることの懸念が指摘された。衆議院及び参議院の法務委員会においては，国籍取得届の審査にあたっては，「認知が真

正なものであることを十分に確認するため，調査の方法を通達で定める」ことや「父親に対する聞取調査をできる限り実施する」こと等を内容とする附帯決議がなされた。

そこで，これらの附帯決議の趣旨に照らし，国籍法第3条第1項の届出を審査するに際し，複数の書類を組み合わせることによって，虚偽の届出を防止する観点から，提出を求める添付書類を明示するため国籍法施行規則第1条に第5項が新設された（戸籍826号1頁）。

国籍法第3条第1項の規定による国籍取得の届出に際し届書に添付すべき書類とされたのは，次に掲げるものである（なお，国規1条5項の新設により改正前の同条4項中「国籍取得の条件を備えていることを証するに足りる書類を添付しなければならない。」の部分は削除された。）。

　　㈎　認知した父又は母の出生時からの戸籍及び除かれた戸籍の謄本又は全部事項証明書（国規1条5項1号）

　　国籍取得の条件確認だけでなく，虚偽の届出の防止のために，国籍取得の要件である㋐国籍取得をしようとする者が出生した時に父（又は母）が日本国籍を有していたこと，㋑届出時に父（又は母）が日本国籍を有していること（父（又は母）が死亡しているときは，死亡の時に日本国籍を有していたこと），㋒国籍を取得しようとする者が日本国籍であったことがないこと，㋓認知があったことを確認するためのものである。更に，㋔父（又は母）の出生時から届出の時までのものをすべて求めているのは，これらを確認することにより，複数の子を認知している事実等が判明したことを契機として，父母からの聞取りによって虚偽認知が発覚する場合もあるなど，虚偽の国籍取得の届出を防止する趣旨を含んでいる。

　　㈏　国籍を取得しようとする者の出生を証する書面（同項2号）

　　国籍法第3条第1項の国籍取得の条件である，国籍を取得しようとする者が「20歳未満」であることを出生年月日から確認するため等に必要なものと解されている（注3）。具体的には，出生証明書，出生届書の記載事項証明書，分娩の事実が記載された母子手帳等が考えられる。

(ｳ)　認知に至った経緯等を記載した父母の申述書（同項3号）

　日本国籍を取得しようとする者が日本人の父から認知されていること及びその認知に疑問がないかを確認するために必要となる。我が国の民法の解釈上，血縁上の親子関係があることは認知の要件と解されていることから，血縁上の親子関係がないのに認知しても，そのような認知は国籍法第3条第1項の要件を満たさないものと考えられる。そこで，任意認知が虚偽でないことを確認する方法の一つとして，認知に至った経緯等を記載した父母の申述書の添付を求めることとされたものと解される。

(ｴ)　母が国籍の取得をしようとする者を懐胎した時期に係る父母の渡航履歴を証する書面（同項4号）

　日本国籍を取得しようとする者が日本人父から認知されていること及びその認知に疑問がないかを確認するために必要であり，その趣旨は上記(ｳ)と同様と解され，パスポートや出入（帰）国記録などが考えられる。

(ｵ)　その他実親子関係を認めるに足りる資料（同項5号）

　日本国籍を取得しようとする者が日本人の父から認知されていること及び認知に疑問はないかを確認するために必要となるものと考えられ，前記(ｱ)から(ｴ)に掲げられたもの以外で，例えば，次のようなものがあるとされている（平成20・12・18民一3300号通達第1の1(3)）。

　　a　外国の方式による認知証明書

　　b　事件本人の父の日本における居住歴を証する書面（母が事件本人を懐胎した時期からのもの）

　　c　事件本人及びその母の（外国人登録に代わる）在留カード，特別永住者証明書又は住民票の写し等に記載された事項に関する証明書（登録時からの居住歴が記載されたもの）

　　d　事件本人とその父母の3人が写った写真

　なお，法定代理人が国籍取得の届出をするときは，法定代理人の資格を証する書面をも添付しなければならない（国規4条・同附則2項，平成20年法務省令73号附則2条）。また，届書の添付書類が外国語によって

　　　作成されているときは，その添付書類に翻訳者を明らかにした日本語
　　　の訳文を添付しなければならない（国規5条・同附則2項，平成20年法務
　　　省令73号附則2条）。

（注1）国籍取得は公法上の行為であり，このような重要な行為に関して不確定な状態を認
　　　めることは妥当を欠くことによるものである。したがって，仮に，本人が15歳に達し
　　　た後に追認の意思表示をしたとしても有効となることはないと解されている（法務省民
　　　事局法務研究会編「国籍実務解説」47頁参照）。
（注2）届書の様式は，昭和59年11月1日民五第5506号通達によって定められており，法
　　　務局等に備え付けられている。
　　　　添付書類としては，戸籍謄本等の公的資料によるのが原則であり（これによれないと
　　　きは，公的資料に代わり得る相当な資料又は届出人及び関係者の申述書），法定代理人
　　　による届出の場合は，その資格を証する書面を，また，これらの資料が外国語によって
　　　記載されているときは，翻訳者を明らかにした和訳文を添付することとされている（国
　　　規4条・5条・平成20年法務省令73号附則2条）。
（注3）第1節第2の3(2)「法務大臣への届出による国籍の取得」の項（注1）（注2）
　　　142頁参照。

(3)　国籍取得証明書の交付

　　国籍の取得をしようとする者が，国籍取得の条件を具備しており，かつ，
届出が適法な手続によってなされたときは，法務局又は地方法務局の長（在
外公館に届け出た者については法務省民事局長）から届出人に国籍取得証明書が交
付される（昭和59・11・1民五5506号通達第1の4(1)）。

2　国籍取得者の称すべき氏及び入籍する戸籍

　　法務大臣に対する届出により国籍を取得した者の称すべき氏及び入籍する戸
籍は，次の原則によることとされる（平成20・12・18民一3302号通達第1の2(1)）。
(1)　国籍法第3条，平成20年改正法附則第2条又は第4条により法務大臣に
　　対する届出により国籍を取得した者（準正要件のない子）の称すべき氏及び入
　　籍する戸籍は，次の原則による。ただし，準正子の取扱いについては，昭和
　　59年11月1日民二5500号通達第3の1(2)を適用する（後述(2)）。
　　ア　国籍を取得した者の氏は，新たに定めるものとする。ただし，国籍を取
　　　　得した者が国籍取得時に日本人の養子であるときは養親の氏を称し，国籍
　　　　を取得した者が国籍取得時に日本人の配偶者であるときは，国籍取得の届

　　出において日本人配偶者とともに届け出る氏を称する。

　イ　国籍を取得した者がアにより氏を新たに定めるときは，新戸籍を編製するものとし（戸22条），養親の氏を称するときはその戸籍に入り，日本人の配偶者であるときであって自己の氏を称するときは新戸籍を編製するものとし，日本人配偶者の氏を称するときはその戸籍に入る。

　ウ　国籍を取得した者の母が国籍取得時に既に帰化等により日本国籍を取得しているときは，ア及びイにより氏を新たに定め新戸籍を編製するほか，母の戸籍に入ることを希望する場合は，母の戸籍に入る。

⑵　国籍法第3条による国籍取得者で準正子である者の称すべき氏及び入籍する戸籍は，次の原則による（平成20・12・18民一3302号通達第1の2⑴，昭和59・11・1民二5500号通達第3の1⑵）。

　ア　国籍を取得した準正子は，準正時（準正前に父母が離婚しているときは離婚時）の父の氏を称する（昭和59・11・1民二5500号通達第3の1⑵ア）。

　イ　国籍取得者は，国籍取得時において氏を同じくする父又は母の戸籍があるときは，その戸籍に入る（戸18条。なお，戸17条及び同通達第3の1⑵イ前段）。

　　　上記により入るべき戸籍がないときは，国籍取得者につき新戸籍を編製する。この場合においては，親子関係を戸籍上明らかにするため，いったん，父母が国籍取得者と同一の氏を称して最後に在籍していた戸（除）籍に入籍させた上，直ちに除籍して新戸籍を編製する（同通達第3の1⑵イ後段）。

　ウ　国籍取得者が国籍取得時に日本人の養子であるときは，国籍取得によって称すべき氏から直ちに養子縁組当時の養親の氏に変更したものとして取り扱う。また，国籍取得者が国籍取得時に日本人の配偶者であるときは，国籍取得によって称すべき氏を称した上，国籍取得届において日本人配偶者とともに届け出ることにより，夫又は妻のいずれか一方の氏を称するものとして取り扱う（同通達第3の1⑵エ）。

⑶　国籍法第17条第1項の国籍不留保による国籍喪失後の国籍の再取得者にあっては出生時の日本人たる父又は母の氏を称する。入籍する戸籍については，前述⑵のイ及びウと同じ。

(4) 国籍法第17条第2項の官報催告による国籍喪失後の国籍の再取得者にあっては国籍喪失時の氏を称し，国籍喪失時に在籍していた戸籍に入る。ただし，その戸籍が除かれているとき，又はその者が日本国籍を引き続き保持していたとすればその戸籍から除籍する理由があるときは，新戸籍を編製する（同通達第3の1(2)ウ）。

　　なお，国籍取得者が日本人の養子又は配偶者である場合は，前述(2)のウと同じ。

(5) 昭和59年改正国籍法附則第5条の経過規定による国籍の取得者にあっては出生時の母の氏を称する。入籍する戸籍については，前述(2)のイ及びウと同じ。

(6) 昭和59年改正国籍法附則第6条の経過規定による国籍の取得者にあっては父又は母の国籍取得（(5)による国籍取得）時の氏を称する。入籍する戸籍については，前述(2)のイ及びウと同じ。

(7) 平成20年改正国籍法附則第5条により国籍を取得した者は，嫡出子の場合は父又は母の同法附則第2条による国籍取得時の氏を称してその戸籍に入り，嫡出でない子の場合は母の同法附則第2条による国籍取得時の氏を称しその戸籍に入る（平成20・12・18民一3302号通達第1の2(2)）。

3　国籍取得者の氏と名

(1) 国籍取得者の氏を新たに定めるときに用いる文字は正しい日本文字を用いるものとし，漢字を用いる場合は，平成20年12月18日民一3302号通達第1の2(3)アからカまでに掲げる字体で記載するものとされている。なお，氏に使用する文字は，生来の日本人が戸籍の届出により新戸籍を編製する場合に，戸籍を記載する際に用いることができる文字と同等とする取扱いとされている。すなわち，

ア　常用漢字表（平成22年内閣告示2号）の通用字体

イ　戸籍法施行規則別表第二の一に掲げる字体

ウ　康熙字典体又は漢和辞典で正字とされている字体

エ　当用漢字表（昭和21年内閣告示32号）の字体のうち，常用漢字表において括弧に入れて添えられなかった従前正字として取り扱われてきた「慨」，

　　「概」,「免」及び「隆」

　オ　国字でアからエまでに準ずる字体

　カ　平成22年11月30日付け法務省民一第2903号通達により改正された平成
　　2年10月20日付け法務省民二第5200号通達別表に掲げる字体

(2)　国籍取得者の名については,帰化の場合と同様に,国籍取得の際に選定す
　ることができる。ただし,名に用いる文字については,次の原則による。

　ア　国籍取得者の名に使用する文字は,次のイの場合を除き,常用平易な文
　　字でなければならない(戸50条,戸規60条,昭和59・11・1民二5500号通達第3
　　の1(3)ア)。

　イ　国籍取得者が国籍取得前に本国においてその氏名を漢字で表記する者で
　　あった場合において,相当の年齢に達しており,卒業証書,免許証,保険
　　証書等により日本の社会に広く通用していることを証明することができる
　　名を用いるときは,正しい日本文字としての漢字を用いるときに限り,制
　　限外の文字を用いて差し支えない(同通達第3の1(3)イ)。

4　市町村長への届出

　前記1による国籍取得の届出は,法定の要件(すなわち前述1の(1)アからクに該
当する場合)を具備する者から法務大臣に対し適法な届出がなされたときは,
その届出の時(注)に日本国籍取得の効力を生ずる(国3条2項・17条3項,昭和
59年法律45号附則5条4項・6条2項,平成20年法律88号附則2条3項本文・4条2項・
5条2項)。ただし,前記1(1)のカの届出をした者が従前の届出を平成15年1月
1日以後にしているときは,その従前の届出の時に遡って日本国籍を取得する
ものとされ(平成20年法律88号附則2条3項ただし書),また,従前の届出を平成20
年6月5日以後にした者(法務大臣に対して反対の意思を表示した場合を除く。)は,
平成20年法律第88号による改正国籍法の施行日に上記カの届出をしたものと
みなされ,その施行時に遡って日本国籍を取得するものとされる(同附則3条1
項・2条3項ただし書)。これらの国籍の取得者については,日本国民として戸籍
に登載されなければならないため,法務大臣に対する国籍取得の届出とは別個
に,市町村長に対して,国籍取得の届出を要することとなる(戸102条1項)。
この届出が報告的届出に属するものであることはいうまでもない。

(注) 日本国籍取得の効力発生の日時は，日本時間が基準となる（戸籍に記載すべき日時等については日本時間で記載している。）。したがって，外国にある日本の在外公館で届出を受け付けた場合（領事官経由の場合）でも，その届出の時は，現地時間を日本時間に換算した日時となり，その者の日本国籍取得の効力発生時刻もその換算された日本時間の日時となる。届出による国籍取得は，その届出の時に効力を生ずるので，国籍を取得する者に子が出生するような場合には届出と子の出生との時間の前後によって，その子の日本国籍取得に重大な影響を及ぼすことになるので，届出を受け付ける際には，受付の年月日のみならず，時分までも記載することとされている（昭和59・11・1民五5506号通達第1の2）。

第2　帰　化　届

1　法務大臣に対する帰化許可申請の要件及び手続等

(1)　要　件

　　第1節第2の3(3)（143頁以下）でも述べたとおり，外国人（無国籍者を含む。）は，帰化によって日本の国籍を取得することができる（国4条1項）。そして，外国人が我が国に帰化をするには法務大臣の許可を得なければならないとされる（同条2項）が，それには，国籍法第5条第1項第1号から第6号までに掲げる，いわゆる帰化条件を備えていることが必要である。帰化条件とは，具体的には，①居住条件，②能力条件，③素行条件，④生計条件，⑤重国籍防止条件等のことである。もっとも，これは一般外国人に対する最低の帰化条件であって，我が国と特別の血縁若しくは地縁関係を有するとされる外国人については，同法第6条から第8条までにおいてその範囲が定められるとともに，上記①から⑤までに掲げた帰化条件の一部を免除あるいは緩和している。しかし，帰化を許可するか否かは，法務大臣の裁量行為であると解されていることから，前記の条件を備えている者が必ず許可されるとは限らないことについては，第1節第2の3(3)（143頁参照）で述べたとおりである。

(2)　申請手続

　　帰化許可の申請（本人申請を原則とする。本人が15歳未満であるときは，その者が同時申請の父母（又はその一方）の帰化許可によって国籍法8条1号に該当すること（日本国民の子）となれば，法定代理人の代理申請が認められる—国18条）は，必ず書面

によることを要し（国規 2 条 2 項）これに帰化の必要条件を具備していることを証するに足りる書面を添付して（国規 2 条・5 条），その住所地を管轄する法務局又は地方法務局若しくはその支局に提出しなければならない（国規 2 条 1 項，法務局及び地方法務局組織規則46条。なお，申請書式等については，法務省民事局第五課職員編「新しい国籍法・戸籍法」67頁以下参照）**(注)**。

(注) 一家族が同時に申請する場合は，そのうちの 1 名若しくは数人が住所を異にする場合でも，一家の中心者の住所地を管轄する局に一括申請することができる（昭和28・11・17民事局長電報回答）。

　　なお，昭和59年改正前国籍法においては，日本人の妻は，日本に住所がない場合でも帰化が認められていた（同改正前国 6 条 1 号参照）。したがって，同人が外国に住所を有するときは，その国に駐在する日本の大使，公使又は領事に対して申請することができたのであるが，現行国籍法においては，日本人の妻についても日本に住所を有することが条件とされたので（国 7 条参照），現行国籍法の下では法務局，地方法務局又はその支局以外では申請することはできないこととなった。

(3)　許可手続

　帰化の許可申請を受け付けた法務局又は地方法務局においては，帰化の許可条件の存否について実質的な調査を行い，調査を遂げた後，帰化者の身分証明書（案）を作成して申請書その他の書類とともに法務省へ進達する（昭和25・12・28民事甲3367号通達）。法務省（所管部局は民事局）においては，法務局又は地方法務局から進達された申請書など一件書類に基づいて調査し，更に必要があるときは法務局又は地方法務局に命じ，又は自ら直接に調査した上，帰化の許否を決定する。そして，帰化を許可した場合には，法務大臣は直ちに帰化を許可した旨を官報に告示する（国10条 1 項）。なお，上記の告示がなされたときは，直ちに法務局又は地方法務局を経由して申請者本人に対し帰化許可がなされた旨が通知される。法務局又は地方法務局の長は，その通知に基づき帰化者の身分証明書を申請者本人に交付する取扱いとされる（昭和37・1・31民事甲18号通達）。

(4)　帰化の効力

　帰化の効力は，前述の法務大臣の帰化許可の官報告示の日から発生し，本人は，その日から日本国民たる資格を取得する（国 4 条 1 項・10条 2 項。なお，ここに日本国民たる資格を取得するということは，帰化者は，完全に日本国民たる資格を

取得し，公法上も私法上も生来の日本人と何ら区別される点がないということを意味することはいうまでもない。）**(注)**。

(注) 帰化の効力の発生時期について，現行国籍法は，前記のとおり官報告示の日としているが，具体的には，それは告示の日の何時から発生するかという問題がある。

　帰化について告示をすることとされているのは，特定の外国人が帰化によって日本人となったことを広く公告する趣旨であると考えられることから，一律に告示の日の最初，すなわち午前零時から帰化の効力は発生すると考えるべきであるとされる（法務省民事局法務研究会編「国籍実務解説」73頁）。したがって，告示の日の午前零時以降に出生した帰化者の子は生来の日本人であるし，また，告示の日に死亡した帰化者についても職権で戸籍を編製した上，死亡による除籍をすることになる（昭和30・9・17民事㈡発444号回答）。

(5)　帰化者の氏名・本籍等

　帰化した者は，原則として，自由に氏を定めることができる（大正14・1・28民事34号回答，昭和28・6・24民事甲1062号通達）。名についても同様である。また，新たに本籍を創設しなければならないが，その選定も自由である。

　夫婦については，同氏同戸籍の原則上，夫婦がともに帰化した場合又は夫婦の一方が日本人（先に帰化した者を含む。）であって，他の一方が帰化した場合は，夫婦の氏及び本籍は同一でなければならないから，協議で，夫又は妻のいずれの氏を称するか，及び新本籍を任意に定めなければならない（民750条，戸6条・14条1項・16条，昭和25・6・1民事甲1566号通達，昭和25・8・12民事甲2099号回答）。

　なお，親子がともに帰化したとき又は帰化した者の親が日本人であるときであっても，子は必ずしも親と同じ氏，同じ本籍を定める必要はないものと解される（例えば，親子がともに帰化して，親は帰化前の氏・通称の氏とは全く関係のない氏を創設するのに対し，子は既に社会人で，帰化後における社会生活等の便宜上，帰化前の通称の氏をそのまま帰化後の氏として創設することを希望する場合などが考えられよう。）。この点については，なお後述(7)ウの項参照のこと。

(6)　氏名に用いる文字

　ア　帰化後における氏名は，前記(5)で述べたとおり，帰化者が自由に定めることができるが，その文字については，原則として戸籍法施行規則第60条に掲げる範囲の文字によるべきであるとされる（昭和56・9・14民二

5542号通知)。したがって，帰化の届出における帰化者の氏名の取扱いは，子の名の取扱いに関する先例（昭和56・9・14民二5536号通達）に準ずるが，帰化者の氏名は，帰化事件処理の過程において指導されているので，法務局長又は地方法務局長が交付する「帰化者の身分証明書」（後述〔6〕(2)185頁参照）に記載されたものと同一の氏名とする帰化の届出は，これを受理し，戸籍の記載を行うものとされている（前掲通知参照）。

イ　国籍取得者の名に使用する文字については，前記第1の国籍取得届の項で述べたとおり，常用平易な文字であることを要するものの，国籍取得者が国籍取得前に本国でその氏名を漢字で表記する者であった場合に，相当の年齢に達しており，卒業証書，免許証，保険証書等により日本の社会に広く通用していることを証明することができる名を用いるときは，正しい日本文字としての漢字を用いるときに限り，制限外の文字を用いても差し支えないとされており，この趣旨は，帰化者の称する氏名についても同様に解して取り扱うべきであろう。

ウ　帰化前と帰化後の同一性を保つ趣旨から，帰化者が従前使用してきた氏名と異なる氏名を用いようとする場合には，届書に従前使用していた氏名をも付記の上（従前の氏名が漢字又は仮名でないときには，同音の漢字又は仮名で記載する。），帰化者の帰化に関する事項中に従前の氏名（その一方のみが異なるときは，その異なる氏又は名のみ）を記載することとされる（昭和28・6・24民事甲1062号通達，なお，法定記載例176参照）。

(7)　**戸籍の変動等**

ア　帰化者については，既存の戸籍に入る場合を除いて，原則として新戸籍を編製する（戸22条）。

イ　夫婦がともに帰化した場合は，夫婦について原則として新戸籍を編製する。ただし，この場合に，もし夫婦のうち日本人である一方の氏を称すると定めた場合にその者が戸籍の筆頭者であるときは，帰化した者はその戸籍に入籍することになり（昭和25・6・1民事甲1566号通達参照），また，もし当該日本人が戸籍の筆頭者でないときは，その者を筆頭者とする新戸籍を編製する。更に，この場合に，もし帰化した配偶者の氏を称すると定めたときには，その者について新戸籍を編製し，その戸籍に

日本人たる配偶者を入籍させることになる（同通達参照）。

ウ　親子がともに帰化したとき，又は帰化した者の親が日本人（先に帰化した親を含む。）である場合には，子が特に異なる氏又は本籍を定めた場合を除き，子は親の戸籍（親が筆頭者又はその配偶者でないときは親につき編製された新戸籍）に入籍する。ただし，帰化した子に配偶者又は子がある場合，あるいは帰化した子が親と異なる氏又は本籍を定めたときは，子について新戸籍を編製する（昭和25・6・1民事甲1566号通達）（注）。

　　なお，養親子の場合についても，原則として上記と同様である。

（注）子が先に帰化した後に父・母が帰化して，それぞれにつき戸籍が編製された場合には，子は，本籍を異にしていても，入籍の届出により父・母の戸籍に入籍することができる（昭和40・4・10民事甲782号回答）。外国人が日本人を養子とした後に帰化した場合にも，養子に配偶者があるとか特に分籍した場合を除き，入籍の届出により，養親の新戸籍に入籍することが認められる（昭和40・4・10民事甲781号回答）。

2　市町村長への届出

　前述のとおり，帰化はこれを許可する旨が官報に告示され，本人はその日から日本国籍を取得するから，これを戸籍に登載する必要があるため，その旨市町村長に届出を要することとなる（戸102条の2）。この届出は，既に帰化の効力が生じた後になされるものであるから，いわゆる報告的届出に属するものであることはいうまでもない。もっとも，帰化した者は，この届出によって本籍や氏名を新たに設定することになるので，その意味において，帰化の届出は，創設的届出の性質をも併有しているものといえる。

第3　国籍喪失届

1　日本国籍を喪失する場合

　現行国籍法上，日本国籍を喪失するのは，次の場合である（なお，第1節第2の4の項149頁以下参照）。

(1)　外国への帰化など自己の志望によって，外国の国籍を取得した場合（国11条1項）

(2)　重国籍者が外国の国籍を選択した場合（国11条2項）

(3)　出生により外国の国籍を取得した者が，法定の期間内に出生の届出とともに国籍留保の意思表示（届出）をしなかった場合（国12条，戸104条）

(4)　重国籍者が日本の国籍を離脱した場合（国13条1項）

(5)　重国籍者が国籍選択の催告を受けて所定の期間内に国籍の選択をしなかった場合（国15条3項）

(6)　日本国籍の喪失宣告を受けた場合（国16条2項・4項・5項）

以上のうち，(4)(5)及び(6)を原因とする国籍喪失の手続には，法務大臣が関与することは前述したとおりである。

2　市町村長への届出

日本の国籍を喪失した者については，従来の戸籍から速やかに除籍されるべきである（戸23条）。戸籍の記載は，日本国籍を有する者のみについてなされることからして当然のことである。そこで，上記1の事由により国籍の喪失があったときは，市町村長に対し国籍喪失の届出を要することとなる。しかし，これらの喪失原因のうち(3)の場合（日本国籍不留保）には，出生の時に遡って日本国籍を喪失するので，国籍喪失の届出をする必要はない。また，(4)(5)及び(6)の場合には，法務大臣がその手続に関与し，法務省民事局長又は法務局若しくは地方法務局の長から当該本人の本籍地の市町村長に対し，国籍喪失報告がなされるので（後述第4参照）国籍喪失の届出をする必要がない。したがって，国籍喪失の届出を要するのは，結局，前述1のうち(1)及び(2)を原因とする国籍喪失の場合に限られる。この届出が報告的届出に属することはいうまでもない。

第4　国籍喪失の報告

官庁又は公署がその職務上国籍喪失者のあることを知ったときは，遅滞なく本籍地の市町村長に対し，国籍喪失を証すべき書面を添付して，国籍喪失の報告をすべきものとされる（戸105条）。官公署は，職務上国籍喪失の事実を知る機会が多いため，官公署にも報告義務を課して戸籍記載の迅速かつ適正な処理を担保する趣旨にほかならない。

前述第3の1のとおり，①重国籍者が日本国籍を離脱したこと（国13条1項），②国籍選択の催告を受けた重国籍者が所定の期間内に国籍の選択をしなかった

こと（国15条3項），③選択宣言をした後，外国の公務員の職に就いた重国籍者につき日本国籍の喪失宣告がされたこと（国16条2項・5項）により日本国籍を喪失した者がある場合には，法務省民事局長又は法務局若しくは地方法務局の長が報告をするものとされている（昭和59・11・1民二5500号通達第3の3(2)）（注）。国籍喪失の原因が，自己の志望による外国国籍の取得（前述第3の1(1)の場合），あるいは重国籍者の外国国籍の選択（同1の(2)の場合）による場合には，いわゆる在外公館から報告されるのが通常である（法定記載例179〜182参照）。

> （注）法務局若しくは地方法務局又はその支局が，管内市町村長から戸籍法施行規則第48条第2項の規定による戸籍届書等の送付を受けたときは，届書類の目録によって国籍喪失者の有無を調査し，該当者があるときはその都度，当該届書等に基づき国籍喪失者カードを作成し，各四半期ごとに自局及び管内支局で作成した同カードを取りまとめ，報告書とともにこれを各四半期の翌月20日までに法務省民事局へ送付する取扱いとされている（昭和43・7・31民事甲2670号通達）。なお，カードの作成要領等について同民事局第五課長依命通知（昭和43・7・31民事(五)発953号通知）がある。

第5　国籍選択届

1　意　義

　二重国籍の解消―国籍唯一の原則―の実現を図るため，外国の国籍を有する日本国民は，重国籍となった時が20歳に達する以前であるときは22歳に達するまでに，その時が20歳に達した後であるときはその時から2年以内に，いずれかの国籍を選択しなければならないとされる（国14条1項）（注1）。そして，重国籍者がいずれの国籍を選択するかは，全く本人の任意であるが，もし外国の国籍を選択したとき（外国国籍選択の一方法としての日本国籍の離脱も含む。）は，日本の国籍を喪失することは当然である（国11条2項・13条。なお，前述第3の1(2)・(4)参照）。

　日本の国籍を選択するには，①外国の国籍を離脱する方法と，②戸籍法の定めるところにより，日本の国籍を選択し，かつ，外国の国籍を放棄する旨の宣言（日本国籍選択の宣言）をする方法とが認められている（国14条2項，戸104条の2第1項）（注2）。

　そして，上記の国籍選択方法のうち②の場合が本項の国籍選択の届出にほか

●国籍選択の届出を，本籍地の市町村長にした場合の例

国 籍 選 択 届 令和 4 年 12月 6 日 届出 東京都目黒区 長殿	受理　令和 4 年 12月 6 日 第　　　3125　　　号	発送　令和　　年　　月　　日
	送付　令和　　年　　月　　日 第　　　　　　　号	長印
	書類調査　　戸籍記載　　記載調査	

（よ み か た） 国籍選択を する人の氏名	_{やま　ざと}　氏　　　　_{り　か}　名 山 里　　　　梨 香	平成12 年 4 月 17 日生
住　　　　所 （住民登録をして いるところ）	東京都目黒区祐天寺2丁目10番11号 世帯主 の氏名　山里林太郎	
本　　　　籍	東京都目黒区祐天寺2丁目123　　　~~番地~~ 　　　　　　　　　　　　　　　　　　　~~番~~ 筆頭者 の氏名　山里林太郎	
現 に 有 す る 外 国 の 国 籍	アメリカ合衆国	
国籍選択宣言	日本の国籍を選択し、外国の国籍を放棄します	
そ の 他		
届 出 人 署 名 （※押印は任意）	山里梨香　　　　　　　　印	

届　　　　出　　　　人

(国籍選択宣言をする人が十五歳未満のときに書いてください。届出人となる未成年後見人が３人以上のときは、ここに書くことができない未成年後見人について、その他欄又は別紙 (届出人全員が別紙の余白部分に署名してください。署名欄に押印をしている場合は、余白部分への押印でも差し支えありません。) に書いてください。)

資　　　　格	□親権者（□父 □養父）□未成年後見人	□親権者（□母 □養母）□未成年後見人
住　　　　所		
本　　　　籍	番地 番　　筆頭者 　　　の氏名	番地 番　　筆頭者 　　　の氏名
署　　　　名 （※押印は任意）	印	印
生 年 月 日	年　　月　　日	年　　月　　日

ならない（上記の選択方法のうち，①の場合については，外国国籍喪失の届出の対象となる―後述第6参照）。この届出は，日本国籍を維持・確保し，以後法務大臣からの催告及び催告による日本国籍の喪失はなくなるという効果を生ずるので，いわゆる創設的届出である。なお，この届出をしても，当該外国の国籍法規の内容のいかんによっては外国国籍を喪失しない場合がある。その場合には，日本の国籍の選択の宣言をした者は，外国の国籍の離脱に努めなければならないとされる（国16条1項）。

> **（注1）** 国籍選択の義務を負うのは，いうまでもなく日本と外国の重国籍者である。したがって，日本国籍のほかに複数の外国国籍を有する者も当然選択義務を負う。日本と外国の重国籍者であれば，その重国籍発生の原因，重国籍者の住所及び重国籍の発生地が日本国内であるか国外であるかは問わない。また，日本と外国との重国籍者が，いったん国籍選択義務を履行して単一国籍となった後に，再度，日本と外国の重国籍となった場合は，その時点から国籍選択義務を負うこととなる。また，上記の選択期限は，国籍選択義務の履行期限に過ぎないから，選択期限を徒過した場合であっても，重国籍者は選択義務を負う。したがって，選択期限内にいずれかの国籍を選択していない重国籍者は，選択期限経過後であっても，自発的に，又は法務大臣からの催告（国15条）に応じて，いずれかの国籍を選択することができるし，また，選択しなければならないのである（法務省民事局法務研究会編「国籍実務解説」81頁・84頁参照）。なお，第1節第2の4⑸「重国籍者の国籍の不選択」の項（注）154頁参照のこと。
>
> **（注2）** この選択の宣言という方法が認められた趣旨は，外国の国籍法上，その国の国籍の離脱が認められていない場合があり得るためである。したがって，この選択の宣言をしただけでは外国の国籍を喪失しない場合があり，その場合には，依然として二重国籍の状態が継続することになるから，後述のとおり，選択の宣言をした日本国民は，外国の国籍の離脱に努めることが義務づけられている（国16条1項）。

2　国籍選択の効果

　重国籍者が，日本国籍の選択宣言すなわち，国籍選択の届出をしたときは，この届出に基づき当該本人の戸籍にその旨が記載され（戸規35条12号，法定記載例178参照），これによってその者の日本国籍が確定したことが登録公証されることになる。したがって，この届出をした者が，仮に外国国籍を喪失せず，依然として外国国籍を有している場合であっても，既に選択義務は履行しているから，法務大臣から改めて選択の催告（国15条1項・2項。なお，後述3参照）を受けることはなくなるほか，催告に基づく日本国籍の喪失（国15条3項）とい

うこともなくなる。

3　国籍選択の催告

(1)　趣　旨

　　重国籍者は，前述1の所定の期間内にいずれかの国籍を選択すべき義務を負うが，この国籍選択制度を実効性あるものとするため，法務大臣は，その義務を履行しない者に対し，書面により国籍の選択をすべきことを催告することができる。この催告は，書面により行う要式行為である（国15条1項）（注）。もし，この催告を受けるべき重国籍者の所在が不明であるとき，その他書面によって催告することができないやむを得ない事情等があるときは，催告すべき事項を官報に掲載してすることができる。この官報による催告の場合は，官報に掲載された日の翌日に到達したものとみなされる（国15条2項）。

　（注）　この国籍選択の催告は，選択期限内に国籍選択をしていない重国籍者がその対象となるが，重国籍であるか否かは，戸籍の記載事項を端緒として判断される場合が多い。そこで，戸籍法は，市町村長が戸籍事務の処理に際し，所定の選択期限内に国籍の選択をしていない重国籍者があると思料されるに至ったときは，所要の事項（すなわち氏名，本籍，住所，出生の年月日，国籍の選択をすべき者であると思料する理由）を管轄法務局又は地方法務局の長に通知すべきものとしている（戸104条の3，戸規65条の2）。ただし，上記の通知は，昭和59年12月31日以前に出生した者については，改正国籍法施行の後に外国人との婚姻・縁組又は外国人から認知されたことにより重国籍者となったものについてすればよいとされている（改正法附則3条，昭和59・11・1民二5500号通達第3の7(2)参照）。

(2)　催告の効果

　　前記(1)により催告を受けた重国籍者は，催告を受けた日（官報による催告の場合は，官報掲載の日の翌日）から1か月以内に日本の国籍を選択しない場合は，その期間が経過した時に日本国籍を当然に喪失することになる。したがって，この期間を経過した時の後においては，その者について国籍選択の届出を受理することができない。ただし，催告を受けた者が，天災その他その者の責めに帰することができない事由によって催告を受けた日から1か月以内に日本国籍を選択することができなかった場合には，その選択をすることができ

るに至った時から2週間以内に日本国籍を選択すれば，日本国籍を喪失しないものとされている（国15条3項ただし書）。したがって，上記に該当する事由があるものとして届出があったときには，その処理につき管轄局の長の指示を求めなければならないとされる（昭和59・11・1民二5500号通達第3の8(2)）（注）。

（注）国籍の選択の催告に伴う戸籍事務の取扱い（昭和59・11・1民二5500号通達第3の8）

　(1)　法務大臣が国籍の選択をすべきことを催告したときは，法務局又は地方法務局の長はその催告を受けた者の氏名及び戸籍の表示並びに催告が到達した日を，その者の本籍地市区町村長に通知するので（国規―昭和59年法務省令39号―6条），この通知を受けた本籍地市区町村長は，催告を受けた者の戸籍の直前に着色用紙をとじ込む等の方法により，催告があった旨を明らかにするものとする（同通達第3の8(1)）。

　(2)　国籍法第15条第1項及び第2項に規定する催告を受けた者は，催告の書面が到達した日（官報に掲載してする催告にあっては到達したものとみなされた日）から1月を経過した時に同条第3項により日本の国籍を喪失するので，その時の後はその者について国籍の選択の届出を受理することができない。ただし，国籍法第15条第3項ただし書に規定する事由があるものとして届出があったときは，その処理につき管轄法務局若しくは地方法務局又はその支局の長の指示を求めるものとする（同通達第3の8(2)）。

第6　外国国籍喪失届

1　意　義

　外国の国籍を有する日本国民は，前記第5で述べたとおり，法定の期限内にいずれかの国籍を選択しなければならない（国14条1項）が，日本国籍を選択する方法としては，①外国国籍を離脱すること（同条2項前段），又は②日本国籍の選択の宣言をすること（同条2項後段，戸104条の2）の二つである。そこで，日本と外国の重国籍者が，上記①により当該外国国籍を離脱（喪失）すれば，日本国籍単一となり重国籍は解消される。したがって，国籍選択の義務を免除され，ひいては国籍選択の催告を受けることもなくなる（前述第5の項参照）ため，国籍選択の対象外である旨が戸籍に表示されていることが望ましい。本項の届出は，結局，上記の趣旨（目的）によりなされるものである。

●日・米二重国籍者から，米国の国籍を喪失した旨の届出を，本籍地の市町村長にした場合の例

外国国籍喪失届	受理　令和 4 年 7 月20日 第　　1678　　号	発送 令和　年　月　日
令和 4 年 7 月20日　届出	送付　令和　年　月　日 第　　　　　号	長印
東京都台東区 長 殿	書類調査　戸籍記載　記載調査	

（よみかた） 外国国籍を喪失した人の氏名	おお かわ 氏 **大 川**	すみ お 名 **澄 夫**	平成15 年 6 月 11 日生
住　　　所 （住民登録をしているところ）	**東京都台東区浅草 3 丁目24番36号** 世帯主の氏名 **大川清太郎**		
本　　　籍	**東京都台東区浅草 3 丁目123** 筆頭者の氏名 **大川清太郎**		番地 番
外国国籍の喪失の年月日	**令和 4 年　6 月　28 日**		
外国国籍の喪失の原因	**アメリカ合衆国の国籍を離脱**		
そ の 他			
届 出 人 署 名 （※押印は任意）	**大川澄夫**		印

届　　　出　　　人

（外国国籍を喪失した人以外の人が届け出るときに書いてください。届出人となる未成年後見人が 3 人以上のときは，ここに書くことができない未成年後見人について，その他欄又は別紙（届出人全員が別紙の余白部分に署名してください。署名欄に押印をしている場合は，余白部分への押印でも差し支えありません。）に書いてください。）

資　　　格	親権者（□父 □養父）□未成年後見人	親権者（□母 □養母）□未成年後見人
住　　　所		
本　　　籍	番地 番　　　筆頭者 の氏名	番地 番　　　筆頭者 の氏名
署　　名 （※押印は任意）	印	印
生 年 月 日	年　　月　　日	年　　月　　日

2 外国国籍喪失の態様

　国籍選択の方法としての外国籍の離脱は，当該外国の法令によって現実にその国の国籍を失うことを意味するから，その外国の法令上の名称は「離脱」に限らず，「放棄」，「喪失」，「剥奪」等いずれでもよい。すなわち，外国の法制によっては，国籍剥奪の規定をしている国もあり，また，自国以外の国籍を取得（又は選択）することによって当然に自国の国籍を喪失する法制をとる国もあるので，同法制により当該外国で国籍を剥奪された場合，あるいは日本国籍の選択宣言をしたことによって当該外国国籍を当然に喪失する場合も含まれることになる。

3 複数の外国国籍を有する者の当該外国国籍の喪失

　日本国籍のほかに複数（二つ以上）の外国国籍を有している場合（注）には，その外国国籍のうち一つの外国国籍を離脱（喪失）しても依然重国籍であることに変わりはない。

　したがって，引き続き残存する外国国籍との関係で国籍選択義務を課され，選択の催告を受けることがあるから，これらの問題を完全に解消し日本の単一国籍となるためには，その有する外国国籍の全部を離脱（喪失）することが必要であり（日本国籍の選択宣言―国14条2項後段，戸104条の2―をすることもできるが，この場合に，外国の国籍を喪失するか否かは，その外国の国籍法規の内容いかんによるので，同選択の宣言によって当然に外国国籍の全部を喪失するとは限らない。），その意味において外国国籍喪失の届出が重ねてされる場合があり得る。また，重国籍者が日本国籍選択宣言の届出をし，これに基づく戸籍の記載（戸規35条12号，法定記載例178参照）がされても，依然として重国籍の状態が継続している場合において，その後外国国籍を喪失するに至れば，その旨の届出を要することとなる（この場合には，上記の選択宣言の届出による戸籍記載事項の次に，外国国籍喪失届出に基づく戸籍記載―同条12号，法定記載例183参照―がされることになる。）。

　（注）例えば，昭和59年改正国籍法施行後において，韓国人父と日本人母との間にブラジルで子が出生した場合には，その子は，父の韓国国籍（同国国籍法2条1項1号），母の日本国籍（国2条1号・12条，戸104条の国籍留保届）及び出生地のブラジル国籍（同国憲法12条1号）を各取得して三つの重国籍となる。

〔2〕　届出事件本人

　国籍の取得及び喪失の届出は，国籍法上の諸規定・要件に従って日本国籍を取得し，あるいは逆にこれを喪失するに至った者に関する届出であるから，これらの者が各届出の事件本人であることはいうまでもない。

〔3〕　届出期間

(1)　国籍取得届

　国籍取得の日（法務大臣への届出の日）から1か月以内である（戸102条1項）。ただし，戸籍実務上は，後述(2)の帰化届の場合と同様に，国籍取得証明書交付の日から届出期間を起算して差し支えない。

　事件本人が国籍取得の日に国外にあるときは，国籍取得の日から3か月以内に届出をすればよい（戸102条1項）。

(2)　帰　化　届

　官報告示の日から1か月以内である（戸102条の2）。ただし，戸籍実務上は，法務局又は地方法務局の長が「帰化者の身分証明書」の交付の日から届出期間を起算して差し支えない。

　なお，前述(1)の国籍取得届の場合は，国籍取得者が取得の日に国外にあるときは期間の伸長（3か月以内）を認めているが，帰化届の場合はこれを認めていないので（現行国籍法は，国外にあるままの状態での帰化を認めていないことによる。），特に注意を要する。

(3)　国籍喪失届

　届出義務者が国籍喪失の事実を知った日から1か月以内である。ただし，届出義務者がその事実を知った日に国外にあるときは，その日から3か月以内である（戸103条1項）。届出義務者が国外にいる場合は，届出に関する資料等の入手に時日を要するであろうことを考慮し例外を認めたものである。

(4)　国籍喪失報告

　官公署においてその職務上国籍喪失者があることを知った場合には，その事実を知った後「遅滞なく」これをしなければならない（戸105条1項）。

(5)　国籍選択届

　重国籍となったのが20歳未満のときは22歳までに，20歳に達した後に重国籍となったときは，そのときから2年以内である（国14条1項）（注）。

　ただし，この期限を経過した後であっても，国籍の選択をすべき者が日本又は外国の国籍を喪失するまでは，この届出を受理することができる（昭和59・11・1民二5500号通達第3の5(3)）。

(注) 第1節第2の4(5)「重国籍者の国籍の不選択」の項（注）154頁参照。

(6)　外国国籍喪失届

　届出人が外国国籍喪失の事実を知った日から1か月以内である。ただし，届出人がその事実を知った日に国外にあるときは，その日から3か月以内である（戸106条1項）。

〔4〕　届　出　地

(1)　国籍取得届

　特別の規定がないので，戸籍法第25条の一般原則によることとなる。すなわち，届出事件の本人（国籍取得者）の本籍地又は届出人の所在地である。ここに国籍取得者の本籍地とは，届出当時を標準として，入籍すべき戸籍のある市町村を指称することになるから，その者が，父又は母の戸籍に入籍すべき場合，あるいは養父母又は日本人配偶者の既存の戸籍に最終的に入籍する場合は，父又は母，養父母あるいは配偶者の本籍地が届出地となることはいうまでもない。また，国籍取得の届出によって定まるべき新本籍地は厳密な意味では届出地ではないが，就籍の届出の場合に準じて（戸112条），その本籍地でも届出を認めて差し支えないと解される。

(2)　帰　化　届

　特別の規定がないので，戸籍法第25条の一般原則による。すなわち，届出事件本人の本籍地又は届出人の所在地である。帰化の届出によって定まるべき本籍地は厳密にいえば届出地とはいえないが，就籍届（戸112条）の場合に準じて，その本籍地での届出を認めるべきであるとされる（昭和30・12・5民事(二)発596号回答）。

(3)　国籍喪失届

　戸籍法第25条の一般原則による。すなわち，国籍喪失者の喪失当時の本籍地又は届出人の所在地である。

(4)　国籍喪失報告

報告先は，国籍喪失者本人の本籍地の市町村長である（戸105条1項）。

⑸　国籍選択届

戸籍法第25条の一般原則による。すなわち，届出事件の本人（国籍選択者）の本籍地又は届出人の所在地である。なお，外国にある場合は，在外公館に届出をすることができる（戸40条）。

⑹　外国国籍喪失届

戸籍法第25条及び第40条の一般原則による（前述⑸参照）。

〔5〕　届出義務者

⑴　国籍取得届

ア　国籍取得者本人である（戸102条）。ただし，その者が15歳以上の未成年者であるときは，法務大臣に対する国籍取得の届出は本人がすることを要する（国18条）が，戸籍の届出については，法定代理人が届出義務者となる（戸31条）。もっとも，本人に意思能力のある限り本人からも届出をすることができる。

なお，国籍取得者が15歳未満であるときは，法務大臣に対する国籍取得の届出及び戸籍の届出ともその法定代理人が届出人となる。

イ　連署人　国籍取得者が国籍取得前に日本人と婚姻をしているときは，国籍取得届において日本人配偶者とともに国籍取得後に称すべき夫婦の氏を届け出なければならないから（昭和59・11・1民二5500号通達第3の1⑵エ参照），日本人配偶者は，同届書の連署人の欄に所要事項を記載し，署名することを要する。

⑵　帰　化　届

ア　帰化者本人である（戸102条の2）が，15歳未満であるときは，その法定代理人である。

その者が15歳以上の未成年者であるときは，法務大臣に対する帰化許可申請は本人がしなければならない（国18条）が，戸籍の届出は，その法定代理人が届出義務者となる（戸31条）。ただし，本人が意思能力を有するときは，本人からも届出をすることができることはいうまでもない。

イ　連署人　帰化者が帰化前に日本人と婚姻しているときは，日本人配

偶者は，連署人の欄に所要事項を記載し，署名することを要する。

(3) 国籍喪失届

国籍喪失者本人，配偶者又は四親等内の親族である（戸103条1項）。

国籍喪失者本人については，いうまでもなく既に外国人であるから，国内に在住する場合であれば戸籍の届出義務が課せられるが，仮に国外に在住する場合でも届出資格が認められるから，本人から届出があれば，これを受理して差し支えない。なお，届出をすべき者が未成年者又は成年被後見人である場合には戸籍法第31条第1項の適用がある。

(4) 国籍喪失報告

国籍法第13条（日本国籍の離脱の場合），第15条第3項（国籍選択の催告を受けて選択しなかった場合）又は第16条第2項及び第5項（国籍喪失の宣告を受けた場合）による国籍の喪失については，法務省民事局長又は法務局若しくは地方法務局の長がする（昭和59・11・1民二5500号通達第3の3(2)）。

国外にある者の国籍法第11条（志望による外国国籍の取得あるいは外国国籍の選択）による国籍の喪失についての報告は，その国に駐在する在外公館からなされるのが通常である。

(5) 国籍選択届

外国の国籍を有する日本国民である（国14条1項）。

15歳以上の場合は本人，15歳未満の場合は法定代理人が代わってする（国18条）。なお，この場合において，法定代理人が外国にある外国人であっても，その国に駐在する在外公館に届出をすることができる（昭和59・11・1民二5500号通達第3の5(2)）。

(6) 外国国籍喪失届

外国の国籍を喪失した本人である（戸106条1項）。その者が未成年者であるときはその法定代理人が届出義務者となる。ただし，その者が満15歳以上の場合（すなわち意思能力を有する場合）は，その者からも届出をすることができる（戸31条1項）。

〔6〕 添付書類

(1) 国籍取得届

ア　法務省民事局長又は法務局若しくは地方法務局の長が交付した国籍取

得証明書（戸102条2項）。この国籍取得証明書には，①国籍取得後の氏名，②入籍すべき戸籍の表示，③父母の氏名，④父母との続柄，⑤生年月日，⑥国籍取得事項，⑦①から⑥以外の身分事項など，市町村長に対する国籍取得届に記載すべき事項が原則として記載される。

イ　国籍取得前の身分事項を証すべき書面（戸規58条の2，戸規附則―昭和59年法務省令40号―2項）。ただし，それらの身分事項が前記アの国籍取得証明書に記載があるときは，その事項については添付を要しない（昭和59・11・1民二5500号通達第3の1⑷）。また，この書面のうち，外国語によって作成されたものについては翻訳者を明らかにした訳文を添付しなければならない（戸規63条）。

ウ　国籍取得者以外の身分事項を明らかにした戸籍謄抄本等。①国籍取得者の父又は母につき新戸籍を編製する場合で，父又は母が届出人となるとき，②養親が単身者で養親につき新戸籍を編製する場合で，養親が届出人となるとき，③国籍取得者が配偶者を有しており，取得届において新戸籍を編製するとき等は，希望する他市町村にその戸籍を編製することができるが（戸22条・30条3項），その際は父又は母，養親，配偶者の従前の戸籍の記載を移記する必要があるので，戸籍の謄抄本等の提出を求める（戸27条の3）か，届書中「その他」欄に所要事項を記載する等の手当てが必要であろう（戸35条）。

　なお，届書の調査に際しても，その必要があるときは，戸籍謄抄本の提出を求めることができることはいうまでもない（戸27条の3）。

(2)　帰　化　届

ア　帰化の届出においては，本来，法務大臣の帰化許可書の謄本を添付すべきであるところ（国4条2項，戸38条2項），帰化が許可された際には，法務局又は地方法務局の長から「帰化者の身分証明書」が交付され（昭和30・1・18民事甲76号通達），しかも，この身分証明書は，戸籍法第38条第2項に規定する許可書の謄本に該当する内容を具備しているので，これを上記許可書の謄本として取り扱って差し支えないとされている（昭和30・2・26民事甲379号回答，昭和59・11・1民二5500号通達第3の2⑴）。

イ　帰化者の帰化前の身分事項を証すべき書面（戸規58条の2）。ただし，

帰化者の身分証明書にそのことについての記載がある場合は，その事項については添付を要しない。また，この書面のうち，外国語によって作成されたものについては翻訳者を明らかにした訳文を添付しなければならない（戸規63条）。

(3) 国籍喪失届

国籍喪失を証すべき書面（例・外国への帰化証又はその写し，在外公館の長が発給した帰化事実証明書，日本の在外公館が外国関係機関にその者の外国への帰化事実を確認した旨の書面（電話聴取書でも可）など，日本国籍の喪失を証するに足りる書面）を添付しなければならない（戸103条2項，昭和10・2・18民事甲118号回答，昭和31・2・17民事甲190号回答，昭和46・6・17民事甲2074号回答参照）。

なお，これらの書面のうち，外国語によって作成されたものについては，翻訳者を明らかにした訳文の添付を要する（戸規63条）。

(4) 国籍喪失報告

官公署が国籍喪失の報告をするにあたっては，報告書に日本国籍の喪失を証すべき書面（前述(3)参照）を添付しなければならない（戸105条1項）。

(5) 国籍選択届

国籍選択届書には，国籍の選択をしようとする者が現に有している，すべての外国の国籍を記載しなければならない（戸104条の2第2項）が，その国籍を証する書面を添付する必要はないとされる。重国籍でない者からこの届出をすることは実際上あり得ないものと考えられるからである。

したがって，戸籍の届出上通常必要とされる書面（例・所在地の市町村に届出をする場合の戸籍謄抄本）を添付すれば足りる。

なお，市町村長は，当該届出の受理に際しては，その者の戸籍の記載あるいは父母の婚姻事項の記載から，その者が有している外国の国籍を審査判断することになろうが，明らかに外国の国籍を有しないと認められるときを除き届出を受理して差し支えない取扱いである（昭和59・11・1民二5500号通達第3の5(1)）。

(6) 外国国籍喪失届

外国官憲が発給した外国国籍の喪失を証すべき書面を添付しなければならない（戸106条2項）。これについては，例えば，国籍離脱証明書，国籍を喪

失した旨の記載ある外国の戸籍謄本等が考えられる（昭和59・11・1民二5500号通達第3の6(1)）。

　上記の書面のうち，外国語によって作成されているものについては，翻訳者を明らかにした訳文の添付を要する（戸規63条）。

第3節　国籍の取得及び喪失届書の審査上留意すべき事項

国籍の取得及び喪失届書の審査にあたって特に留意しなければならない事項は，概ね次のとおりである。

第1　国籍取得届について

1　認知による国籍取得届の場合，国籍取得者が称すべき氏及び入籍すべき戸籍に誤りはないか

　父が認知した20歳未満の子（日本国民であった者を除く。）で，父が子の出生時に日本国民であり，かつ，現に日本国民であるか，又はその死亡の時に日本国民であった場合は，法務大臣に届け出ることによって日本国籍を取得することができるものとされている（国3条，戸102条）(注)。この場合の国籍取得者が称すべき氏及び入籍する戸籍は，次のとおり，子が準正子であるか否かで取扱いが異なる。

①　国籍法第3条による国籍取得者が準正子でない場合

　認知による国籍取得者（国3条）が準正子でない場合は，原則として新たに氏を定め，新戸籍を編製することになる（平成20・12・18民一3302号通達第1の2(1)ア・イ）。国籍を取得した子については，可能な限り生来の日本人と同様の氏変更の原則に従うこととされ，嫡出でない子は母の氏を称することになるが，母が外国人である場合は母について戸籍が編製されないので，国籍を取得した子が称すべき「母の氏」が存在しないことになる。そのため，国籍を取得した子について新たに氏を創設することとされたものである。この取扱いは，日本人男から胎児認知された外国人女の嫡出でない子が生まれた場合，出生届の届出人が事件本人について新たに氏を定めることとされているのと同様の取扱いである。

　しかし，国籍を取得した子の母が，国籍取得時に既に帰化等によって日本
国籍を取得しているときは，氏を新たに定めて新戸籍を編製するほか，母の
戸籍に入籍することを希望するときは，母の戸籍に入ることができる（前掲
通達第 1 の 2 ⑴ウ）。

　また，国籍を取得した子が国籍取得時に日本人の養子であるときは養親の
氏を称し，国籍を取得した者が日本人配偶者であるときは，国籍取得の届出
に際し日本人配偶者とともに届け出る氏を称するものとされているが（前掲
通達第 1 の 2 ⑴アただし書），これは生来の日本人が養子縁組又は婚姻をすると
きの氏変動と同様の取扱いとするものであり，昭和59年11月 1 日民二第
5500号民事局長通達による基本原則が維持されている。

② 　認知された子が準正子である場合

　認知による国籍取得者（国 3 条）が準正子である場合は，準正時（準正前に
父母が離婚しているときは離婚時）の父の氏を称し，国籍取得時において氏を同
じくする父の戸籍があるときは，その戸籍に入る（戸18条・17条，平成20・
12・18民一3302号通達第 1 の 2 ⑴ただし書，昭和59・11・ 1 民二5500号通達第 3 の 1
⑵イ前段参照）。もし，上記の入るべき父の戸籍がないときは，国籍取得者に
つき新戸籍を編製する。この場合は，父子関係を明らかにするため，いった
ん父が国籍取得者と同一の氏を称して最後に在籍していた戸（除）籍に入籍
させた上，直ちに除籍し，新戸籍を編製することとなる（昭和59・11・ 1 民二
5500号通達第 3 の 1 ⑵イ後段参照）。

（注） 第 1 節第 2 の 3 ⑵「法務大臣への届出による国籍の取得」の項（注 1 ）（注 2 ）142
　　頁参照。

2　国籍法第17条第 1 項による国籍取得届（国籍不留保による国籍喪失者の日本国
籍の再取得届）の場合，届出事件本人（国籍取得者）の取得後に称すべき氏は，
出生時の日本人たる父又は母の氏となっているか

　日本国外で出生し重国籍となった者は，国籍法第12条の規定に基づき日本
国籍を留保する意思を表示（すなわち戸104条の国籍留保の届出）しなければ，出
生の時に遡って日本国籍を喪失することとなるが，上記により日本国籍を喪失

した者で，20歳未満の者は，日本に住所を有するときは，法務大臣に届け出ることによって日本国籍を再取得することができるものとされている（国17条1項）（注）。そして，本項による国籍取得者は，出生時における父又は母の氏を称して，その戸籍に入籍する（戸18条。なお，同17条参照）。もし，上記により入るべき戸籍がないときは，国籍取得者について，その父又は母との親子関係を戸籍面上明らかにする趣旨から，父母が国籍取得者と同一の氏を称して，最後に在籍していた戸（除）籍の末尾に入籍させた上，直ちに除籍して新戸籍を編製することとされている（昭和59・11・1民二5500号通達第3の1(2)ア・イ参照）。ちなみに，この場合における国籍取得届書の記載要領は，①父又は母の現在戸籍に入る場合には，「国籍取得後の本籍」欄の「□(1)の戸籍に入る」の箇所にチェックする。また，②父又は母の除籍の末尾にいったん入籍の上，直ちに除籍して新戸籍を編製する場合には，「□(2)の戸籍に入った後下記の新しい戸籍をつくる」の箇所にチェックし，その新戸籍の表示を「新本籍」の欄に記載することとなる。

　国籍取得者の取得後に称すべき氏及び入籍すべき戸籍は，国籍取得者ひいては国籍取得届に基づく戸籍の処理（戸籍の記載・編製等）上重要な意味をもつものであるから，届書の審査にあたり特に留意する必要がある。

　なお，国籍取得者の称すべき氏・名，国籍取得の年月日及び国籍取得の際の外国の国籍，あるいは国籍取得後の戸籍に記載すべき身分事項等については，法務局又は地方法務局の長から交付される「国籍取得証明書」に記載されることになっているから（昭和59・11・1民五5506号通達第1の4），国籍取得届書の各記載については，国籍取得証明書と照合審査の上受理するよう留意すべきである。

　（注） 第1節第2の3(2)「法務大臣への届出による国籍の取得」の項（注1）（注2）142頁参照。

3　国籍法第17条第2項による国籍取得届（官報催告による国籍喪失者の国籍再取得届）の場合，届出事件本人（国籍取得者）の取得後に称すべき氏は，国籍喪失時の氏となっているか

　日本国籍と外国国籍を併有する重国籍者は，国籍法第15条第2項の官報による国籍選択の催告を受けたにもかかわらず，催告後1月以内に日本国籍の選択をしなかったときは，その期間が経過した時に日本国籍を喪失することとなる（国15条3項）が，原則として，日本国籍喪失の事実を知った時から1年以内に法務大臣に届け出ることによって日本国籍を再取得することが認められる（国17条2項。なお，第1節第2の3の(2)③の項140頁参照）。そして，本項による国籍取得者は，国籍喪失時の氏を称し，かつ，国籍喪失時に在籍していた戸籍に入籍することとなる。ただし，その戸籍が除かれているとき，又はその者が国籍喪失後に離婚，離縁等をした場合のように，日本国籍を引き続き保持していたとすれば，その戸籍から除籍される理由があるときは，新戸籍を編製すべきものとされている（昭和59・11・1民二5500号通達第3の1(2)ウ参照）ので，当該届書の審査上，上記の点等につき留意しなければならない。国籍取得者が国籍の喪失後再取得前に日本人の養子又は配偶者となっている場合は，後述の4及び5と同様である。

　なお，前述2の項参照のこと。

4　国籍取得者が，国籍取得前に縁組により日本人の養子となっている場合，国籍取得届書の「養親の氏名・本籍」欄及び「国籍取得後の本籍」欄の記載が適正になされているか

　国籍法第3条により国籍を取得（認知による国籍の取得）した者は，原則として，準正子でない場合は，新たに氏を定めて新戸籍と編製するものとされるが認知時に日本人の養子となっている者については，新たに氏を定めることなく，養親の氏を称して養親の戸籍に入籍するものとされる（平成20・12・18民一3302号通達第1の2(1)ア）。これと異なり，準正子の場合は，準正時（準正前に父母が離婚しているときは，その離婚時）の父の氏を，同法第17条第1項により国籍を取得（国籍不留保者の国籍の再取得）した者は，出生時の父又は母の氏をそれぞれ称して，その戸籍に入籍し，その戸籍が既に除籍されている場合（例えば，当該父又は母が，国籍取得者の出生又は認知（準正）後国籍の取得前に他の養子となり，あるいは離婚・再婚等により氏に変動が生じている場合）には，国籍取得者について，その父又は母との親子関係を戸籍面上明らかにする趣旨から，その除籍の末尾にいった

ん入籍させた上，直ちに除籍して新戸籍を編製することとなる（昭和59・11・1民二5500号通達第3の1⑵イ後段）。しかし，その国籍取得者が，国籍取得時に日本人の養子であるときは，前記の氏から直ちに養子縁組当時の氏に変更したものとして取り扱うこととなる。すなわち，国籍取得者につき，日本人実父又は実母との親子関係を戸籍面上明らかにする趣旨から，いったん実父又は実母の戸籍に入籍させた上（その戸籍が既に除籍されている場合には，その末尾に入籍させた上），養親の戸籍に入籍させることとなる（前掲昭和59・11・1民二5500号通達第3の1⑵エ）。また，その場合に，もし養親が戸籍の筆頭者以外の単身者（いわゆる同籍者）であるときは，養親につき新戸籍を編製した上（戸17条），その新戸籍に養子たる国籍取得者を入籍させることとなる。

　国籍取得者が，上記のとおり，国籍取得時に日本人の養子であるときは，国籍取得届書の「養親の氏名・本籍」欄に養親の氏名及び本籍・筆頭者の氏名・養子縁組の年月日等を記載するとともに，「国籍取得後の本籍」欄に，例えば，①養親が戸籍の筆頭者であって，国籍取得者（準正による国籍取得者の場合）がその戸籍に入籍する場合には，「□下記のとおり」の箇所にチェックし，「⑴の戸籍へ入った後⑷の戸籍へ入る。」と記載し，また，②養親につき編製される新戸籍（養親が戸籍の筆頭者以外のものであるため）に国籍取得者（国籍不留保による国籍再取得者の場合）が入籍する場合には，「□下記のとおり」の箇所にチェックし，「⑴の戸籍へ入った後，養子であるため養親につき編製される下記の新しい戸籍へ入る。」と記載の上，「新本籍」欄に養親の新本籍（この場合，国籍取得者が届出人であるときは，養親の従前の本籍と同一場所が新本籍となる―いわゆる法定本籍―戸30条3項）を記載して届け出ることを要することとなる（前掲通達第3の1⑵エ参照）（注）。したがって，当該届書の受理にあたっては，これらの各記載の適否につき，添付の国籍取得証明書の記載と照合審査の上，受否を判断しなければならない。

　（注）この場合，日本人の養子である国籍取得者が，更に日本人と婚姻しているときは，国籍取得届において，日本人配偶者とともに届け出る夫又は妻のいずれか一方の氏を称することとなる。したがって，国籍取得者が，例えば，日本人配偶者の氏を称するときにはその戸籍に入り（戸16条3項・1項ただし書。もっとも，昭和59年戸籍法改正前の婚姻であって，日本人配偶者が戸籍の筆頭に記載されていないときには，夫婦につき新

戸籍を編製することになる。），反対に，国籍取得者の氏を称するときには，夫婦につき新戸籍を編製することとなる。その場合の国籍取得届書の「国籍取得後の本籍」欄の記載要領は，「□下記のとおり」の箇所にチェックし，「(1)の戸籍へ入った後(4)の戸籍へ入り，更に妻（又は夫）の氏を称し下記の新しい戸籍をつくる。」と記載の上，「新本籍」の欄に夫婦が定める新本籍，筆頭者の氏名を記載することとなる。

5　国籍取得者が，国籍取得時に日本人の配偶者である場合，国籍取得届書の「配偶者の氏名・本籍」欄及び「国籍取得後の本籍」欄の記載が適正になされているか

　国籍法第3条による国籍取得者が準正子である場合又は同法第17条第1項による国籍取得者が，国籍取得時に日本人の配偶者であるときは，国籍取得者は，父又は母の氏を称して，いったんその戸籍に入籍した上，国籍取得届において日本人配偶者とともに届け出る夫婦の氏すなわち，夫又は妻のいずれか一方の氏をもって夫婦につき新戸籍を編製するか，又は日本人配偶者の戸籍に入籍することとなる（昭和59・11・1民二5500号通達第3の1(2)エの後段参照）。したがって，国籍取得者に日本人配偶者がいるときは，当該国籍取得届書の「配偶者の氏名・本籍」欄にその氏名及び戸籍の表示等を記載するとともに（注），「国籍取得後の本籍」欄に，例えば，①夫婦につき新戸籍が編製される場合には，「□下記のとおり」の箇所にチェックし，「(1)の戸籍に入った後，婚姻しているため，夫（又は妻）の氏を称し下記の新しい戸籍をつくる。」と記載の上，「新本籍」欄に夫婦が定める本籍及び筆頭者の氏名を記載する。また，②国籍取得者が日本人配偶者の氏を称してその戸籍に入籍する場合は，前記同様，「□下記のとおり」の箇所にチェックし，「(1)の戸籍へ入った後，婚姻しているため，夫（又は妻）の氏を称し，(3)の戸籍に入る。」と記載することとなる。

　なお，国籍法第3条による国籍取得者が準正子でない場合は，原則として，新たに氏を定めて新戸籍を編製するものとされるが，その者が日本人の配偶者であるときは，新戸籍を編製することなく，国籍取得届において日本人配偶者とともに届け出る氏を称し，その氏をもって夫婦につき新戸籍を編製するか，又は日本人配偶者の戸籍に入籍することとなる（平成20・12・18民一3302号通達第1の2(1)ア）。

　ところで，国籍取得届に添付される国籍取得証明書には，上述の夫婦の称す

る氏，あるいは新本籍等は記載されないので，当該国籍取得届書の審査にあたり十分留意する必要がある。

> （注）国籍取得者に外国人配偶者がある場合には，国籍取得者は，父又は母の氏を称して，いったんその戸籍に入籍した上，単独の新戸籍を編製することになるから（戸16条3項），「配偶者の氏名・本籍」欄に，外国人配偶者の氏名，生年月日，国籍及び婚姻の年月日を記載すべきこととなる。

6　国籍取得者の名について，その文字が常用平易な文字に該当するか

　国籍取得者が名に用いる文字については，出生の届出における子の名の場合（戸50条，戸規60条）と同様に，原則として，常用平易な文字でなければならないとされている（例外・国籍取得者が国籍取得前に本国においてその氏名を漢字で表記する者（例えば，中国人，韓国人等）であった場合において，相当の年齢に達しており，卒業証書，免許証，保険証書等により日本の社会に広く通用していることを証明することができる名を用いるときは，正しい日本文字としての漢字を用いるときに限り，制限外の文字を用いることができる―昭和59・11・1民二5500号通達第3の1⑶ア・イ参照）。これは，国籍取得者は，国籍の取得によって日本人として戸籍に登載されることとなったのであるから，出生届の場合と同様に，戸籍法第50条，同法施行規則第60条の原則に従うべきであるとの趣旨によるものである。そこで，上記の名についても，原則として国籍取得証明書に記載されることとなっているから，同証明書に記載の名（文字）が国籍取得届書に記載されているかどうかを審査しなければならない。もっとも，国籍取得時に取得後の名がまだ決まっていない場合には，国籍取得証明書に名は記載されておらず，したがって，届出時に任意に定めて届出をすることとなるが，その場合，名に用いる文字については，前述の原則によることとなるから，仮に例外による文字を用いて届出があった場合には，卒業証明書等の写しを添付させた上，その当否を判断すべきである。

7　国籍取得者が15歳未満である場合，その法定代理人が届出をしているか

　国籍取得届は，いわゆる報告的届出であるから，その届出に関しては戸籍法第31条の適用があり，届出をすべき者が未成年者又は成年被後見人であるときは，親権者又は後見人が届出義務者となり，本人は届出資格を有する。した

がって，国籍取得者が未成年者又は成年被後見人であっても，意思能力を有する限り本人から届出をすることが認められる（戸31条1項ただし書）が，一般に15歳未満の者はいわゆる意思能力を有しない者とされ，その法定代理人が代わって届出をすべきものと解されている（大正7・5・11民613号回答，大正14・10・30民事9449号回答等参照）。そこで，国籍取得者が15歳未満である場合には，その法定代理人から届け出られているか，国籍取得届書にその資格が記載されているか，そして，それは適正であるか等について審査する必要がある。

8　国籍取得者に日本人配偶者がある場合，その配偶者の署名（連署）がなされているか

国籍取得者が，国籍の取得前に日本人と婚姻しているときは，国籍取得届において日本人配偶者とともに届け出る氏を夫婦が称する氏として取り扱われることになる（昭和59・11・1民二5500号通達第3の1⑵エの後段）。これは，夫婦同氏同一戸籍を建前とする現行法上（民750条，戸6条・13条・14条・16条）の要請に基づくものであることはいうまでもない。したがって，この場合，国籍取得者は，当該国籍取得届書の「国籍取得後の本籍」欄において，夫婦が称する氏の届出をする（その記載要領等については，前述5の項192頁参照）とともに，日本人配偶者は，連署人の欄に所要の事項を記載した上，署名をしなければならないものとされるから，国籍取得届書の受理にあたっては，当該要件を充足しているかどうかを審査の上，受否を判断しなければならない。

第2　帰化届について

1　帰化者の氏名について，その文字が常用平易な文字に該当するか

帰化者は，帰化後に称する氏を任意に選定することができる（昭和28・6・24民事甲1062号通達）ほか，従前の氏を用いることもできる（昭和34・6・11民事㈤発210号回答）。しかし，新たに称する氏及び名に用いる文字は，戸籍法施行規則第60条に規定する範囲の文字によるのが原則である。したがって，帰化の届出における帰化者の氏名の取扱いは，子の名の取扱いに関する先例（昭和56・9・14民二5536号通達）に準ずるが，帰化者の氏名は，帰化事件処理の過程において指導されていることから，法務局長又は地方法務局長が交付し，帰化

届書に添付されている「帰化者の身分証明書」に記載されたものと同一の氏名による帰化の届出はこれを受理し，戸籍の記載を行うものとされている（昭和56・9・14民二5542号通知）。もし，帰化者が上記と異なる氏又は名をもって帰化届をした場合には，これを受理することができないものと思料する（注）。

　（注）法務局又は地方法務局の長が帰化者に交付する「帰化者の身分証明書」（昭和37・
　　　1・31民事甲18号通達）は，帰化届に添付して市町村役場に提出することを要するた
　　　め，帰化者につき戸籍編製を単位として発給する取扱いであるが，帰化者が帰化後に予
　　　定する本籍・氏名については，あらかじめ帰化者の意見を聴取の上記載してあるので，
　　　帰化者がこれと異なる本籍又は氏名を用いて帰化の届出をしようとするときは，その旨
　　　の申出書の提出を求め，変更後の本籍又は氏名をもって身分証明書を発給する。もし，
　　　身分証明書発給後に変更の申出があったときは，帰化者に交付した証明書の提出を求め，
　　　その本籍又は氏名及び関係事項を訂正の上交付するか，あるいは旧証明書と引換えに新
　　　たな身分証明書を交付する取扱いである。

2　帰化後の氏名が従前の氏名と異なる場合，届書にその従前の氏名が記載されているか

　帰化者は，従前使用してきた氏名と異なる氏名を用いることは差し支えない。この場合には，届書に従前使用していた氏名をも記載するべきであるが，その従前の氏名の文字が漢字又はかな以外の場合には，同音の漢字又はかなをも記載させ，帰化者の戸籍中その身分事項欄の帰化による入籍事項の後に，帰化の際の国籍（いわゆる原国籍）と併せて従前の氏名を記載すべきであるとされている（昭和28・6・24民事甲1062号通達，法定記載例176参照）。これは，いうまでもなく帰化者の同一性を担保する措置であり，戸籍の記載上必要な事項であるから，この記載が遺漏していないか審査する必要がある。

3　帰化許可の告示の年月日の記載に誤りはないか

　帰化は，法務大臣が官報に帰化を許可した旨を告示した日からその効力を生ずる（国10条2項）。したがって，この効力の発生日は，帰化者にとって極めて重要な意味をもつものであることから，戸籍の届出及び戸籍の記載事項とされている（戸102条の2・102条2項1号，法定記載例176参照）。ちなみに，この事項は「帰化者の身分証明書」にも記載されることとなっている。したがって，帰化

届書の審査にあたっては，これが正確に記載されているかどうかを添付の同身分証明書と照合・確認する必要があることはいうまでもない。

4　夫婦がともに帰化した場合は，帰化後に称する夫婦の氏と本籍，単身者が帰化した場合は，帰化後の本籍等が記載されているか

　夫婦がともに帰化した場合，又は夫婦の一方が日本人であって他の一方が帰化した場合に帰化の届出をするには，夫婦の氏及び本籍は同一でなければならないことはいうまでもない（民750条，戸6条・16条，昭和25・6・1民事甲1566号通達等参照）。そこで，夫婦がいずれの氏を称するか，また，本籍をいずれに設定するかにつき夫婦の協議で定め（帰化者の配偶者が日本人であって，その者の氏を称すると定めた場合には，本籍設定の問題は生じない。），これを帰化届書の「帰化後の夫婦の氏と新しい本籍」欄に記載して届け出なければならない。また，帰化者については，原則として新戸籍が編製される（戸22条）が，親子がともに帰化したとき，又は帰化した者の親が日本人であるときは，帰化の届出の際，子が特に親と異なる氏又は本籍を定めない限り，子は親の戸籍（親が戸籍の筆頭者又はその配偶者でないときは，戸17条により編製される親の新戸籍）に入籍する。ただし，帰化した子に配偶者又は子があるとき，又は帰化した子が親と異なる氏又は本籍を定めたときは，子について新戸籍が編製されることになる（前掲通達，昭和25・9・12民事甲2468号回答等参照）ので（注），それぞれその別に従い，これを帰化届書の「帰化後の本籍」欄に記載して届け出なければならない。これらの記載は，いうまでもなく帰化者の戸籍の記載・編製等の処理上重要な意味をもつものであるから，審査上遺漏のないよう十分留意しなければならない。

　（注）例えば，子が先に帰化した後に父・母が帰化して，それぞれにつき戸籍が編製された場合には，子は，本籍を異にしていても，入籍の届出により父・母の戸籍に入籍することができる（昭和40・4・10民事甲782号回答）。外国人が日本人を養子とした後に帰化した場合にも，養子に配偶者があるとか特に分籍した場合を除き，入籍の届出により，養親の新戸籍に入籍することが認められる（昭和40・4・10民事甲781号回答）。なお，これら入籍の届出については，拙著「全訂戸籍届書の審査と受理」第2編第12章「入籍届」の項473頁以下を参照されたい。

5　帰化者が15歳未満である場合，その法定代理人が届出をしているか

　帰化の届出をすべき者は，帰化者本人である（戸102条の2）が，本人が15歳未満の場合は，その法定代理人が届出をしなければならない（上記の者が15歳以上の未成年者であるときは，法務大臣に対する帰化許可申請は本人がすべきである―国18条―が，帰化の届出は，その法定代理人が届出義務者となる。ただし，本人から届出をすることができる―戸31条1項）。この点は，国籍取得届の場合と何ら変わるところがないので，前述第1の7の項（193頁）を参照されたい。

6　帰化者に日本人配偶者がある場合，その配偶者の署名（連署）がなされているか

　前述4のとおり，夫婦の一方が日本人（先に帰化届をした者を含む。）で他方が帰化した場合は，その協議によっていずれの氏を称するかを定め，これを届書に記載して届け出なければならないが，この場合，日本人である配偶者は，届書の「連署人」欄に必要事項を記載した上，署名を要するとされている（昭和25・6・1民事甲1566号通達参照）。この点は，国籍取得届の場合と同様である。

第3　国籍喪失届について

1　国籍喪失の届出義務者とされる者から届け出られているか

　現行国籍法上日本国籍の喪失原因は，①外国への帰化など自己の志望により外国国籍を取得したとき（国11条1項），②重国籍者が外国の国籍を選択したとき（国11条2項），③出生により外国国籍を取得した日本人で外国で出生した者が，法定期間内に出生届とともに日本国籍留保の届出をしなかったとき（国12条，戸104条），④重国籍者が日本の国籍を離脱したとき（国13条1項），⑤重国籍者が国籍選択の催告を受けて選択しなかったとき（国15条3項），⑥日本国籍の喪失宣告を受けた場合（国16条2項・5項）であるが，国籍喪失の届出を要するのは，上記のうち①及び②の場合に限られる（④，⑤及び⑥による国籍の喪失については，法務省民事局長又は法務局若しくは地方法務局の長から国籍喪失報告がなされる。③の場合は，出生の時に遡って日本国籍を喪失するため，国籍喪失についての届出は必要としない。）。そして，国籍喪失の届出は，国籍喪失者本人，配偶者又は四親等内の親族から，国籍喪失を証する書面（外国への帰化を証する書面等―第2節〔6〕(3)

の項186頁参照）を添付してこれをすべきものとされているから（戸103条），同届書の審査にあたり留意しなければならないことは当然である。

　なお，国籍喪失者本人は，既に外国人であるから，国内に在住する場合にのみ届出義務を課せられる（戸籍法の属地的効力）が，国外に居住するときは，届出資格が認められるため，本人から届出があればこれを受理することができる。

2　国籍喪失の原因及び年月日が記載されているか。また，新たに外国の国籍を取得したときは，その国籍が記載されているか

　国籍喪失の届出については，国籍喪失の原因が果たして自己の志望による外国国籍の取得によるものか，あるいは外国の国籍を選択したことによるものかを明らかにする趣旨から，届書にその原因及び年月日（例えば，前者の場合には，外国国籍の取得の日，後者の場合には，外国国籍選択の日）を記載すべきものとされる（戸103条2項1号）。また，新たに外国の国籍を取得したときは，日本国籍喪失の原因としていずれの国籍を取得したかを戸籍上明らかにする趣旨から，届書にその外国の国籍を記載すべきものとされている（同項2号）。そして，これらの記載は，上述のとおり戸籍の記載事項とされているものであるから，その適否につき添付の国籍喪失を証する書面と十分照合審査の上，受否を判断するよう留意すべきである。

第4　国籍選択届について

1　国籍選択をする者が現に有している外国の国籍及び国籍選択宣言の旨の記載がされているか

　日本国籍と外国国籍を併有する重国籍者は，20歳に達する以前に重国籍となったときは22歳に達するまでに，20歳に達した後に重国籍となったときはその時から2年以内に，いずれかの国籍を選択しなければならない（国14条1項）（注）。そして，重国籍者が，日本国籍を選択するには，外国の国籍を離脱することによるほかは，戸籍法の定めるところにより，市町村長に対し国籍選択届をすることによってしなければならない（戸104条の2，第2節〔1〕第5の項174頁以下参照）が，その届書には，国籍選択をする者が「現に有する外国の国籍」と「国籍選択宣言」すなわち，「日本国籍を選択し，かつ，外国の国籍

を放棄する」旨を記載すべきものとされているから，当該届出の受理にあたっては，その記載の適否につき審査を要することはいうまでもない。なお，外国の国籍の審査と届出の受理との関連等については，第2節〔6〕(5)の項186頁参照のこと。

（注）第1節第2の4(5)「重国籍者の国籍の不選択」の項（注）154頁参照

2　国籍の選択宣言をする者が15歳以上である場合，その届出は本人からなされているか

日本国籍の選択宣言は，戸籍法第104条の2の規定に従って我が国にその旨の意思表示すなわち，国籍選択の届出をすることである。そして，これは日本国籍の得喪にかかわる重要な行為であるから，その届出は，本人の意思に基づくものでなければならない。したがって，選択宣言をする者が15歳以上であるときは，必ず本人自ら届け出るべきであるから（国18条，昭和59・11・1民二5500号通達第3の5(2)参照。なお，選択宣言をする者が15歳未満であるときは，例外的にその法定代理人から届出をすることになる。），この点，届書審査上十分留意する必要がある。

第5　外国国籍喪失届について

外国国籍を喪失した者が未成年者である場合，その届出は，法定代理人からなされているか。また，外国国籍喪失の年月日及び外国国籍喪失の原因が記載されているか

外国の国籍を有する日本人がその外国の国籍を喪失（外国国籍の離脱―放棄―に限らず，国籍剥奪等により当該外国国籍を喪失した場合のすべてを含む。）したときは，一定の期間内にその旨を届け出なければならない（戸106条1項）が，この場合，外国国籍喪失者本人が未成年者であるときは，その法定代理人が本人に代わって届出義務を負うこととなる（ただし，本人が15歳以上であるときは，その本人から届出をすることが認められる―戸31条）。また，届書には，「外国国籍の喪失の年月日」及び「外国国籍喪失の原因」（後者については，外国の国籍をどのような原因で喪失したか）を記載して届け出るべきものとされており（戸106条2項），しかも，

これらの記載は戸籍の記載上必要事項とされているものであるから（法定記載例183参照），これらの要件につき十分審査の上，その受否を判断しなければならない。

　なお，本項の届出要件等については，第2節〔1〕第6外国国籍喪失届の項178頁以下及び〔5〕(6)「外国国籍喪失届」の項184頁参照のこと。

第7章　氏の変更届

第1節　氏の変更届を受理するにあたって
理解しておくべき基本的事項

第1　氏変更概説

　周知のとおり，旧法時においては，戸主によって統率される「家」という観念的集団を想定し，これに属するかどうかによって法律的効果に大きな差異を認める（注1）とともに，「戸主及ヒ家族ハ其家ノ氏ヲ称ス」と定めていた（旧民746条）ことから，氏は同一の「家」に属する集団の共通の呼称であるのみでなく，氏は「家」の呼称であると解されていた。したがって，個人の氏の変更はすなわち「家」の氏の変更であると同時に，家そのものの変更でもあったことを意味していたわけである。しかし，氏が，個人の呼称であることは疑いないとしても，それは原始的又は伝来的に称するものであって，自由に氏を創設しあるいは変更することを認める趣旨ではない。

　現行法は，氏は，原則として出生によって原始的に取得する（氏の本来的な取得）ことを明定する（民790条）（注2）とともに，これによりいったん取得した氏の変更については，①一定の身分関係の変動に付随して法律上当然に変更を生ずる場合と，②一定の事由に基づいて個人の意思によって氏を変更する場合の二つを認めている。

　（注1）明治民法における氏の変更は家籍の変更を意味し，身分的法律効果は家を同じくするかどうかで異なったから，氏と身分的法律効果は極めて密接な関係に立っていた。しかし，現行法における氏については，その異同と身分的法律効果とは何らの関係がないのが本則である。例えば，相続や扶養は氏のいかんにかかわらず，また，親権関係と氏，姻族関係と氏は無関係である。もちろん，現行法の下においても，婚姻や離婚，養子縁組や離縁などによって氏に変動を生ずる。しかし，これは，このような身分関係がそれ自身の要件に基づいて発生するときに氏がこれに伴って変動するのであって，同一の身分関係にある者が氏を異にするために法律効果を異にするのではないから，氏の法律効

果というべきものではない。ただ，若干の例外的なものはある。それは，

①氏の異同が戸籍編製ないし戸籍の異同と密接な関係にあること，いわゆる同氏同籍の原則がとられていること（戸6条・16条・19条・20条など），

②氏の同一が祖先の祭祀を主宰する地位に影響をもつこと（民897条・769条・771条・749条・817条・808条2項・751条2項・728条2項など），

③民法以外の法律（恩給法・戦傷病者戦没者遺族等援護法）で，氏の異同を原因として重要な法律効果の差異を認めている（恩給法76条・80条1項3号，戦傷病者戦没者遺族等援護法31条1項7号）ことである。

（注2）例外的に，棄児発見調書（戸57条2項），国籍取得の届出（戸102条），帰化の届出（戸102条の2），就籍の届出（戸110条・111条）によって氏又は名が設定される場合がある。

1 身分関係の変動に伴う氏の変更

現行法は，身分関係の変動に伴う氏の変更につき，改氏と復氏の2種を認め，変更の原則として，「夫婦同氏」の原則と「親子同氏」の原則との2種を設けている。

(1) 婚姻による改氏と離婚による復氏

夫婦は，婚姻継続中は必ずそのいずれか一方の氏を共同に称しなければならない（民750条）とされるから，婚姻に際しいずれか一方は自己の氏を他方の氏に改めなければならない。

婚姻によって生じた同氏は，離婚によって終了し，婚姻によって氏を改めた夫又は妻は，当然に婚姻前の氏に復する（民767条1項・771条）。婚姻の取消しの場合も，離婚と同一に取り扱われる（民749条）。

(2) 縁組による改氏と離縁による復氏

養子は，縁組によって養親の氏に変わる（民810条本文）（注）。そして，離縁によって，養子は縁組前の氏に復する（民816条1項本文）。縁組取消しの場合も，離縁と同一に取り扱われる（民808条2項）。

（注）これは，「親子同氏」の原則の結果であるが，この原則は「夫婦同氏」の原則ほど厳格なものではない。すなわち，養親子同氏は縁組継続中必ず継続するものではなく，養親が身分行為によって氏を改めても養子はこれに従わない。

2　個人の意思に基づく氏の変更

　現行法が個人の意思に基づく氏の変更を認めているのは，次の各場合である（注1）。

(1)　子の父又は母の氏への改氏

　子が父又は母と氏を異にする場合（例・①子が父に認知された場合，②子の父母―又は父若しくは母―が自らの身分行為―すなわち，婚姻，縁組，離婚，離縁等―によって氏を改めた場合）には，子は，家庭裁判所の許可を得て，その父又は母の氏を称することができる（民791条1項）。また，父又は母が氏を改めたことにより子が父母と氏を異にする場合に，子は，父母の婚姻中に限り，家庭裁判所の許可を得ないで，戸籍法所定の届出（戸98条）をすることによって，父母の氏を称することができる（民791条2項）。

(2)　成年に達した子の復氏

　前述(1)の改氏を未成年のうちにした者は，成年に達した時から1年以内に戸籍法所定の届出（戸99条）をすることによって，従前の氏に復することができる（民791条4項）。

(3)　生存配偶者の復氏

　夫婦の一方が死亡した後は，婚姻によって氏を改めた生存配偶者は，いつでも従前の氏に復することができる（民751条1項。なお，第3章「生存配偶者の復氏届」91頁以下参照）。

(4)　離縁の際に称していた氏への変更

　養子縁組によって氏を改めた養子は，離縁によって，原則として縁組前の氏に復する（民816条1項本文）が，一定の条件を備える場合には，戸籍法所定の届出をすることによって，離縁の際に称していた氏を称することができる（民816条2項，戸73条の2。なお，拙著「全訂戸籍届書の審査と受理」第2編第7章「73条の2の届出」344頁以下参照）。

(5)　離婚の際に称していた氏への変更

　婚姻によって氏を改めた者は，離婚によって当然に婚姻前の氏に復する（民767条1項）が，戸籍法所定の届出をすることによって，離婚の際に称していた氏を称することができる（民767条2項，戸77条の2。なお，拙著「全訂戸籍届書の審査と受理」第2編第10章「77条の2の届出」414頁以下参照）。

(6) 「やむを得ない事由」による改氏

やむを得ない特定の事由があるときは，戸籍の筆頭者及びその配偶者は，家庭裁判所の許可を得て，その氏を変更することができる（戸107条1項）。

(7) 渉外婚姻等に伴う改氏

近時における日本人と外国人間の婚姻，離婚等のいわゆる渉外戸籍事件の増加に対処し，その処理の合理化等を図る趣旨から，昭和59年法律第45号をもって戸籍法の一部が改正され（昭和60・1・1施行），これに伴い，新たに次の渉外事件にかかわる氏の変更が認められることとなった。

　ア　外国人と婚姻した者の氏の変更（戸107条2項）。

　イ　上記による氏の変更後，離婚等により婚姻が解消した場合の氏の変更
　　（戸107条3項）。

　ウ　父又は母が外国人である場合の氏の変更（戸107条4項）。

以上の各改氏のうち，(6)及び(7)の場合が本章における氏の変更にほかならない（注2）。

（注1）民法及び戸籍法上明文の規定がない場合に，家庭裁判所の許可を得ることなく，特に先例により入籍の届出が認められる場合がある（拙著「全訂戸籍届書の審査と受理」第2編第12章「入籍届」第1節第2の4の項479頁以下参照）。

（注2）本章の氏の変更と次章の名の変更とは直接の関係はないが，戸籍に記載されている誤字又は俗字による氏又は名の表記方法の是正措置として，戸籍実務上次の取扱いが認められている（平成2・10・20民二5200号通達。同通達は，その後数次の改正がされているが，その改正については，平成6・11・16民二7005号通達，平成16・9・27民一2665号通達等参照）。

　(1)　婚姻，縁組等の届出に基づく新戸籍の編製，他の戸籍への入籍又は戸籍の再製により，従前の戸籍に記載されている氏又は名を新たな戸籍に移記する場合，あるいは戸籍の身分事項欄，父母欄等に新たに氏又は名を記載する場合において，氏又は名が従前戸籍，現在戸籍等においていわゆる誤字又は俗字（後述なお書きの文字を除く。）で記載されていても，本人の申出を要しないで，これに対応する字種及び字体による正字（平成2・10・20民二5200号通達別表に掲げる文字を含む。）をもって記載する（同通達第1の2）。なお，俗字については，①漢和辞典に俗字として登載されている文字（同通達別表に掲げる文字を除く。），及び②「示」，「辶」，「食」，又は「青」を構成部分にもつ正字の当該部分がそれぞれ「ネ」，「辶」，「飠」又は「青」と記載されている文字は，そのまま記載する（同通達第1の1）。

　(2)　戸籍に記載されている氏又は名の誤字・俗字につき訂正の申出があったときは，市

町村長限りで訂正することができる（平成 2・10・20民二5200号通達第 2）。
(3)　戸籍の氏名が常用漢字表に掲げる通用字体と異なる字体等によって記載されている場合には，本人等からの申出により，これに対応する通用字体に更正することができる（平成 2・10・20民二5200号通達第 3。そのほか同通達参照）。

第2　氏の変更（一般）

1　「やむを得ない事由」による氏の変更

(1)　意　義

　現行法上，すべての日本人は，前述のとおり出生によって氏を原始的に取得する（民790条）。他方において，戸籍は，この氏を同一にする者，すなわち「一の夫婦及びこれと氏を同じくする子」をもって編製するのを原則とし，配偶者のない者については，「その者及びこれと氏を同じくする子」をもって編製することとされている（戸 6 条・18条，民750条・790条・810条等）。したがって，氏の取得ないし変動は，つねに戸籍の記載ないし変動を生ずるものとされている（戸 6 条・13条〜23条）。戸籍変動の大部分は，氏変動の結果にほかならないといわれる所以である（青木・大森「全訂戸籍法」49頁）。

　ところで，人が社会生活を営む上で，氏は，名と結合して個人の同一性を特定するための呼称として重要な意義を有するとともに，上記のとおり戸籍の編製あるいは入籍・除籍など戸籍処理の基礎をなすものとして重要な意義をも有していることは明らかである。したがって，これが軽々に変更されるときは，一般社会に至大の影響を与えるのみでなく，戸籍制度の円滑な運用をも阻害する結果を生ずることから，真にやむを得ない事由がある場合でなければ，その変更を許すべきではないとされる（戸107条 1 項，東京高決昭和24・5・19高民 2 巻 1 号77頁）（注 1）。

(2)　氏変更の要件

　前記のとおり，氏の変更は，「やむを得ない事由」がある場合に限って許される。後述（第 8 章「名の変更届」）の名変更における「正当な事由」に比較すると，氏の変更は名の変更よりも厳格な条件が要請されているものと解される（注 2）。そして，いかなる場合が上記の「やむを得ない事由」に該当するかは，結局，個々の具体的事件において家庭裁判所が認定（判断）するこ

ととなるが，珍奇，難読で実生活に支障のあるもの，外国人の姓とまぎらわ
しいもの，その他その氏の継続を強制することが社会観念上はなはだしく不
当と認められるものなどがこの事由に該当するものと解されている（昭和
24・5・21民事甲1149号回答，前掲東京高決参照）（注3）。

　上記によって変更されるべき氏は，いうまでもなく戸籍に正当に記載され
ている氏であって，例えば，戸籍の編製あるいは戸籍の再製にあたって市町
村長が誤った記載をしたような場合に，本人がその誤記を知らずに真正の氏
を使用しているときには戸籍に表示された氏の記載は，戸籍訂正手続により
訂正することができる（昭和9・7・20民事甲1002号回答）が，もし誤記された
氏を永年にわたって使用しているときは，それを訂正することによって関係
人及び社会に及ぼす影響は少なくないことから，氏の変更手続によるべきで
あるとされている（昭和5・6・24民事601号回答，昭和27・5・24民事甲751号回
答）。

(3)　氏変更の手続

ア　審判手続

　氏を変更しようとするには，あらかじめ家庭裁判所の許可を得て，戸籍
の届出をしなければならない（戸107条1項）。家庭裁判所は，氏変更許可
の審判にあたっては，氏の変更事由の有無を判断することとなる。また，
氏の変更を許可するにあたっては，申立人（後述イ参照）と同一戸籍に満
15歳以上の者が在籍するときは，その者の陳述を聴かなければならない
とされる（家事229条1項）。

　氏の変更許可事件は，家事事件手続法別表第一の122に掲げる審判事項
であり（家事39条），調停には親しまないので，もっぱら審判手続による
（注4）。

　変更事由の有無は，もっぱら家庭裁判所の判断事項であるから，市町村
長は，この点についての判断の不当を理由として届書の受理を拒むことは
できない。

イ　申立人と戸籍届出の資格

　氏変更許可の申立て及び戸籍の届出資格を有するのは，戸籍の筆頭者及
びその配偶者（筆頭者が死亡している場合であっても，その生存配偶者は，ここに

●氏の変更届（戸籍法107条1項の届）を，本籍地の市町村長にした場合の例

氏 の 変 更 届 （戸籍法107条1項の届） 令和4年10月19日　届出 東京都中央区 長 殿	受理　令和4年10月19日 第　　　2456　　号 送付　令和　年　月　日 第　　　　　号		発送　令和　年　月　日 長印
	書類調査　戸籍記載　記載調査　附　票　住民票　通　知		

本　　　籍	東京都中央区日本橋室町1丁目2　　番地 番 （変更前の氏名）　（よみかた）わかさてつきち 筆頭者 の氏名　　　我 謝 銇 吉		
（よみかた） 氏	変更前　　　わかさ 我　謝		変更後　　　わかさ 若　佐
許 可 の 審 判	令和4 年 10 月 12 日確定		

	（よみかた）てつ　きち 筆頭者　（名） 　　　銇 吉	（住所…住民登録をしているところ） 東京都板橋区若木2丁目10番18号	（世帯主の氏名） 我謝銇吉
お な じ 戸 籍 に あ る 人	配偶者　はるこ 　　春 子	同　　上	同　　上
	しょうじろう 章二郎	同　　上	同　　上
	きょうこ 京 子	同　　上	同　　上

そ の 他	次の人の父母欄の氏を更正してください (1)同じ戸籍にある2男章二郎，長女京子 (2)東京都中央区日本橋室町2丁目15番地我謝正太郎戸籍の正太郎 妻春子の婚姻事項中夫の氏を変更後の氏に更正してください

届 出 人 署 名 （※押印は任意） （変更前の氏名）	筆頭者 　我 謝 銇 吉　㊞	配偶者 　我 謝 春 子　㊞
生 年 月 日	昭和42年 6 月 17 日	昭和44年 4 月 3 日

記入の注意	筆頭者の氏名欄には、戸籍のはじめに記載されている人の氏名を書いてください。

いう「その配偶者」に該当する。）に限られる。上記以外の者は，氏変更許可の申立て及び届出資格を有しないから，その者に対して氏変更許可の審判があっても，当該審判は無効と解される（昭和26・2・13民事甲274号回答）（注5）。

氏変更許可の申立ては，前記の有資格者から住所地の家庭裁判所にしなければならない（家事226条1号）。

ウ　審判と戸籍届出

前述の家庭裁判所の許可は，氏変更の絶対的条件であって，許可を得ていない届出はこれを受理することができない。仮に誤って受理されても当該届出は効力を生じないことはいうまでもない。

(4)　氏変更の効力

ア　効力の発生

氏の変更は，後述の名の変更の場合と同様に，家庭裁判所の許可のみでは効力を生ぜず，戸籍の届出（戸107条1項）によって初めて効力を生ずる。したがって，この届出は創設的届出であることはいうまでもない。

イ　効力の及ぶ範囲

氏変更の効力は，同一戸籍にあるすべての者に当然に及ぶものとされる（前述(3)アのとおり，家庭裁判所は，氏の変更許可に際しては，同一戸籍内にある15歳以上の者の陳述を聴くべきものとされているが，これは，改氏の効力が同一戸籍にある者全員に及ぶとされるからである。なお，昭和24・9・1民事甲1935号回答参照）。つまり，氏変更の及ぶ範囲は，当該同一戸籍の在籍者だけに限られ，分籍者など他の戸籍に在る者については，仮に氏を同じくしていてもこれに及ぶことはないとされる（昭和27・9・25民事甲326号回答，昭和34・5・15民事甲1012号回答参照）。

ウ　氏変更の本質

氏の変更は，上記のとおり同一戸籍に在るすべての者に及ぶから，在籍者はすべて変更後の氏を称することになるが，ここで特に注意しなければならないことは，本項（戸107条1項）にいう氏の変更は，単に呼称上の氏が変わったというに過ぎず，氏の本質に変動を生じたものではないという点である。すなわち，民法は，いわゆる親族集団を構成する夫婦・親子は

共通の氏を称すべきものとしている（民750条・790条・810条，戸18条）が，一般にいわれる「民法上の氏」とは，まさに民法に規定する上記の氏を指すものと解されるところ，本項にいう氏の変更は，この民法上の氏の変更ではなく，単にこれを別の呼称の氏（いわゆる「呼称上の氏」）に変えることを意味するに過ぎないのである。したがって，例えば，親子が同氏（民法上）異戸籍の場合に，親の呼称上の氏が変更されても，親子間の氏の同一性（民法上）には何らの影響を与えないのである。したがってまた，本項によって氏を変更した父母と別戸籍に在る子から，改氏後の父母の氏を称する氏変更の許可（民791条1項）を得て，入籍の届出があっても，両者はもともと民法上氏を同じくするものであるから，これを受理すべきではないとされる（昭和29・5・21民事甲1053号回答）。なお，子が婚姻又は縁組によって氏を改めた後に，実方戸籍の父母につき本項の氏の変更が行われたとしても，それは，上述のとおり民法上の氏そのものの変更ではないのであるから，子は離婚又は離縁によって，上記改氏後の戸籍に復する（つまり，民法上は同氏であるが，呼称の変わった氏に復する。）ことになる（昭和23・1・13民事甲17号通達参照）。

(5)　戸籍の処理

　氏の変更の届出があったときは，これに基づき当該戸籍の戸籍事項欄に氏の変更に関する事項を記載した上（戸規34条2号・法定記載例184），筆頭者氏名欄における氏の記載を更正すべきものとされている（戸規附録第9号様式中「第二　一部の訂正」の戸籍の筆頭者氏名欄，コンピュータ記載例・附録第27号様式参照）。また，同籍する子がある場合には，その身分事項欄に父母の氏を更正した旨を記載した上，その父母欄の氏の記載を更正する必要がある（昭和26・12・20民事甲2416号回答，昭和27・2・13民事甲133号回答，昭和29・9・1民事甲1791号回答）。

　なお，氏を変更した者が夫婦である場合に，その一方（婚姻の際に氏を改めた者）から，氏の変更の届出と同時又は届出後に，婚姻事項中の配偶者の氏を変更後の氏に更正する旨の申出があった場合は，市町村限りの職権で，その記載を更正して差し支えないとされている（平成4・3・30民二1607号通達）。

（注1）従来は，明治5年8月24日の太政官布告第235号によって，原則として氏名の変更

は禁止され，ただ改名についてのみ同姓同名など余儀ない事情がある場合に限って，管轄庁である都道府県知事又はその委任を受けた市町村長の許可を得て改名することが許されていた。そして，その布告の運用にあたっても，改名について同一地区内の同姓同名者の存在，襲名，僧籍編入など特殊な事情がある場合に限定されており，改姓（改氏）に至ってはいわゆる復姓の場合にのみ許可されるという厳しい取扱いであった。

戦後，現行戸籍法（昭和59年法律第45号による改正前のもの）の施行により，前記太政官布告は廃止され（戸附則13条1項），第107条の規定が新設されて，氏名変更の認容されるべき事由が定められるとともに，その許可の権限は家庭裁判所に移管された。

(注2) 氏も名もともに個人を特定するための表象ではあるが，氏については特に個人を特定するための表象であると同時に，その者と一定の身分関係にある者（夫婦・親子等の親族集団）の表象でもあるから，それが変更された場合の社会一般に与える影響は名の変更の場合よりも相当大きいものがあろう。このため，氏を変更するには，名の変更の場合よりも一段と慎重な配慮を必要とする，というのがより厳格な変更基準を設けた趣旨と解される。

(注3) 氏の変更について「やむを得ない事由」の許否の判断に関する裁判例。

(1) 珍奇，難解，難読に関するもの

① 「仁後」は，「二号」（妾）を連想させ，人から好奇な目でみられる，として変更を認容（福岡高決昭和34・7・4家月12巻6号132頁）

② 「大楢」（オオナラ）は，文字自体は滑稽珍奇とはいえないにしても，発音がそうであれば滑稽珍奇な氏といえるとして変更を認容（岐阜家高山支審昭和42・8・7家月20巻2号55頁）

③ 「佃屋」（ツクヤ）は，誤読されやすいとしても，人の呼称としての人格の同一性の認識に混乱を招くほどの誤読とも解されない，として申立てを却下（東京家審昭和43・10・3家月21巻2号187頁）

④ 「肴屋」という氏が「魚屋」という特定の職業を連想させ，笑いの対象になり，小学生の子どもが学校や塾などで仲間からからかわれるなどの諸事情を考慮し，一般的に社会生活上の苦痛と不便を感じさせる不利益が考えられなくもないとして，変更を認容（長崎家審昭和61・7・17家月38巻11号125頁）

(2) 僧職に関するもの

歴代の住職が同一氏を称し，その氏が寺格その他信仰上有利であるとしても，40数年現在の氏を称して何ら不便不都合もなく過ごしてきたこと等を勘案して，「やむを得ない事由」にあたらないとして申立てを却下（新潟家長岡支審昭和44・4・14家月22巻1号123頁）

(3) 家名・祭祀の承継に関するもの

① 亡母の後えいであることをあらわす者がいないので，その姓を称したいとする申立てを「やむを得ない事由」がある，として認容（和歌山家審昭和41・9・2家月19巻3号72頁）

② 母方亡祖母の後継者がいないので，祖母の意思及び母の希望を汲み，自らも同家

祖先の祭祀を行いたい，との理由によりなされた申立てを却下（東京家審昭和41・9・19家月19巻5号85頁）

③　祖先の祭祀家名の継続のため離婚後も婚姻中の氏を称し，これにつき同家の親類縁者の承諾を得て日常生活をしているとしても，それのみでは改氏許可の「やむを得ない事由」にはあたらない，として申立てを却下（京都家園部支審昭和44・3・31家月21巻11号158頁）

(4)　永年使用に関するもの

①　他家の家督相続人となった者が，その後実家に帰り20数年実家の家業に努力し，社会的経済的の全領域において実家の氏を称してきたことが認められた場合に，実家と同じ呼称への氏変更申立てを認容（和歌山家審昭和43・12・27家月21巻6号72頁）

②　離婚後も婚姻中の氏を使用してきた者の同氏への変更許可申立てについて，通称使用は法の禁ずるところではないが，いまだ1年10月余を経過したに過ぎない現在では，これをもって通称の氏を永年使用したとは認められない，として申立てを却下（名古屋家審昭和39・2・26家月16巻7号53頁）（注・昭和51年法律第66号の民法改正により婚氏続称制度が認められた今日では，この種の問題は一応解決したといえよう。しかし，婚氏続称の届出（戸77条の2）期間を経過した場合には，この氏変更（戸107条1項）許可の申立てに頼らざるを得ないことになる。婚氏続称制度の導入前の離婚により復氏した者による制度導入後の氏変更の申立事件について，婚氏続称制度の趣旨をも考慮し，改氏すべき「やむを得ない事由」がある，として申立てを認容した審判例がみられる（大阪家審昭和51・12・17家月29巻7号58頁）。）

③　重婚的内縁関係にあった申立人が永年に亙り使用してきた事実上の夫の氏に変更する申立てについて，申立人が日常使用している姓と戸籍上の氏とが異なることにより，社会生活上多大の不便を被っていることは明らかであるから，「やむを得ない事由」に該当するとして，認容（横浜家審平成4・7・8家月45巻1号140頁）

④　韓国人と婚姻し，その氏を戸籍法107条2項の届出により「甲」から夫の氏「乙」に変更したが，婚姻以来，公的に必要な場合以外は，夫の通称氏「丙」を称し続け，夫婦間の子にも通称氏の「丙」を使用させてきたこと，離婚後もそのまま通称氏として「丙」を使用し続けてきたこと，氏の変更が親権者となっている子の福祉や利益にも適うこと，「丙」の通称氏を使用して10年以上を経過していることから，氏を「乙」から「丙」に変更することはやむを得ない事由があるということができるとして，認容（東京高決平成9・3・28家月49巻10号89頁）

(5)　婚氏続称氏に関するもの

①　離婚に際し婚氏続称の選択をした者の婚姻前の氏への変更は，婚姻中の氏の継続的使用期間が比較的短期間であって，その氏が離婚後の呼称としていまだ社会的に定着しておらず，婚姻前の氏への変更の申立てが恣意的なものでなく，かつ，その変更により社会的弊害が生じる恐れのない場合には，許可するのが相当であるとし

て，認容（福岡高決平成6・9・27判時1529号84頁）

② 申立人は離婚に際して婚氏の継続使用を選択し，4年余りを経過したものの，その使用期間はさほど長いとはいえず，いまだ離婚後の氏として社会的に定着しているとはいい難く，かえって，事実上使用している婚姻前の氏が定着しつつあるといえる。また，申立人の生活状況は離婚当時とはかなり変化し，今後も婚氏のままでいることについて抱く危惧もそれなりに理解し得ないではなく，本件氏の変更申立てを恣意的なものと断ずることはできず，さらに，氏変更により社会的弊害の生ずる恐れがある事情も窺えないとして，認容（名古屋高決平成7・1・31家月47巻12号41頁）

③ 離婚に際し婚氏続称の届出をし，その後他者と配偶者の氏を称して再婚した者が，離婚により婚氏続称した氏に復した後，婚姻前の生来の氏に変更することを望む場合は，離婚に際して婚氏を称することを届け出た者が婚姻前の氏と同じ呼称にしたい場合とは異なるが，生来の氏への変更を求めるものであるから，婚姻前の氏と同じ氏に変更する場合に準じて，氏の変更の申立てが濫用にわたるものでなく，特に弊害がなければ，これを認めて差し支えないとして，認容（千葉家審平成11・12・6家月52巻5号143頁）

④ 抗告人が，離婚の際，婚氏続称の届出をし，15年以上その氏を称してきたが，離婚に際して婚氏の続称を選択したのは，子どもが幼少であったためであり，子どもが大学を卒業したこと，実家の両親と同居し，9年にわたり実家の姓で近所付き合いをしてきたこと，抗告人が両親を継ぐものと認識されていること，子どもも氏変更の許可を求めていることから，変更について「やむを得ない事由」があるとして，認容（東京高決平成26・10・2家庭の法と裁判5号117頁）

(6) その他に関するもの

① 無効な協議離婚届を追認したことから，届出の時点に遡って離婚が成立し，その結果民法第767条第2項，戸籍法第77条の2の届出期間を徒過したことになる者が，婚姻中の氏への変更を求めた事案において，戸籍法第107条第1項の「やむを得ない事由」の要件もある程度緩やかに解釈すべきであるとして，申立てを認容（札幌家審昭和56・10・7家月35巻3号92頁）

② 虚偽の出生届及び認知届により約30年余の間他人の戸籍に入籍されてその氏を称してきた者が，親子関係不存在確認及び認知無効の各裁判を経て戸籍訂正をした結果本来の氏を称することとなった場合には，戸籍法第107条第1項にいうやむを得ない事由があるとして，従来の氏への変更申立てを却下した原審判を取り消し，申立てを認容（東京高決昭和57・8・24家月35巻12号88頁）

③ 滅失した戸籍の再製の際に誤記された氏を，本来の氏に戻すためになされた氏の変更許可申立てを認容（山口家下関支審昭和62・8・3家月39巻12号157頁）

④ 外国人との婚姻時に夫婦双方の氏を結合した新たな氏へ変更することについて戸籍法は規定していない。しかし，国際化が進展してきている社会情勢から，このような夫婦双方の氏を結合した氏に変更することを認めても我が国の氏制度への支障

は考えにくいことを考慮するならば，このような氏変更は「やむを得ない事由」があるとして，認容（神戸家明石支審平成6・1・26家月47巻6号78頁）

⑤　氏が元暴力団として周知されており，社会生活上支障が生じていること，暴力団関係者との関わりを持つ契機となる現実の危険を少しでも除去するために氏を変更したいとする申立人の意図は，真摯なもので，更正意欲の表れと見られ，今後暴力団関係者からの不当な関わりを断って正業に勤しむために氏変更の必要も認められることから，やむを得ない事由があるとして，認容（宮崎家審平成8・8・5家月49巻1号140頁）

⑥　幼いころから近親者から性的虐待を受けたことにより，戸籍上の氏名で呼ばれることは，同じ呼称である加害者や被害行為を想起させ，精神的苦痛を感じるとして申立てをした氏変更について，戸籍上の氏の使用を強制することは，申立人の社会生活上も支障をきたし，社会的に見ても不当であり，「やむを得ない事由」があるとして，認容（大阪家審平成9・4・1家月49巻9号128頁）

⑦　在日外国人が永年にわたり日本名を称しそれが社会的に定着している場合に，その者と婚姻した日本人が外国人配偶者の通氏を称することを希望するときは，戸籍法107条2項の趣旨に照らして，その希望は十分尊重されるべきであり，氏変更許可の申立て後に外国人配偶者が死亡した場合であっても，日本人配偶者やその子を含む生活が従前どおり外国人配偶者の通氏を称して継続されており，それが安定したものと認められる限り，やむを得ない事由があるとして，認容（大阪高決平成9・5・1家月49巻10号93頁）

（注4）①　在外邦人に対し，外国裁判所でなされた氏変更の裁判に基づく届出は受理すべきではない（昭和38・3・14民事甲751号回答）。

②　日本人に対する氏名変更の許可は，我が国の裁判所の専属管轄に属するものと解されるので，外国の裁判所が行った氏名変更の決定に基づく届書は受理しないのが相当である（昭和47・11・15民事甲4679号回答）。

（注5）氏変更許可の申立資格を有しない者すなわち，同籍する子が氏変更許可の申立てをして，その者について氏の変更が許可されたとしても，当該許可の審判は，戸籍法第107条第1項の規定に違反し無効であるため，これに基づく届出は受理することができない（昭和26・2・13民事甲274号回答）。

2　外国人との婚姻による氏の変更

⑴　意　義

民法第750条によれば，「夫婦は，婚姻の際に定めるところに従い，夫又は妻の氏を称する。」とされているが，この規定は，日本人が外国人と婚姻をした場合には適用されず，したがって，婚姻によっては氏の変動が生じないものとされていることは従前からの戸籍実務上の取扱いである（昭和26・

4・30民事甲899号回答，昭和26・12・28民事甲2424号回答，昭和40・4・12民事甲838号回答，昭和42・3・27民事甲365号回答）。

　ところで，昭和59年法律第45号による国籍法及び戸籍法の一部改正（昭和60・1・1施行）後は，戸籍の筆頭者でない者が外国人と婚姻した場合には，その者について新戸籍を編製することとされた（戸16条3項・6条）が，この場合でも，その者の氏は，婚姻の前後を通じ変更を来すことはない。しかし，日本人配偶者については，外国人配偶者との婚姻生活を営んでいく上で，外国人配偶者と同じ呼称となることを希望することがあることは否定し得ないところである。この場合，従前は，家庭裁判所の許可を得て，氏の変更届をすることができることとされており（改正前の戸107条1項），現にその認容裁判例もみられるところである（注1）。ちなみに，氏の変更は，従前から「やむを得ない事由」がある場合でなければ認められず，しかも，この場合でも家庭裁判所の許可を必要とされる（前述1の「やむを得ない事由」による氏の変更の項参照）が，外国人と婚姻した日本人が，外国人配偶者の称している氏を称しようとする場合は，夫婦として社会生活を営んでいく上で，その変更の必要性が高く，かつ，上記の「やむを得ない事由」に該当する典型的な場合とみられる。そこで，前述の法改正（昭和59年法律第45号）によって，戸籍法第107条の規定が改正され，外国人と婚姻した日本人配偶者がその氏を外国人配偶者の氏に変更しようとするときは，その婚姻の日から6か月以内に限り，家庭裁判所の許可を得ないで，戸籍の届出をすることによって氏を変更することができることとされた（戸107条2項）。言い換えれば，日本人は婚姻の効果として外国人配偶者の氏を称することがないために，呼称の変更手続を簡易なものとする法改正が行われたのである。この場合の氏の変更は，婚姻という身分変動の効果に伴うものではなく，戸籍法上の呼称の変更に過ぎない。つまり，その性質は，前述1の氏の変更の場合（戸107条1項）と同様に，氏の呼称の変更であるが，家庭裁判所の許可を必要としない点において，同項の特則といえるものであり，この点はまた，後述3及び4の氏変更の場合と軌を一にするものである。

　なお，上記の改正に伴う戸籍の取扱いについては，昭和59年11月1日民二第5500号通達（以下「基本通達」という。）をもって具体的に定められている。

◉外国人との婚姻による氏の変更届（戸籍法107条2項の届）を，本籍地の市
　町村長にした場合（氏を変更する者の戸籍に子が同籍していない場合）の例

外国人との婚姻による氏の変更届 （戸籍法107条2項の届） 令和4年5月13日　届出 **東京都豊島区**長 殿	受理　令和4年5月13日 第　　1456　　号 送付　令和　年　月　日 第　　　　　号				発送　令和　年　月　日 長 印	
	書類調査	戸籍記載	記載調査	附　票	住民票	通　知

（よみかた）		やま　はな	はる　こ	
氏を変更する人 の　氏　名	（変更前）　氏	山花	名 春子	平成8年 4月 7日生

住　　　所 （住民登録をして いるところ）	東京都豊島区目白3丁目6番18号
	世帯主 の氏名　山花春子

本　　　籍	東京都豊島区目白3丁目165	番地 番
	筆頭者 の氏名　山花春子	

（よみかた） 氏	変更前 山花	変更後 ブラウン
配偶者の氏名	氏 ブラウン	名 ジョージ

婚姻年月日	令和4年 3月 8日

氏を変更した 後 の 本 籍	（氏を変更する人の戸籍に他の人がある場合のみ書いてください） 	番地 番

そ の 他	次の人の父母欄の氏を更正してください

届 出 人 署 名 （※押印は任意） （変更前の氏名）	山花春子　　　　　㊞

記入の注意　筆頭者の氏名欄には、戸籍のはじめに記載されている人の氏名を書いてください。
この届書を本籍地でない役場に出すときは、戸籍謄本が必要ですから、あらかじめ用意してください。

(2)　変更届出の要件

ア　変更後の氏

戸籍法第107条第2項の氏の変更届は，婚姻をした外国人配偶者の称している氏に自己の氏を変更しようとする場合でなければ認められない。すなわち，日本人が外国人と婚姻した場合，当該外国人の氏名は，婚姻の届出に基づき日本人である配偶者の戸籍の身分事項欄に記載されるべき婚姻事項の中で明らかにされることとなっている（戸規35条4号，法定記載例74～77参照）が，本項の氏変更の届出において変更を求める外国人の氏は，届出人である日本人の戸籍に記載されている氏（すなわち，上述の婚姻事項中の氏）であることを要し，これと異なる氏を変更後の氏とする場合には受理することができない（基本通達第2の4(1)イの前段本文参照）（注2）。なお，戸籍に記載されている氏とは，届出人の身分事項欄に記載されていた外国人配偶者の婚姻前の氏に限られ，外国人配偶者が本国法における婚姻の効果として称することとなった復合氏に変更することは，申出により日本人配偶者の身分事項欄に記載されている場合であっても認められないとされる（平成27・6・1民一707号回答）。

外国人の中には，氏を有しない国の人，あるいは姓（ラストネーム）の全部が氏として扱われない国の人などがあるが，我が国が予定しているのは，外国人配偶者の氏のうち，その本国法によって子孫に承継される可能性のあるものであり，したがって，その可能性のない部分（この部分は，戸107条2項に規定する外国人配偶者の氏には含まれない。）を除いたものを変更後の氏とする届出は，これを受理することができる（基本通達前掲同ただし書）（注3）。

戸籍は，いうまでもなく日本の公簿であることから，その記載については，外国人の氏名についても日本文字によってすべきものとされている（大正12・2・6民事328号回答，昭和29・9・25民事甲1986号回答，昭和56・9・14民二5537号通達等参照）。同様の趣旨により，本項の氏変更届に基づく変更後の日本人配偶者の氏は，片仮名によって記載するが，配偶者が本国において氏を漢字で表記する外国人（例・韓国，中国）である場合において，正しい日本文字としての漢字により日本人配偶者の身分事項欄にその氏が

記載されているときは，その漢字で記載して差し支えないとされる（基本通達第2の4(1)ウ参照）（注4）。

　なお，外国人配偶者が死亡した後は，本項の氏の変更の届出をすることはできない（基本通達第2の4(1)エ参照）。

イ　届出期間

　戸籍法第107条第2項の氏変更の届出は，婚姻の日から6か月以内に限って認められる。届出期間が6か月に限定された主たる理由は，婚姻後相当期間内に氏変更の届出がないときは，日本人配偶者について氏を変更する必要性がないものと推定されるところ，その相当期間としては，婚姻後子の出生前に氏変更の届出をさせるのが相当であるとの配慮により6か月以内をもって妥当とされたものと解される。

　本項の氏変更の届出は，上記の期間内であれば，いつでもすることができるほか，婚姻の届出と同時にすることも差し支えない。婚姻の日から6か月を経過した後において，氏変更の必要がある場合には，氏変更の一般原則（戸107条1項）に戻って，家庭裁判所の許可を得ることが必要となる。

　届出期間の計算方法は，戸籍法第43条の原則により婚姻成立の日を初日として算入することとなる。なお，第2節〔3〕2の項（229頁）参照のこと。

ウ　氏変更の効果

　戸籍法第107条第2項の氏の変更は，戸籍の届出によって初めて効力を生じ，以後，届出人である日本人配偶者は外国人配偶者の氏と同じ呼称の氏を称することとなる。したがって，当該氏変更の届出は，いわゆる創設的届出であることはいうまでもない。

　なお，上記による氏変更の効果は，その者と同籍する他の者には及ばないとされる（基本通達第2の4(1)カ）。この場合の氏の変更は，戸籍法第107条第1項の氏変更の場合とは異なり，届出人の全く個人的事由によるものであり，その氏変更の効果を，在籍する他の者に及ぼすことは種々の不都合等を生じ妥当を欠くからである。

エ　変更した氏の性質

　戸籍法第107条第2項による氏の変更は，前述のとおり，同法第107条

第1項の氏変更の場合と同様に，民法上の氏の変更ではなく，戸籍法上の呼称の変更にとどまるものである。しかし，これが呼称の変更に過ぎないとしても，その者が従前称していた氏（すなわち，同法107条2項の氏変更届出の際に称していた氏）を称するには，婚姻継続中である限り，同法第107条第1項の家庭裁判所の許可を得なければならない。離婚の届出後，戸籍法第77条の2の届出をした者（いわゆる婚氏続称をした者）が，民法上の氏（すなわち，離婚によって復した氏）を称するには家庭裁判所の許可を得なければならないとされることと同様である。また，この氏の変更後，日本人との身分行為（例・縁組，離縁等）が生じたときには，氏（民法上）自体が変更したことになるので，本項による変更後の呼称も再度変更されることになる（注5）。

(3) 戸籍の処理

戸籍法第107条第2項の届出の効果は，前述のとおり届出人のみについて生ずるものであり，他の者に影響を及ぼさないので，その戸籍の処理については，次のように取り扱うこととされている。

① 戸籍の筆頭者でない者から外国人との婚姻の届出と本項の届出が同時にされたときは，婚姻の届出による新戸籍を編製した後に（戸16条3項），その戸籍に氏の変更事項（戸規34条2号・35条13号，法定記載例185・186）を記載し，筆頭者氏名欄の氏の記載を更正する（基本通達第2の4(1)オ）。

② 本項の届出があった場合において，その届出人の戸籍に同籍者があるときは，氏変更の効果は同籍者には及ばないから，届出人につき新戸籍を編製することとされている（戸20条の2第1項）。しかし，当該届出人と子は呼称は別であっても，民法上の氏は同一である。したがって，氏の変更前の戸籍に在籍している子は，同籍する旨の入籍届により，氏を変更した父又は母の新戸籍に入籍することができる。なお，本項の届出と同時に同籍する子全員から入籍届があった場合においても，氏を変更した者につき新戸籍を編製すべきものとされる（基本通達第2の4(1)カ）。

③ 本項の届出をした者の戸籍に同籍者がないときは，戸籍の変動はなく，単にその戸籍に氏の変更事項を記載し，筆頭者氏名欄の氏の記載を更正する。

④　本項の届出により氏を変更した者と外国人配偶者を父母とする嫡出子を戸籍に記載する場合には，その父母が離婚し，又はその婚姻が取り消されているときを除き，母欄の氏の記載を省略して差し支えない（基本通達第2の4(1)キ）。

⑷　氏変更事項の移記

氏の変更後管外転籍により新戸籍が編製される場合には，届出人の戸籍（身分事項欄及び戸籍事項欄）に記載された氏の変更に関する事項のうち，身分事項欄の記載事項（法定記載例186・188）については，移記を要しないが，戸籍事項欄の記載事項（法定記載例185・187）については，移記を要することとされている（戸規37条・39条参照）。

（注1）例えば，次のような審判例がある。
①　アメリカ人夫（ミシガン州）と婚姻した日本人妻について，その氏「前田」を「カーペンター」に変更することを許可した事例（札幌家審昭和57・1・11家月35巻7号98頁）
②　アメリカ人夫（アイオワ州）と婚姻した日本人妻について，その氏「高橋」を「イデ」に変更することを許可した事例（札幌家審昭和59・3・7家月37巻1号139頁）
③　韓国人夫と婚姻した日本人妻について，その氏「仁木」を「孫」に変更することを許可した事例（本例は，氏変更許可申立却下審判に対する抗告事件であるが，抗告審においては，申立人妻は，夫と氏が異なることから日常生活上種々の不便を被っており，今後も日本国内で生活していく以上，将来更に多くの不利益を被ることが予想されるから，このような場合，韓国においては慣習法として「姓不変の原則」が行われていることを考慮に入れても，同妻の氏を夫と同一の氏に変更することには戸籍法第107条第1項所定の氏の変更を許可すべき「やむを得ない事由」が存するというべきであるとして原審判を取り消した上，同妻からの氏の変更の申立てを許可した事例である―東京高決昭和59・3・29家月37巻1号118頁）
④　ドイツ人夫と婚姻した日本人妻について，その氏「松井」を「ベッカー」に変更することを許可した事例（本例は，その婚姻が昭和56年であったため，昭和59年改正法（法律第45号）附則第11条の適用を受けられない（昭和59年7月2日以降に婚姻をした場合であれば，昭和60年6月末日までその氏を外国人夫の称している氏に変更する旨の届出ができた―基本通達第2の4(1)ク参照）ことから，氏変更の原則（戸107条1項）により許可の審判を得たものである―岐阜家審昭和60・4・11家月37巻10号101頁）
（注2）例えば，身分事項欄に外国人配偶者の氏が「リカルド」と記載されているときに，「リカード」とする旨の届出は許されない。もし，「リカード」が正しく，「リカルド」

が誤りであるとすれば，戸籍法第113条の戸籍訂正手続により訂正の上，届出をすべきである。

(注3) 上述のとおり，本項の氏変更届によって変更しようとする氏は，届出人（日本人配偶者）の身分事項欄に記載された外国人配偶者の氏であって，かつ，当該外国人配偶者の本国法によって子に承継される可能性のあるものでなければならないとされる。しかし，現実の事務処理において，各国まちまちである氏の制度（氏の制度が法制化されていない国もある。）をすべて調査するということは極めて困難であり，また，この点につき届出人に証明させるということも容易ではない。外国人配偶者の本国法上の氏については，届出人が最もよく事情を承知しているはずであるから，その者から届け出られた変更後の氏は上記の基準に合致するものと推定するのが合理的であるといえる。そこで，基本通達は，変更後の氏の記載と身分事項欄中の外国人配偶者の氏の記載が一致しているときは，その中に，明らかに子に承継されない部分が含まれていると認められない限り，届出を受理して差し支えないとしている（基本通達第2の4(1)イの後段）。この点は，身分事項欄に記載の外国人配偶者の氏の記載の一部を除外して届け出られた場合にも同様に解して処理して差し支えないであろう（戸籍法及び戸籍法施行規則の一部改正に伴う戸籍実務—民事月報 vol.39号外「国籍法・戸籍法改正特集」155頁）。

(注4) 外国人配偶者の氏に変更する氏の変更が認められたことに伴い，氏の部分を明確にするため，外国人の氏名を記載するには，氏・名の順序により片仮名で記載するが，この場合には，氏と名との間に読点をつけて区別するものとされる（昭和59・11・1民二5501号通達）。

(注5) 例えば，日本人甲野花子が米国人男ブラウン，ジェームスと婚姻した後，その氏を夫の氏「ブラウン」に変更後，日本人乙原太郎の養子となる縁組をすると，氏は「乙原」と変更されることになる（民810条本文）。

3 外国人との婚姻の解消による氏の変更

(1) 意 義

外国人と婚姻した日本人が，その氏を前述2の戸籍法第107条第2項の届出により外国人配偶者の氏に変更した後，当該外国人との婚姻が解消した場合（すなわち，離婚，婚姻の取消し又は配偶者の死亡）には，それ以後におけるその者の社会生活上変更前の氏を称することが便宜であり，かつ，その必要性が典型的に強いと考えられること等から，当該婚姻の解消の日から3か月以内に限り，家庭裁判所の許可を得ることなく，その氏を外国人配偶者の氏に変更する際に称していた氏（変更前の氏）に変更する旨の届出をすることができる（戸107条3項）。

上記戸籍法第107条第3項による氏の変更は，氏変更の原則である戸籍法

●外国人との離婚による氏の変更届（戸籍法107条3項の届）を，本籍地の市町村長にした場合（氏を変更する者の戸籍に子が同籍している場合）の例

外国人との離婚による氏の変更届 （戸籍法107条3項の届） 令和4年12月13日 届出 東京都北区 長殿	受理　令和4年12月13日 第　　3421　　号	発送　令和4年12月13日
	送付　令和4年12月16日 第　　2987　　号	東京都北区 長印
	書類調査　戸籍記載　記載調査　附　票　住民票　通　知	

（よみかた） 氏を変更する人 の　氏　名	（変更前）氏　　　　　　　名　まりこ バンクス　　真理子　　　昭和62年 2 月 21 日生
住　　　所 （住民登録をしているところ）	東京都北区王子本町2丁目17番26号 世帯主の氏名　バンクス真理子
本　　　籍	東京都国立市富士見台1丁目123　　番地 　　　　　　　　　　　　　　　　　　番 筆頭者の氏名　バンクス真理子
（よみかた） 氏	変更前 バンクス	変更後　はた　なか 畑 中
婚姻を解消した配偶者	氏名　　バンクス、マイケル	
婚姻解消の原因	☑離婚　　□婚姻の取消し　　□配偶者の死亡	
婚姻解消の年月日	令和4 年　11　月　16　日	
氏を変更した後の本籍	（氏を変更する人の戸籍に他の人がある場合のみ書いてください） 東京都国立市富士見台1丁目123　　番地 　　　　　　　　　　　　　　　　　　番	
その他	次の人の父母欄の氏を更正してください 同じ戸籍にある長男明夫，長女江理	
届出人署名 （※押印は任意） （変更前の氏名）	バンクス真理子　　　　㊞	

記入の注意　筆頭者の氏名欄には、戸籍のはじめに記載されている人の氏名を書いてください。
この届書を本籍地でない役場に出すときは、戸籍謄本が必要ですから、あらかじめ用意してください。

第107条第1項の氏の変更の場合と同様に，いわゆる氏の呼称の変更である。ただ，家庭裁判所の許可を必要としない等の点で，同項の特則といえるものである。

(2) 届出の要件

ア 氏変更が認められる者

戸籍法第107条第3項の氏変更届によって氏の変更が認められるのは，①同法第107条第2項の氏変更届によって，その氏を外国人配偶者の氏に変更した者に限られる。また，②離婚等により婚姻が解消した場合（当該婚姻の無効等の場合は含まれない。）に限定される。したがって，婚姻継続中は，原則に戻って，戸籍法第107条第1項の規定により家庭裁判所の許可を得なければ変更することができない。更に，③同法第107条第1項の氏変更届によって氏を外国人配偶者の氏に変更した者（例えば，外国人と婚姻後，6か月以内に戸107条2項の氏変更届ができなかったため，同条1項の氏変更の一般原則により氏を変更した場合）には，戸籍法第107条第3項は適用されない。このような場合には，再度同条第1項の家庭裁判所の許可を得ることが必要である。

イ 変更後の氏

戸籍法第107条第3項の氏変更届によって変更できる氏は，同条第2項の氏変更の届出をした際に称していた氏に限定される（注）。したがって，他の氏に変更することを希望する場合には，戸籍法第107条第1項の氏変更の原則によらざるを得ない。

ウ 届出期間

外国人との婚姻解消の日から3か月以内に限られる。届出期間を3か月以内としたのは，戸籍法第77条の2の届出（いわゆる婚氏続称届）の場合との均衡が考慮されたものと解される。上記の期間経過後に氏を変更するには，氏変更の原則に戻って，戸籍法第107条第1項の氏変更の原則によらなければならない。

なお，後述第2節〔3〕3の項（230頁）参照。

(3) 戸籍の処理

戸籍法第107条第3項の届出に基づく戸籍の処理及び届出人の戸籍に在籍する子の入籍については，前述2の外国人との婚姻による氏変更の場合に準

じて取り扱われる。すなわち，この場合の氏の変更も個人的事情に基づくものであるから，届出人の戸籍に同籍者があるときは，届出人についてのみ新戸籍を編製し，氏変更の効果は同籍者には及ばない（戸20条の２第１項）。この場合に，氏変更前の戸籍に在籍している子は，同籍する旨の届出により，氏を変更した親の新戸籍に入籍することができる。また，この変更届と同時に同籍する子全員から入籍届があった場合にも，氏を変更した者について新戸籍を編製するものとされている（基本通達第２の４(2)参照）。

(注) 例えば，アダムズと婚姻して，氏を「乙山」から「アダムズ」と変更した後に離婚し，氏を変更しないまま，韓国人趙と婚姻（再婚）し，その氏を「趙」と変更した者が，配偶者の死亡によって婚姻が解消したため，本項の氏変更の届出をした場合には，「乙山」に戻ることはできず，「アダムズ」に戻れるだけである。当該の者が更に「乙山」に変更するには，氏変更の原則（戸107条１項）に戻って，家庭裁判所の許可を得なければならないこととなる。

4　外国人父母の氏への氏の変更

(1)　意　義

　日本人と外国人の婚姻後に出生した嫡出子は，日本国籍を取得する（国2条1号）とともに，日本人である父又は母の氏を称して，その戸籍に入籍することになる（民790条１項本文，戸18条２項）。他方，外国人と婚姻した日本人は，外国人配偶者の氏への呼称の変更が認められる（前述2「外国人との婚姻による氏の変更」の項213頁以下参照）ので，この氏の変更後に出生した子は，当然日本人であるその父又は母の変更後の氏を称することになるから，外国人である父又は母の称している氏と同一の呼称となる。しかし，日本人である父又は母が，その氏を外国人配偶者の称する氏に変更しない場合には，子は，外国人である親の称している氏とは異なる氏を称することとなる。そこで，このような場合に，子が，外国人である親と同一呼称の氏を称することを希望する場合もあり，かつ，その必要のある場合も十分考えられるところである。

　ところで，前記のような場合には，従来は，子が既に戸籍の筆頭者となっているときには，氏変更の原則すなわち，戸籍法第107条第１項の規定に従

●外国人父母の氏への氏の変更届（戸籍法107条4項の届）を，本籍地の市町村長にした場合の例

**外国人父母の氏
への氏の変更届**
（戸籍法107条4項の届）

令和4年9月30日 届出

東京都板橋区 長殿

受理	令和4年9月30日	発送 令和 年 月 日	
第	345 号		長印
送付	令和 年 月 日		
第	号		

| 書類調査 | 戸籍記載 | 記載調査 | 附 票 | 住民票 | 通 知 | |

	（ よ み か た ）	おおやま	じょうじ	
氏を変更する人の氏名	（変更前）氏	大山	名 譲司	平成15年8月22日生

住 所
（住民登録をしているところ）　東京都板橋区加賀1丁目17番28号
世帯主の氏名　大山真智子

本 籍　東京都板橋区志村2丁目123　番地番
筆頭者の氏名　大山真智子

	（よみかた）氏	変更前 大 山	変更後 ロビンソン

許可の審判　令和4年1月25日 確定

外国人である父又は母の氏名　☑父 □母　氏 ロビンソン　名 トーマス

氏を変更した後の本籍　東京都板橋区志村2丁目123　番地番

その他

届出人署名（※押印は任意）（変更前の氏名）　大山譲司　印

届 出 人

（氏を変更する人が十五歳未満のときに書いてください。届出人となる未成年後見人が3人以上のときは、ここに書くことができない未成年後見人について、その他欄又は別紙（届出人全員が別紙の余白部分に署名してください。署名欄に押印している場合は、余白部分への押印でも差し支えありません。）に書いてください。）

資 格	親権者（□父 □養父）□未成年後見人	親権者（□母 □養母）□未成年後見人
住 所		
本 籍	番地番 筆頭者の氏名	番地番 筆頭者の氏名
署 名（※押印は任意）	印	印
生年月日	年 月 日	年 月 日

記入の注意　筆頭者の氏名欄には、戸籍のはじめに記載されている人の氏名を書いてください。
この届書を本籍地でない役場に出すときは、戸籍謄本が必要ですから、あらかじめ用意してください。

い，家庭裁判所の許可を得て，氏を変更することができたが，筆頭者でないときには，同条第1項の要件を欠くため，これが適用される余地はなかった（この場合，分籍して（戸21条），筆頭者となれば同要件を具備することとなるが，未成年の間は分籍することができないから，結局，前述と同様の結果となる。）。そこで，戸籍の筆頭者又はその配偶者以外の者で，父母のいずれか一方を外国人とする者が，その氏を外国人である父又は母の称している氏に変更することを希望する場合には，家庭裁判所の許可を得て，その旨の届出をすることができることとされた（戸107条4項，基本通達第2の4⑶）。これが本項の外国人父母の氏への氏の変更である。なお，本項の氏の変更も，いわゆる氏の呼称の変更であり，この点は他の氏変更の場合と何ら変わるところはない。

⑵　届出の要件

ア　氏変更が認められる者

戸籍法第107条第4項の氏の変更については，同条第2項及び第3項による氏変更の場合とは異なり，その前提として家庭裁判所の許可を得なければならないこととされているが，この氏変更許可の申立てをすることができるのは，①父又は母が外国人であって，かつ，②戸籍の筆頭者又はその配偶者以外の者が，その氏を外国人父又は母の称している氏に変更しようとする場合（既に戸籍の筆頭者である者が，その氏を外国人父又は母の称している氏に変更しようとするときには，前述のとおり戸107条1項の手続によることとなる。）である。

なお，上記の氏変更が認められる者は嫡出子のみに限らず，外国人父によって認知された嫡出でない子にも適用される。また，本項にいう父又は母には，実父母はもちろん，養父母も含む趣旨と解されるため，外国人を養親とする養子（養親については，その双方又はいずれか一方が外国人であればよい。）についても適用されることになる。しかし，外国人を父又は母とする子が，既に日本人の養子となり，養親の氏を称するに至った後には，外国人である父又は母の氏への変更は許されない。この場合，養子は，養親の氏を称しているからである（民810条本文）。

なお，後述ウ参照のこと。

イ　家庭裁判所の許可

　戸籍法第107条第4項の氏の変更については，前述のとおり戸籍法第107条第2項及び第3項の氏の変更の場合とは異なって氏変更の原則，すなわち戸籍法第107条第1項の氏変更の場合と同様に，家庭裁判所の許可を得ることを要するものとされる。その意味において，実質的には，戸籍法第107条第1項の氏の変更と異なるところはない。ただ，戸籍の筆頭者及びその配偶者でない者にも氏の変更の方法を認めたという点で，同項の特則をなすものといえる。改正法施行後における審判例として，次のような事例がある。

　ギリシャ人父と日本人母との間に昭和58年西ベルリンで出生した子（出生以来父の氏をもって公に登録）が，昭和60年6月に日本国籍を取得し（昭和59年法律45号附則5条1項），日本人母の戸籍に入籍した後，その氏「園田」を父の氏「テオドラキイス」への変更を求めた事案において，戸籍法第107条第4項（戸107条1項の準用）にいう「やむを得ない事由」があるとして，申立てを認容（東京家審昭和60・11・11家月38巻5号89頁）。

　上記の氏変更について，家庭裁判所の許可を要するとされたのは，例えば，その氏変更許可の審判に基づき，氏変更の届出がされたときは，後述する（⑶戸籍の処理）とおり，子について新戸籍が編製され，日本人である親とは別戸籍となるが，それが果たして子の福祉に反しないか否かの調査を経る必要があり，他方，この氏の変更は，戸籍法第21条に規定する分籍（成年に達した者でなければ分籍することができない。）及び同法第107条第1項から第3項の氏変更（戸籍の筆頭者及びその配偶者でなければ，氏を変更することができない。）の原則の例外ともなっていることから，司法判断を経ないで氏変更を認めることは相当でなく，更に日本人の子も，父又は母と氏を異にする場合には，家庭裁判所の許可を得なければその父又は母の氏を称することはできないと定められており（民791条1項），それとの均衡も考慮する必要があるためであるといわれている（田中「改正戸籍法の概要」民事月報 VOL.39号外（「国籍法・戸籍法改正特集」）73頁）。

ウ　変更後の氏

　変更後の氏は，外国人である父又は母の氏に限定される。すなわち，日本人である父又は母の身分事項欄に記載された外国人配偶者（つまり外国人

である父又は母）の氏と同一でなければ，この氏の変更の届出を受理することはできない。ただし，外国人である父又は母の氏のうち，その本国法によって子に承継される可能性のない部分は，外国人である父又は母の称している氏には含まれないので（前述2⑵ア参照），その部分を除いたものを変更後の氏とする届出は受理することができる。

　この氏の変更は，前述アのとおり，外国人を養親とする養子にも認められるが，実父母の一方を外国人とする子（例えば，父外国人A，母日本人甲との間の嫡出子乙）が，他の外国人（仮にBとする。）の養子となっている場合には，変更可能な氏は養父母の氏（上記の例でいえば，Bの氏）だけであり，実父母の氏（上記の例でいえば，Aの氏）に変更することは認められない。養子がいわゆる転縁組をしているとき（例えば，日本人たる子甲が，外国人Aと養子縁組をし，次いで外国人Bと養子縁組をしているとき）は，最後の縁組による養親の称している氏（上記の例でいえば，Bの氏）のみに変更することができる（基本通達第2の4⑶イ参照）。

⑶　戸籍の処理

　氏変更の効果は，届出事件本人についてのみ生ずることはいうまでもない。したがって，この氏変更届に基づき届出事件本人について新戸籍を編製することとされている（戸20条の2，基本通達第2の4⑶オ）（**注**）。

　変更後の氏は，片仮名によって記載すべきものとされるが，このほかに留意すべき点等については，前記2の⑵アの項（216～217頁）で述べたところと同様である（基本通達第2の4⑶エ参照）。

（**注**）戸籍法第107条第4項の氏変更届があったときは，上記のとおり届出事件本人について新戸籍を編製することになるから，例えば，兄と弟が家庭裁判所の許可を得て，この氏変更の届出をした場合には，兄・弟それぞれについて新戸籍を編製する結果，別戸籍となることはいうまでもない。

　　上記の届出によって，外国人父又は母の称している氏に氏を変更した者が，再び旧氏すなわち，日本人父又は母の氏に氏を変更しようとする場合には，氏変更の原則すなわち，戸籍法第107条第1項の規定により家庭裁判所の許可を得て，氏を変更するほかはないが，この手続によれば，子は日本人の親と同氏同呼称となることができる。しかし，その場合，その子は，既に自己の意思に基づいて戸籍の筆頭者となっているから，その親の戸籍に入籍することはできないものと解する。

第2節　氏の変更届出の諸要件

[1] 届出事件細別	[2] 届出事件 本人	[3] 届出期間	[4] 届出地	[5] 届出義務者又は 届出当事者	[6] 添付書類	関係法令
氏の変更届	氏を変更 する者	届出によって 効力を生ずる	氏を変更 する者の 本籍地又 は届出人 の所在地	戸籍の筆頭者及 びその配偶者	審判の謄 本及び確 定証明書	戸107①, 25, 38②
外国人との婚 姻による 　氏の変更届	同上	婚姻の日から 6か月以内	同上	氏を変更する者		戸107②, 25
外国人との婚 姻の解消によ る 　氏の変更届	同上	離婚，配偶者 の死亡又は婚 姻の取消しの 日から3か月 以内	同上	同上		戸107③, 25
外国人父母の 氏への 　氏の変更届	同上	届出によって 効力を生ずる	同上	同上 （15歳未満の 　ときは法定 　代理人）	審判の謄 本及び確 定証明書	戸107④・ ①, 25, 38②

〈注　解〉

〔1〕　届出事件細別

　氏の変更の態様とその意義，要件ないしその効果等については，既に第1節の項で概説したとおりである。

　そこで，本項では，氏変更届の各場合における届出の諸要件等について概説することとするが，届出事件名については，①戸籍法第107条第1項の規定による氏の変更（すなわち「やむを得ない事由」による氏の変更）は，「氏の変更届」，②同条第2項の規定による氏の変更は，「外国人との婚姻による氏の変更届」，③同条第3項の規定による氏の変更は，「外国人との婚姻の解消による氏の変更届」，④同条第4項の規定による氏の変更は，「外国人父母の氏への氏の変更

届」としていることを改めて断っておきたい。

〔2〕　届出事件本人

いずれの届出も，氏を変更しようとする者が届出事件の本人であることはいうまでもない。

なお，氏の変更届（戸107条1項）に基づく氏変更の効果は，同一戸籍内のすべての者に及ぶから（昭和24・9・1民事甲1935号回答），実質的には，同籍者全部が届出事件の本人に該当することとなる。

〔3〕　届出期間

1　氏の変更届

この場合の氏の変更は，家庭裁判所の許可によって変更の効力を生ずるのではなく，この許可を前提として，届け出ることによって初めて変更の効力を生ずる。したがって，この氏の変更届は，いわゆる創設的届出に属するものであり，届出期間の定めはない。

2　外国人との婚姻による氏の変更届

この場合の氏の変更も届出によって効力を生ずるが，その届出をすることができる期間は，外国人との婚姻後6か月以内であり，この期間内であればいつでもこれをすることができる。

届出期間の計算方法は，この届出が戸籍法に定められているものであるため，民法の期間計算に関する一般原則は適用されず，戸籍法第43条の原則により婚姻成立の日を初日として算入することになる。したがって，外国の方式により婚姻した者については，同方式による婚姻成立の日が期間計算の初日となり，婚姻証書の謄本の提出日を基準に計算すべきではない。

戸籍法上の届出期間の満了日については，別段の規定がないので，民法第143条の規定が適用され，暦に従って計算することになるから，その起算日に応当する日の前日をもって満了する（注）。

（注）届出期間の満了日については，昭和63年12月13日地方公共団体の休日が法定（同日法律94号による地方自治法の一部改正）されたことに伴い，戸籍の取扱いも，報告的届出又は創設的届出とを問わず，届出期間の満了日が，市町村の条例で定める休日（日曜日，土曜日，祝日，年末又は年始等の条例で定める日）にあたるときは，その翌日をもって期間の満了とすることが明示された（昭和63・12・20民二7332号通達）。また，

在外公館に対する戸籍届出期間の満了日については，行政機関の休日に関する法律に定める日（昭和63年法律第91号（平成4年法律第28号により一部改正）1条1項—日曜日，土曜日，祝日，12月29日から翌年の1月3日まで）にあたるときは，同法第2条の特例により，また，在外公館の所在地における休日にあたるときは，民法第142条の類推適用により，いずれもその休日の翌日が期間の末日となることが明示された（同通達の4）。

3　外国人との婚姻の解消による氏の変更届

この場合の氏の変更も届出によって効力を生ずるが，その届出をすることができる期間は，外国人との婚姻解消（離婚，婚姻の取消し及び外国人配偶者の死亡）後3か月以内であり，この期間内であればいつでもこれをすることができる。離婚の届出と同時にすることもできるが，3か月経過後は，原則に戻って，前述1の変更手続（戸107条1項）によらなければならない。

届出期間の計算方法は，前述2の氏変更届の場合と実質的に変わるところはない。すなわち，期間計算にあたっては，婚姻解消の日を初日として算入する。その結果，①協議離婚の場合にはその届出の日，②裁判離婚の場合には判決（審判）確定の日，調停又は和解成立の日，認諾の日，婚姻取消しの日，③外国の方式による離婚の場合には同方式により離婚が成立した日，④外国人配偶者の死亡による婚姻解消の場合にはその死亡の日が起算日となる。

なお，前述2参照のこと。

4　外国人父母の氏への氏の変更届

この場合の氏の変更は，前述1の氏の変更届の場合と同様に，家庭裁判所の許可を前提として届け出ることによって効力を生ずる。したがって，当該届出は創設的届出であり，届出期間の定めはない。

〔4〕　届　出　地

届出地は，いずれの氏変更届も戸籍法第25条の一般原則による。すなわち，氏を変更しようとする者の本籍地のほか，届出人（本人も含めて）の所在地で届け出ることができる。

〔5〕　届出義務者又は届出当事者

1　氏の変更届

この場合における氏変更の効果は，同一戸籍内のすべての者に及ぶから（前述〔2〕参照），現行戸籍が夫婦親子で編製されることからも当該氏変更の届出

は，戸籍の筆頭者及びその配偶者がすることとされている。しかし，配偶者がいないときは筆頭者のみでよく，また，筆頭者又は配偶者のいずれか一方が死亡又は離婚等によって除籍されているときには，他方のみから届け出ればよい（昭和23・6・11民事甲1750号回答）。筆頭者又はその配偶者の一方が所在不明又は意思能力の欠缺等により表意不能のときも，他方のみで足りると解されている。なお，届出人となるべき者が意思能力を有しない場合（例えば，筆頭者が15歳未満の未成年者であるとき，又は成年被後見人であるとき等）には，その法定代理人が代わって届出をすることができる（家事17条，民訴31条，大正8・10・1民事3726号回答，昭和25・10・8民事甲2712号回答参照）。

2　外国人との婚姻による氏の変更届

氏を変更しようとする者すなわち，外国人と婚姻した日本人配偶者である。届出に際し，外国人配偶者との協議あるいはその承諾を得ること等は何ら要しない。

3　外国人との婚姻の解消による氏の変更届

前述2の氏変更の届出により氏を外国人配偶者の氏に変更した者である。

4　外国人父母の氏への氏の変更届

この氏変更の届出は，創設的届出であるから，氏を変更しようとする者が意思能力を有するときは，未成年者であっても，法定代理人の同意を得ることなく，本人自身がこれをすべきである（昭和23・4・15民事甲373号回答）。未成年者の意思能力の有無については，民法第791条第3項・第797条・第961条等の規定に照らし，満15歳以上の者は，通常意思能力を有する者として扱われている（昭和23・10・15民事甲660号回答）。本人が意思能力を有しない場合及び満15歳未満のときは，その法定代理人から届出をすべきである（基本通達第2の4(3)ウ参照）。

〔6〕　添付書類

1　氏の変更届

家庭裁判所の氏変更の許可の審判の謄本を添付することを要する。また，この許可の審判に対しては，利害関係人が即時抗告をすることができるものとされているから，審判の確定証明書を添付しなければならない（家事231条1号，戸38条2項）。

2 外国人との婚姻による氏の変更届

　氏を変更するについて，家庭裁判所の許可を得ることを要しないので，添付書類として特別必要となるものはない（外国人配偶者の氏のうち子に承継されない部分との関係でも特に添付資料の提出は不要（なお，第1節第2の2(2)アの（注3）220頁参照））。ただし，非本籍地の市町村長に届け出る場合には，届出事件本人の戸籍謄（抄）本が必要となる（戸27条の3）ことは他の届出の場合と同様である。

3 外国人との婚姻の解消による氏の変更届

　前述2の場合と同様である。

4 外国人父母の氏への氏の変更届

　前述1の場合と同様に，氏を変更するについて家庭裁判所の許可を要するため，その氏変更許可の審判書の謄本及び確定証明書の添付を要する。

第3節　氏の変更届書の審査上留意すべき事項

　氏の変更に関する各届書の審査上留意すべき事項は，概ね次のとおりである。

1 氏の変更届（戸107条1項）について

(1) 届出人は，戸籍の筆頭者及びその配偶者であるか

　氏の変更届は，原則として戸籍の筆頭者及びその配偶者のみがこれをすることができるものとされており（戸107条1項），それ以外の者（すなわち同籍者）からの届出は認められていないので（第1節第2の1(3)イの項206頁参照），氏の変更届が提出されたときは，その適否について審査し，受否を決定する必要がある。

　なお，第2節〔5〕1の項（230頁）でも述べたとおり①配偶者がいないときは，戸籍の筆頭者のみから，②筆頭者又は配偶者のいずれか一方が死亡しているときには，生存配偶者のみから，③夫婦が離婚しているときには，戸籍の筆頭者のみからそれぞれ単独で届け出ることができるが，筆頭者及びその配偶者がともに除籍されているときには，もはや氏変更の届出をすることはできないので，上記と併せて注意する必要がある。

(2) 家庭裁判所の氏変更許可の審判書謄本及び確定証明書が添付されている

か

　氏変更の届出をしようとする者（前述(1)参照）は，その前提として必ず家庭裁判所の氏変更許可の審判を得るとともに，その審判の謄本及び確定証明書を添付して届け出るべきものとされている（第2節〔6〕1の項231頁）。しかも，この家庭裁判所の許可は，氏変更の絶対的有効要件であるから，その許可のない氏変更の届出は，これを受理することができない（注1）。したがって，当該届出の受理にあたっては，氏変更許可審判書の謄本及び確定証明書が添付されているか否かを厳に審査し，かりそめにも審査粗漏のまま変更の許可のない届出を誤って受理することのないよう（許可を得ていない届出は，たとえ誤って受理されても氏変更の効力を生じないことについては前述した。）に特に留意しなければならない。

　なお，外国の裁判所が日本人に対する氏名変更の裁判をした場合，これに基づく氏変更届書は受理することができないことについては前述したとおりである（第1節第2の1(3)の項（注4）206頁参照）。

(3)　**届出人以外の同籍者がある場合に，届書にその同籍者の氏名，住所及び世帯主の氏名の記載がなされているか**

　氏の変更は，既に述べたとおり，同一戸籍内のすべての者について当然に及ぶものであるから，これら同籍者の住民票の氏について更正する必要が生じる（住基8条・9条2項）。

　そこで，上記の更正処理を行う（氏の変更届を同籍者の住所地以外の市町村長が受理したときは，住所地の市町村長に対し住民票の更正通知を要する。）上で，同籍者の氏名，住所及び世帯主の氏名を届書上明らかにする必要があり，もしこの記載を欠くときは，当該住民票の更正処理を的確に行い得なくなる。したがって，氏変更届書の受理にあたっては，その記載の有無ないしその適否等についても当然審査を要することになる。

(4)　**届出人の署名は，変更前の氏でなされているか**

　氏変更の効果は，届出の受理によって初めて発生するものであるから，当該届書の届出人の氏（署名）は，変更前の氏をもって届け出るべきである。したがって，同届出の受理にあたっては，その当否につき審査を要する（もっとも，変更後の氏をもって署名して届け出られたときには，事柄の性質上，あえて

これを補正するまでの必要はないであろう。）。

(5) 氏を変更しようとする者の子について，父母欄の氏を更正する場合，届
  書の「その他」欄に，その子の氏名，戸籍の表示及び父母との続柄の記載
  がされているか

　氏を変更しようとする者に子がある場合，その子が同一戸籍内にあるとき
は，氏変更の効果はその子にも当然に及ぶから，その父母欄における氏の記
載も可及的に更正されるべきである（昭和12・4・7民事甲371号回答）。また，
子が父・母と戸籍を異にする場合，氏変更の効果はその子には及ばない（昭
和27・9・25民事甲326号回答）としても，氏変更の届出の受理により父・母に
ついて呼称上の氏が変更される結果，上記の子の父母欄の氏の記載は現状と
一致しなくなるから，可及的にこれが更正されることが望ましい。そこで，
当該の子につき父母欄の氏の記載を更正するには，届書の「その他」欄にそ
の旨（すなわち，同籍する子については，父母との続柄及び名，他の戸籍にある子につ
いては，その属する戸籍の表示及び名）の記載を要するので（昭和26・12・20民事甲
2416号回答参照）（**注2**），当該届書の審査にあたって**遺漏のないよう留意する**
必要がある。

(**注1**) 届出前に既に氏変更許可の審判を得ていたにもかかわらず，届出に際し，単に許可
　　審判書の謄本の添付を遺漏したのみであるときは，後日，追完届によってこれを補完す
　　ることができるが，もともと許可のない届出が誤って受理されたときは，当該届出は無
　　効であり，後日，許可の審判を得たとしても追完の余地はない（先の氏変更事項は戸籍
　　訂正手続（戸114条）によって消除し，改めて氏変更の届出をするほかはない。）。
(**注2**) この場合において，もし氏の変更届書に父母欄の更正を要する子の記載がなかった
　　ため，戸籍の氏の記載が更正されなかった場合に，その後当該子が婚姻，縁組等により
　　新戸籍を編製され又は他の戸籍に入籍するときは，いわゆる移記の手続（戸13条，戸
　　規39条等）がとられるが，その際，その原因となる届書に同父母欄更正の旨を明らか
　　にした場合は変更後の氏を記載することができる（大正15・5・21民事3875号回答，
　　大正7・10・16民2031号回答参照）。
　　　なお，氏の変更届書（標準様式）には，同籍者のほかに，筆頭者及び配偶者の住所・
　　世帯主の氏名を記載することとされているが，これは，上述と同様いわゆる住所地通知
　　（住基9条2項）を行う上で必要なものであり，また，届出人としての住所の記載をも
　　兼ねているものである。

2　外国人との婚姻による氏の変更届（戸107条2項）について

(1)　婚姻の日から6か月以内に届け出られたものであるか

　外国人との婚姻による氏の変更届は，婚姻の日から6か月以内に限って認められるものである（戸107条2項）。

　上記の届出期間の計算方法は，第2節〔3〕の2（229頁）で述べたとおりであり，その性質はいわゆる除斥期間（注1）であるため，裁量によって伸長されることはない。もし，やむを得ない事由等によりこの期間内に届出をすることができなかった者が，その氏を外国人配偶者の氏に変更しようとする場合は，原則に戻って，戸籍法第107条第1項による氏変更の許可を求めるほかはない。

　上記の届出期間の要件については，審査の便宜上，届書に「婚姻の年月日」を記載すべきものとされているから，その年月日について戸籍簿又は添付の戸籍謄（抄）本の記載と十分照合の上，受否を判断しなければならない。

(2)　外国人配偶者との婚姻は継続しているか

　外国人との婚姻による氏の変更届は，日本人配偶者が外国人配偶者との婚姻生活を維持継続し，あるいは社会活動等を行う上で，自己の氏をその外国人配偶者の称している氏に変更したいとする必要性が特に高いこと等を考慮して，法が特別に認めたものであるから，その届出の前提として，外国人配偶者との婚姻が現に継続していることが必要であることは当然である。もし，婚姻後，その氏変更の届出前に外国人配偶者が死亡するに至ったときは，もはやその氏を称する必要性はないというべきであり，したがって，氏変更の届出を認める余地もないことから，外国人配偶者が死亡した後の届出は，これを受理することができないとされている（基本通達第2の4(1)エ参照）。そこで，その届出の受理にあたっては，特に届出人（日本人配偶者）の身分事項欄の記載（注2）等により前述の要件を具備しているか否かにつき審査の上，受否を判断すべきである。

(3)　変更後の氏は，届出人の身分事項欄に外国人配偶者の氏として記載されたものと同一であるか

　届出人が，この氏変更の届出後に称する氏は，届出人の身分事項欄（婚姻事項）に記載された外国人配偶者の氏（ただし，外国人配偶者の氏のうち，その本

国法によって子に承継される可能性のない部分を除く。なお，前述第1節第2の2(2)アの項216頁以下参照）と同一でなければならない。したがって，届出の受理にあたっては，上記の要件につき，届書の記載（すなわち，届書の「氏」の欄中特に変更後の氏の記載）の当否と併せて，前述届出人の身分事項欄の記載と照合審査の上，受否を判断するよう留意しなければならない。

(4)　**届出人の戸籍に子が在籍している場合，届書に氏変更後の本籍が記載されているか**

　　外国人との婚姻による氏変更の効果は，既に第1節第2の2(2)ウでも述べたとおり，同籍者には当然には及ばないから，届出人の戸籍に子が在籍するときには，届出人につき新戸籍を編製することとなる（戸20条の2第1項）。したがって，この場合には，その新本籍（届出人の希望する本籍）を届書（「氏を変更した後の本籍」欄）に記載する必要があり，この記載を欠くときは，新戸籍の編製等所要の処理を行うことができなくなるので，その記載の当否につき，届出人の戸籍中同籍者（子）の有無と併せて照合審査の上，受否を判断する必要がある。

　　なお，届出人について新戸籍が編製された場合に，その従前戸籍に在籍する子の入籍の取扱いについては，第1節第2の2(3)（218頁）参照のこと。

(5)　**届出人の署名は，変更前の氏でなされているか**

　　外国人との婚姻による氏の変更は，届出の受理によって初めてその効力を生ずるものであるから，当該届書の届出人の署名は，従前の氏をもってすべきである。したがって，当該届出の受理にあたっては，その当否につき審査することが必要である。

　　なお，前述1の(4)の項（233頁）参照のこと。

(注1)　除斥期間とは，ある種の権利の存続期間があらかじめ限定されていて，その期間が経過すれば権利は当然に消滅することをいう。予定期間又は失権期間ともいわれる。したがって，時効の場合のように中断とか停止とかは問題にならない。法文上「時効によって云々」と明記していないで，一定期間に何々をせよといっているようなものは，すべて除斥期間と考えて差し支えない（例・民201条。末川「新法学辞典」日本評論社刊571頁参照）。

(注2)　日本人配偶者の戸籍中その身分事項欄には，先の婚姻届に基づき外国人配偶者との婚姻事項が記載されていることは当然である（戸規35条4号・36条2項，法定記載例

74～77参照）が，仮に婚姻後，外国人配偶者が死亡したときには，通常，その死亡届に基づき，又は日本人配偶者からの申出に基づき，その身分事項欄に外国人配偶者の死亡による婚姻解消事項が記載されることになっている（昭和29・3・11民事甲541号回答）。

3　外国人との婚姻の解消による氏の変更届（戸107条3項）について

(1)　届出人は，先に外国人との婚姻による氏の変更届（戸107条2項）をした者であるか

　外国人との婚姻の解消による氏の変更届が認められるのは，先に外国人との婚姻による氏の変更届によって氏を変更した者に限定される。本項の届出が，外国人配偶者との離婚等によって婚姻が解消し当該外国人の氏への変更目的（あるいは氏変更の必要性）が意味をなさなくなった者のために特に認められたものであることからの当然の要請である。したがって，外国人と婚姻した後，戸籍法第107条第1項の氏変更の原則によって氏を当該外国人配偶者と同一氏に変更した者（例えば，外国人との婚姻後，6か月以内に当該外国人の氏への変更届をすることができなかったため，戸107条1項の規定により「やむを得ない事由」があるとして家庭裁判所の許可を得て氏を変更した者）には適用されない。もし，その者が従前の呼称に復しようとするときには，仮に外国人配偶者との婚姻解消後3か月以内であっても，この届出をすることはできず，改めて同条第1項所定の手続をとらなければならない。この場合の氏の変更は，そもそも家庭裁判所の判断の下に行ったものであるから，再度変更する際も同様の手続を経る必要があるわけである（法務省民事局編「国籍法・戸籍法改正特集」民事月報 Vol.39号外70頁）。

　ところで，外国人配偶者の氏への変更届（戸107条2項）が受理された場合は，当該届出本人の戸籍にその旨が記載されることになっている（戸規34条2号・35条13号，法定記載例185～189＝戸籍事項欄及び身分事項欄とも「令和九年五月八日戸籍法百七条二項の氏変更届㊞」（氏を変更する者の戸籍に子が同籍していない場合の例）の振合いにより記載される。そして，この記載のうち，戸籍事項欄の氏の変更に関する事項については，管外転籍による新戸籍に移記を要することとされている。この点は，氏を変更する者の戸籍に子が同籍しているため，届出人につき新戸籍を編製する場合

（法定記載例187〜192）の例でも同様である（基本通達第2の4⑴ア参照））。なお，コンピュータ記載例については，次の例によることとなる。

戸籍事項欄	氏の変更	【氏変更日】令和9年5月8日
		【氏変更の事由】戸籍法107条2項の届出
		【従前の記録】
		【氏】乙野
身分事項欄	氏の変更	【氏変更日】令和9年5月8日
		【氏変更の事由】戸籍法107条2項の届出

　したがって，上記の届出の要件については，前述の届出人の戸籍の記載と照合審査の上，届出の受否を判断すべきである。

⑵　**婚姻解消の日から3か月以内に届け出られたものであるか**

　外国人との婚姻解消による氏の変更届は，婚姻解消の日から3か月以内に限って認められるものである。この期間を経過した後は，原則に戻って，戸籍法第107条第1項の氏変更の手続によらなければならない。また，この点については，先に外国人配偶者の氏への変更が第107条第1項の手続（すなわち氏変更の原則）によってなされたときも同様である。そのほか本要件について留意すべき事項は，前述2（外国人との婚姻による氏の変更届）の⑴の項（235頁）において述べたところと同様である。

　なお，当該届出の届出期間の要件については，審査の便宜上，届書に「婚姻解消の原因」とともに「婚姻解消の年月日」を記載すべきものとされているから，これらの記載について戸籍簿又は添付の戸籍謄本の記載と照合審査の上，受否を判断する必要がある。

⑶　**変更後の氏は，戸籍法第107条第2項（外国人との婚姻による氏の変更）の届出をする際に称していた氏であるか**

　本項の届出によって変更できる氏は，先に戸籍法第107条第2項の氏変更の届出をする際に称していた氏（つまり，従前の呼称）に限られ，他の呼称に変更することは許されない（第1節第2の3⑵イ（222頁）参照）。

　上記の氏については，届書の「氏」欄に「変更後の氏」として記載すべきものとされているが，その当否は，通常，届出本人の戸籍簿又は添付の戸籍謄本の記載により容易に判断し得る事項と考えられるので，届書審査上遺漏

のないよう留意すべきである。

(4)　**届出人の戸籍に子が在籍している場合，届書に氏変更後の本籍が記載されているか**

　本項の届出によって従前称していた氏に変更することも，他の変更届の場合と同様に，民法上の氏そのものの変更ではなく，いわゆる呼称の変更に過ぎない。このことから，この氏変更の効果を，在籍する子にまで及ぼさせることは相当でないため，届出本人の戸籍に同籍する子があるときには，届出本人について新戸籍を編製することとされている（戸20条の2第1項）。そこで，この場合には，届書にその新本籍を「氏を変更した後の本籍」として記載すべきものとされており，この記載を欠くときは，戸籍の編製等所要の処理に支障を来すこととなるので，届書の審査上留意すべきである。

　なお，前述2(4)の項（236頁）参照のこと。

(5)　**届出人の署名は，変更前の氏でなされているか**

　本項による氏の変更は，届出の受理によって初めてその効力を生ずる。したがって，当該届書の届出人の署名は，変更前の氏をもってすべきであるから，届書の審査上留意すべきである。

　なお，前述1の(4)の項（233頁）参照のこと。

4　外国人父母の氏への氏の変更届（戸107条4項）について

(1)　**家庭裁判所の氏変更許可の審判書の謄本及び確定証明書が添付されているか**

　本項による氏の変更届は，既に第1節第2の4の(1)（223頁以下）で述べたとおり，戸籍の筆頭者及びその配偶者以外の者で父又は母を外国人とする者が，その氏を外国人である父又は母の称している氏に変更しようとする場合に認められるものである。そして，この届出をしようとするには，その前提として，必ず家庭裁判所の許可を必要とし，これを欠く届出は，誤って受理されても効力を生じない。

　ところで，当該氏変更の許可の審判については，戸籍法第107条第1項の氏変更の場合と同じく，利害関係人より即時抗告をすることが許されている（家事231条1号）。したがって，本項の氏変更の届出には，添付書類として家

庭裁判所の氏変更許可の審判書謄本のほか，確定証明書の添付を要するので（前述第2節〔6〕4の項232頁参照），届書の審査上十分留意しなければならない。

(2) 変更後の氏は，外国人である父又は母の氏として戸籍に記載されているものと同一であるか

本項の届出によって認められる変更後の氏は，外国人である父又は母の称している氏に限られる。そして，その氏は，日本人である父又は母の戸籍若しくは届出事件本人の戸籍に記載されている外国人父又は母の氏（すなわち，届出事件本人が，外国人・日本人間の嫡出子であるときには，日本人父又は母の身分事項欄（婚姻事項—法定記載例74・76・77参照）に記載されている外国人配偶者（外国人父又は母）の氏であり（したがって，本人の父母欄の父・母の氏とも一致する。），また，外国人父・日本人母間の嫡出でない子で，出生後上記父に認知された者であるときは，その身分事項欄（認知事項—参考記載例30）及び父欄に記載されている外国人父の氏）と同一でなければならない（もっとも，当該氏のうち，その本国法によって子に承継されない部分は除かれる—第1節第2の2(2)アの（注2）216頁参照）。したがって，上記届出の受理にあたっては，当該届書の「氏」欄に変更後の氏として記載されている「氏」，「外国人である父又は母の氏名」欄に記載されている「父・母の氏」の当否について，前述の戸籍の記載と十分照合審査の上，その受否を判断すべきである。

(3) 変更しようとする氏が外国人養親の氏である場合，届書にその旨が記載されているか

本項の届出は，養親の一方又は双方を外国人とする養子にも認められる。そして，この届出によって認められる変更後の氏は，いうまでもなく外国人養親が称している氏であり（注），それはまた，届出事件本人の戸籍に記載されている外国人養親の氏（すなわち，本人の身分事項欄（養子縁組事項—参考記載例60・61）及び養父・母欄に記載されている養父・母の氏）と同一でなければならない。この理は，前述(2)の場合と何ら変わるところがない。したがって，養子がその氏を外国人である養親の氏に変更しようとする場合には，届出の内容を明瞭にする趣旨から，当該届書の「その他」欄に「称する氏は養父（又は養母）の氏である」旨を記載するべきである。また，外国人が養親である

場合においても，届書の「外国人である父又は母の氏名」欄の父又は母のいずれかにチェックの上，その氏名を記載することとなる。これらの点について審査上留意しなければならない。

(4)　届書に氏変更後の本籍が記載されているか

本項の氏の変更は，第1節第2の4で述べたとおり，戸籍の筆頭者又はその配偶者以外の者（すなわち同籍者）で父母の一方を外国人とする者（又は養親を外国人とする者）が，その氏を外国人である父（養父）又は母（養母）の称している氏に変更しようとする場合に認められるものである（氏を変更しようとする者が，戸籍の筆頭者であるときは，戸107条1項の氏変更の手続による。）。そこで，この氏変更の届出があったときは，届出事件本人について新戸籍を編製することとなる（戸20条の2第2項）ので，当該届書にその新本籍を「氏を変更した後の本籍」として記載すべきものとされている。したがって，その記載につき届書の審査上留意すべきである。

なお，上記により氏を変更した者が，その氏を再び日本人である父又は母の氏に変更しようとする場合には，戸籍法第107条第1項の家庭裁判所の許可が必要である。そして，この許可が得られたときには，親子同氏同呼称となるが，この場合，子は，前記のとおり既に新戸籍の編製によって戸籍の筆頭者となっており，しかもそれは自己の意思に基づくものであるから，入籍届（戸98条）によって日本人父又は母の戸籍に入籍することは認められないと解する。

(5)　届出人の署名は，変更前の氏でなされているか

本項の氏の変更も，届出の受理によって初めてその効力を生ずる。したがって，当該届書の届出人の署名は，変更前の氏をもってすべきであるから，届書の審査上留意すべきである。

なお，前述1(4)の項（233頁）参照のこと。

(6)　届出事件本人が15歳未満である場合，その法定代理人から届け出られているか

本項の氏変更の届出は，いうまでもなく創設的届出であるから，本人が意思能力を有するときは，たとえ未成年であっても，法定代理人の同意を得ることなく，本人自ら届け出なければならない。しかし，本人が15歳未満で

あるときは，その法定代理人から届出をしなければならないこととなるので（昭和25・10・8民事甲2712号回答，基本通達第2の4(3)ウ），これに該当する届書の受理にあたっては，当該届書の届出人欄に，その法定代理人となるべき者の署名がなされているか否かを審査するとともに，戸籍簿又は戸籍謄（抄）本等の記載によって，それが果たして法定代理人たる資格を有する者であるか否かをも審査の上，受否を決定する必要がある。

(注) 外国人と日本人間の子が，他の外国人の養子となっているときは，その外国人である養親の氏に変更することが認められるだけであって，実父・母である外国人の氏に変更することは認められない。また，当該養子が，いわゆる転縁組をしているとき，すなわち外国人の養子となった者が，更に他の外国人の養子となっているときには，直近の縁組による養親の氏にのみ変更が認められることになっている（基本通達第2の4(3)イ・エ参照）。

このことは，既に第1節第2の4(2)ウの項（226頁）でも述べたところであるが，特に留意を要する点である。

第8章　名の変更届

第1節　名の変更届を受理するにあたって
　　　理解しておくべき基本的事項

第1　名変更概説

1　意　義

　名は，人の社会生活上において氏とともに個人の同一性を識別するために極めて重要な意義を有するものである。人の称する氏は，現行法上，原則として出生と同時に決定され，かつ，これを原始的に取得するものとされているから（民790条），自由にこれを選択するということはできない。これに対して，名は，出生後において，命名権者（注1）の意思すなわち命名行為によって自由に選択され，いわゆる後天的に取得するものである。しかし，それは，権利義務の主体をなす人の名称として，私法的にはもとより公法的側面においても重要な意義を有するから，みだりにその変更を許すときは，いわゆる呼称秩序の静的安全を害するおそれが生ずる。そこで，戸籍法は，名の変更については，家庭裁判所の許可にかからしめるとともに，「正当な事由」がある場合に限りこれを認めることとしている（戸107条の2）。

　名の変更は，その事由として，上記のように「正当な事由」があることを要するとされており，これは戸籍法第107条第1項の氏の変更基準よりやや厳格性が緩和されているように思われるが，その理由は，上記の氏の変更はそれが同一戸籍内の者全体に影響を及ぼすものであるのに対して，名のそれはある特定の個人の単なる名称の変更であるという点にあるものと解される。

　ところで，名を変更するについて，何が「正当な事由」にあたるかは，これを一般的基準に求めるとすれば，名を変更することが社会的にその必要性が高く，その個人の社会生活上著しい支障を生ずる場合ということになるのであろうが，事柄の性質上，画一的な基準を設けることは困難であり，結局，個々の

事案ごとに家庭裁判所が具体的に判断（認定）することにならざるを得ない。昭和23年1月31日民甲第37号最高裁判所民事部長回答は，上記の「正当な事由」の有無を判定するにあたっては，(1)営業上の目的から襲名する必要のあること，(2)同姓同名の者があって社会生活上甚だしく支障のあること，(3)神官若しくは僧侶となり，又は神官若しくは僧侶をやめるために改名する必要のあること，(4)珍奇な名，外国人にまぎらわしい名，又は甚だしく難解，難読の文字を用いた名等で社会生活上甚だしく支障のあること，(5)帰化した者で日本風の名に改める必要のあること，(6)上記に列挙した場合でも，新たな名は，戸籍法第50条の趣旨にかんがみ，同条にいう平易な文字を用いているものであること（注2），などの事実の有無が参酌されるべきものとして，一般的指針を示している。したがって，名を変更するには，単なる個人の趣味や主観的感情，あるいは姓名判断，信仰上の希望，社会活動の一部に支障があるというのみでは足りず，また，改名による弊害がないとか，あるいは少ないとかいう消極的な理由のみでも足りない。要すれば，改名することが本人にとっても，また，社会にとっても利益になるという積極的事由が存在することが必要であると解される（注3）。

（注1）現行法上，命名権者については，棄児の場合（戸57条）を除いて特に規定はなく，確立した説もないようであるが，「新法下では命名の本来の基礎は被命名者たる出生子自身にあり，親権者は被命名者の有する命名権を事務管理的に代行するもの」と解する見解が有力であり（戒能通孝「子を命名する権利と義務」（「家族法の諸問題」339頁），大阪家岸和田支審昭和41・3・2家月18巻10号76頁），戸籍の先例も，名未定の嫡出でない子の出生届受理後において母が死亡した事案につき，「命名権者である母から名の追完をすることは不可能であるため，本人が意思能力を有する場合は本人から，意思能力を有しない場合には，後見人から名を定めて追完届があれば，これにより戸籍に名を記載して差し支えない」としている（昭和34・6・22民事甲1306号回答。なお，西村一郎「子を命名する権利と義務についての一考察」（戸籍時報52号27頁）参照）。

（注2）戸籍法第50条及び同法施行規則第60条（子の名に用いるべき文字の範囲）の規定の趣旨は，名の変更にあたっても類推されるべきであると解するが（昭和23・5・22民事甲1089号回答），変更後の名について，上記制限外の文字が使用されている場合でも，家庭裁判所において許可の審判がなされた以上は，これに基づく名の変更届はこれを受理して差し支えないとされる（昭和24・3・7民事甲499号回答，昭和56・9・14民二5537号通達等）。なお，名の変更に関連して参考となるべき審判例として，次のような事例がある。

●名の変更届を，本籍地の市町村長にした場合の例

名 の 変 更 届	受理　令和4年11月15日	発送　令和　年　月　日
	第　　3123　　号	
令和4年11月15日　届出	送付　令和　年　月　日	長印
	第　　　　　号	
東京都千代田区長 殿	書類調査　戸籍記載　記載調査　附　票　住民票　通　知	

（よみかた）	おお はら 氏	よし きち 名	
名を変更する人の氏名	（変更前）		昭和55年 5月 19日生
	大 原	芳 吉	

住　　所	東京都墨田区文花3丁目27番18号
（住民登録をしているところ）	世帯主の氏名 大原芳吉

本　　籍	東京都千代田区富士見1丁目65　　番地番
	筆頭者の氏名 大原芳吉

（よみかた）名	変更前 芳 吉	変更後 よし お 義 夫

許可の審判	令和4年　11月　4日

その他	次の人の父母欄の名を更正してください (1)同じ戸籍にある長女文子 (2)東京都大田区東蒲田1丁目38番地大原明夫戸籍の明夫 妻夏子の婚姻事項中夫の名を変更後の名に更正してください　妻大原夏子

届出人署名（※押印は任意）（変更前の氏名）	大 原 芳 吉　　　　印

届 出 人

（名を変更する人が十五歳未満のときに書いてください。届出人となる未成年後見人が3人以上のときは、ここに書くことができない未成年後見人について、その他欄又は別紙（届出人全員が別紙の余白部分に署名してください。署名欄に押印している場合は、余白部分への押印でも差し支えありません。）に書いてください。）

資　格	親権者（□父 □養父）□未成年後見人	親権者（□母 □養母）□未成年後見人
住　所		
本　籍	番地番　筆頭者の氏名	番地番　筆頭者の氏名
署　名（※押印は任意）	印	印
生年月日	年　月　日	年　月　日

記入の注意　筆頭者の氏名欄には、戸籍のはじめに記載されている人の氏名を書いてください。

① 子の名には常用平易な文字を用いるべきものと規定する戸籍法第50条第1項の立法の趣旨は，改名についての「正当な事由」の有無の判断に際しても尊重されるべきものであるから，戸籍法施行規則第60条所定の文字以外の文字を用いた通名を長期間にわたって使用し上記通名を戸籍上の正式な名としなければ社会生活上著しい支障を来すような状況にまで達し，しかも，上記通名に用いられている文字が常用平易な文字の概念から著しく逸脱していない場合でない限り，改名の正当事由は認められないと解すべきである（東京高決昭和53・11・2家月31巻8号64頁）。

② 変更後の名の文字が常用平易な文字を用いたものであっても，社会通念に照らして明白に不適当な名や一般の常識から著しく逸脱した名の場合は，命名権の行使が濫用となることがあり，戸籍事務管掌者である市町村長は，出生届の受理を留保することができる（男児につき「悪魔」と命名した事件（東京家八王子支審平6・1・31判時1486号56頁））。

③ 出生届出当時，当用漢字表や人名用漢字表になかったため子の名に用いることができなかった漢字が，昭和51年に告示された人名用漢字追加表に掲げられたとしても，直ちに戸籍法第107条第2項（現行107条の2）の「正当な事由」が存するものということはできないが，告示後の上記漢字の一般的使用状況，命名時の事情，更には名の変更による社会的影響等を考慮した上，上記「正当な事由」が存在するものと認めた事例（釧路家帯広支審昭和54・5・14家月31巻10号93頁）

④ 出生届の当時，命名しようとした漢字が人名用漢字別表に含まれていなかったため，やむを得ず当用漢字にある字をもって届け出ていたが，その後人名用漢字別表の改正により当該漢字の使用が認められるようになったことから，戸籍法第107条の2による名の変更を申し立てた事件の即時抗告審において，同条の「正当な事由」は，変更を必要とする事由の存在という積極的要件ではなく，名の変更を認めても個人の同一性の認識に混乱を生ずるおそれはないという消極的要件があれば認められるとして，原審判を取り消して申立てを認容した事例（高松高決平成2・8・15家月43巻1号128頁）

⑤ 中学3年生が名を僧名に変更することについて，僧侶になる意思は強く，学業の合間に宗教活動を実践し，僧名を使用したこともあることから，今後も僧侶の道を進むであろうことが推認され，名を変更することが，本人の切望する進路の実現に資することになり，今後の生活に有益であること，改名が他の者に対し格別の不利益や弊害を及ぼすものとは考えられないことを考慮すると，正当な事由があるものと判断されるとした事例（高松高決平成9・10・15家月50巻3号42頁）

⑥ 性同一性障害のある者の名の変更について，社会生活上，自己が認識している性とは異なる男性として振る舞わなければならず，男性であることを表示している戸籍上の名を使用することに精神的苦痛を感じていることが認められ，その名の使用を強いることは社会観念上不当である一方，名の変更によって職場や社会生活において混乱が生じる事情も認められないとして，正当な事由があると認めた事例（大阪高決平成21・11・10家月62巻8号75頁）

⑦　有罪判決を受け執行猶予中の者が，逮捕時に報道された自己の氏名及び顔写真がインターネット上に拡散されているため，就職できない状態であるとして名の変更を申し立てた事案で，犯罪歴は，企業にとって，企業への適応性や企業の信用の保持等の秩序維持の観点から重要な情報の一つであって，応募者が雇用契約に先立って申告を求められた場合には，信義則上真実を告知する義務を負うものであるから，応募にあたり犯罪歴を応募企業に知られることで一定の不利益を受けることがあったとしても，それは社会生活上やむを得ないものとして甘受すべきであるとして，このような不利益を回避することを理由に名の変更をすることは許されないとした事例（東京家審令和元・7・26判夕1471号255頁）

（注３）昭和59年法律第45号による戸籍法改正前の戸籍法第107条第２項（現行107条の２）に関しては数多くの裁判例があるが，その中で，改名申立ての事由のうち最も多数を占めるのが，いわゆる通名の永年使用を理由とするもののようである。また，通名使用の動機には，迷信，あるいは姓名判断によるものがあり，これに基づく改名申立ての許否が問題となる（上記は，そもそも合理性に欠けるものであり，社会的呼称秩序の維持からも本来許されるべき申立てとはいえないと思われる。）が，しかし，仮に動機がそうであったとしても，それが通称として長期間使用され，しかもその名の通用度が本人の同一性認識の標準になるに至っているような場合には，名を変更するについて正当事由があるとして認容する傾向にあるようである。なお，判例体系・戸籍法655頁以下，判例家事審判法第４巻4471頁以下参照のこと。

2　名変更の要件

名を変更するには，その前提として家庭裁判所の許可を得ること，及び変更するについて「正当な事由」があることを要し，更に上記の許可に基づき戸籍の届出をすることが必要とされる（戸107条の２）。名の変更事由としての「正当な事由」の有無の判定にあたって参酌されるべき事実等については，既に１で述べたとおりである。

3　名変更の手続

名を変更しようとする者は，あらかじめ家庭裁判所の許可を得て，戸籍の届出をしなければならない。家庭裁判所は，名変更許可の審判に際しては，その変更事由すなわち，「正当な事由」の有無を判断しなければならないことは前述したとおりである。正当事由の有無は，専ら家庭裁判所の判断事項であって，市町村長の審査すべき事項ではないこと等は，すべて氏変更の場合と同様である。

　名変更許可の申立ては，名を変更しようとする者（15歳未満の場合は，その法定代理人）が，その住所地の家庭裁判所にしなければならない（家事226条1号・別表第一の122）。

　名の変更許可事件は，調停には親しまないので，専ら審判手続によって行われる（注）。

　家庭裁判所の名変更の許可は，氏変更の場合と同様に，名変更の絶対的条件であるから，この許可を得ていない名変更の届出は，これを受理することができない。

　なお，仮に申立権のない者の申立てによって許可の審判がなされた場合，これに基づく名変更の届出が，正当な届出人（すなわち届出資格を有する適格者）からなされれば，これを受理して差し支えないとされている（昭和26・1・31民事甲71号回答）。

（注）①出生の届出は，いうまでもなく報告的届出であるから，届出の際の錯誤が明らかな場合，例えば，名を誤記して届け出たとか，あるいは使者が名を誤って届け出たような場合には，届出前に客観的に確定した事実（命名）が存在しているはずであるから，改名の手続によるべきではなく，戸籍訂正手続（戸113条）によるのが正当と解される。

②子の名に制限（戸50条，戸規60条）外の文字を用いて出生の届出がなされ，これが看過して受理・戸籍に記載された場合（戸籍記載前であれば追完）において，その名を制限内の文字による名に改めるためには，原則として，戸籍訂正許可申立てによるべきでなく，改名の許可申立てによるべきであるとされる（昭和25・8・3法務省裁判所戸籍事務連絡協議会結論—家月25巻7号83頁）。

③朝鮮人について，出生の届出を受理した後，届出時に子の名を誤記したことを理由とする追完届があったときは，これを受理して差し支えないとされる（昭和30・2・16民事甲311号回答，昭和31・12・18民事甲2854号回答）が，これは，出生の届出時において，届出人が真に子の名を誤記したと認められる相当の理由がある場合に限り認められるものと解すべきであるから，事実上名の変更を来すような結果となる追完届は許されない（昭和52・2・21民二1354号回答）。

④韓国人の名の変更許可申立てについて，韓国戸籍法によれば，改名しようとする者は，法院の許可を受けて，その届出をすることができる旨定められているもののようであるが，上記は韓国戸籍上その表示を変更するものであって，我が国の家庭裁判所が上記の事項につき裁判権を有するものではないとされる（東京家審昭和50・6・25家月28巻5号65頁，同旨，大阪家審昭和56・9・21家月34巻9号88頁）。

⑤特別永住者の資格で本邦に在留する外国人で，本国における公簿上の名を有しない者

の外国人登録上の名が，我が国における社会生活を続けていくうえで，日本人における戸籍に表示された名と同様の個人識別等の機能を有していることは顕著な事実である。このような場合に限っては，上記外国人登録上の名の変更許可の申立ては，戸籍法に基づく名の変更許可の申立てに準ずる性質を有するものとして，我が国の家庭裁判所の管轄に属するとした事例（横浜家川崎支審平成8・7・3家月48巻12号69頁）がある。

第2　名変更の効力

名の変更も，氏変更の場合と同様に，家庭裁判所の許可審判のみでは効力を生ぜず，許可を前提として，戸籍の届出（戸107条の2）をすることによって初めてその効力を生ずる。したがって，名変更の届出は，創設的届出に属することはいうまでもない。

第3　戸籍の処理

名の変更届があったときは，これに基づいて本人の戸籍に名の変更に関する事項（戸規35条14号，法定記載例196，参考記載例191）を記載した上，名欄（筆頭者である場合には，名欄のほか筆頭者氏名欄）の名の記載を変更後の名に更正する。この場合，変更した者の子又は養子の父母欄又は養父母欄の名の記載も可及的に更正されるべきである（昭和27・2・13民事甲133号回答）。

なお，夫婦の一方が名を変更した場合において，その名の変更の届出と同時又は届出後に，他の一方から婚姻事項中の配偶者の名を変更後の名に更正する旨の申出があった場合は，市町村長限りの職権で，その記載を更正して差し支えないとされている（平成4・3・30民二1607号通達）。

第2節　名の変更届出の諸要件

〔1〕 届出事件細別	〔2〕 届出事件本人	〔3〕 届出期間	〔4〕 届出地	〔5〕 届出人	〔6〕 添付書類	関係法令
名の変更届	名を変更する者	届出によって効力を生ずる	名を変更する者の本籍地又は届出人の所在地	名を変更する者（15歳未満のときは法定代理人）	審判の謄本	戸107の2, 25, 38②, 50 戸規60

〈注　解〉

〔1〕　届出事件細別

　名変更の意義，要件ないし効果等については，既に第1節で述べたとおりである。

〔2〕　届出事件本人

　名を変更しようとする者が届出事件の本人であることは，その性質上当然である。

〔3〕　届出期間

　名変更の届出は，これが市町村長に受理されることによって効力を生ずる，いわゆる創設的届出であるから，届出期間の定めはない。

〔4〕　届　出　地

　戸籍法第25条の一般原則による。すなわち，名を変更しようとする者（すなわち事件本人）の本籍地のほか，届出人（事件本人を含めて）の所在地で届け出ることができる。

〔5〕　届　出　人

　名を変更しようとする者（すなわち事件本人）である。

　なお，本人が15歳未満であるとき，又は意思能力を欠くときには，その法定代理人から届出をすることが認められる（戸32条）。なお，第3節2の項（251頁）参照のこと。

〔6〕　添付書類

　家庭裁判所の名変更許可の審判書の謄本を添付することを要する。

　なお，名変更許可の審判に対しては即時抗告は許されていないので，確定証明書を添付する必要はない（家事231条参照）。

第3節　名の変更届書の審査上留意すべき事項

　名の変更届書の審査上留意すべき事項は，概ね次のとおりである。

1　家庭裁判所の名変更許可の審判書謄本が添付されているか

　名を変更しようとする者は，その前提として，必ず家庭裁判所の名変更許可の審判を得るとともに，その審判書謄本を添付して届け出るべきものとされている（第2節〔6〕の項参照）。家庭裁判所の許可は，名変更の絶対的有効要件であり，これを欠く名変更の届出は無効とされるから，審判書謄本の添付の有無を調査確認の上，受否を判断すべきである。

　なお，外国の裁判所が行った名変更の裁判に基づく名変更届は，これを受理することができないことについては，第7章「氏の変更届」第1節第2の1の（注4）（213頁）参照のこと。

2　名を変更しようとする者が15歳以上の未成年者である場合，本人から届出されているか

　名変更の届出は，氏変更の届出の場合と同様に，戸籍法のみに規定されている創設的届出であるが，この届出も広義の身分上の行為にほかならないので，未成年者や成年被後見人でも意思能力のある限り本人自身が届出をすべきであり（戸32条），また，これについて法定代理人の同意を要しないものと解されている（昭和23・4・15民事甲373号回答）。したがって，名を変更しようとする者が，仮に未成年の場合であっても，既に満15歳に達しているときは，必ず本人自身が届出をすべきであって，法定代理人が代わって届け出ることは原則として許されない。そこで，届出の受理にあたっては，当該届書の届出人の出生年月日の記載（「名を変更する人の氏名」欄）によりその是非につき審査する必要がある。

　なお，上記の場合に，もし法定代理人から届け出られているときは，本人から届け出るよう，届書の補正を求めた上で受理すべきであることはいうまでもないが，仮に法定代理人からされた届出を誤って受理した場合，その届出は効力を生ぜず，これに基づく戸籍の記載は訂正を要することとなる（昭和20・11・7民事特甲525号回答）（注）。

> **（注）** この場合に，後日，本人から「自ら届出をする」旨の追完届があったときは，これを有効として取り扱って差し支えないとされている（昭和32・2・26民事甲381号回答）。

3　名を変更しようとする者が15歳未満である場合，その法定代理人が届出をしているか

　名を変更しようとする者が15歳未満であるとき（又は15歳以上であっても意思能力を欠く場合）には，その法定代理人が代わって家庭裁判所の名変更の許可を得るとともに，戸籍上の届出をしなければならないこととなる（大正7・10・4民1082号回答参照）。この場合に，父母が共同で親権を行使しているときは，父母双方から届出をすべきであることはいうまでもない。この点はまた，仮に，共同親権者たる父母の一方のみから家庭裁判所に名変更許可の申立てをしてその許可があった場合でも同様であって，戸籍の届出は父母の双方からこれをすべきである（昭和25・6・16福島地方法務局管内戸協決）。もし，その届出を父母の一方のみからして誤って受理された場合，その届出は本来無効といわなければならない（注）。したがって，届出の受理にあたっては，当該届書の届出人欄の記載によりその是非につき審査しなければならない。

> **（注）** この場合に，後日，届出人とならなかった父母の一方から，先の届出人である父又は母と共に届け出る旨の追完届があったときは，これを有効として取り扱って差し支えないとされている（昭和26・10・17民事甲1959号回答）。

4　届出人の署名について，変更前の名でなされているか

　名変更の届出は，創設的届出である。すなわち，名の変更は，届出の受理によって初めて効力を生ずるものであるから，当該届書の届出人の名（署名）は変更前の名をもって届け出るべきである。したがって，届出の受理にあたっては，その当否につき審査を要する（もっとも，仮に，変更後の名をもって署名して届

け出られたときには，事柄の性質上，あえて補正させるまでの必要はないであろう。)。

5　名を変更しようとする者の子について，父母欄の名を更正する場合，届書の「その他」欄にその子の氏名・戸籍の表示及び父母との続柄等が記載されているか

　名を変更しようとする者に子がある場合，その子の父母欄の記載を更正するには，名変更届書の「その他」欄にその旨（すなわち，同籍する子については，父母との続柄及び名，他の戸籍にある子については，その属する戸籍の表示及び名等）の記載を要するので（昭和26・12・20民事甲2416号回答参照），届書の審査にあたって遺漏のないよう留意すべきであろう（注）。

　（注）名の変更届書に，変更者と同籍する子又は異籍の子につき父母欄の名更正の旨の記載
　　　がなかったため，その処理がされなかった場合，後日，その旨の追完届又は市町村長の
　　　職権に基づきこれを更正することが認められる（昭和12・4・7民事甲371号回答等）。

第9章 就 籍 届

第1節 就籍届を受理するにあたって
理解しておくべき基本的事項

第1 就籍の意義

　就籍とは，本来，本籍を有すべくしていまだこれを有しない者について本籍を設けることである。すなわち，国籍法の規定によって日本国籍を有する者は，すべて本籍を有し，戸籍法の適用を受けるから，当然戸籍に記載されるべきであるところ，これに反して，実際にはその入籍すべき戸籍をもたない者がいる。就籍とは，このように本籍を有しない者のために新たに戸籍を設ける（つまり，戸籍に記載する。）ことをいうのであって，戸籍法第57条による棄児発見の手続によることのできない者についてなされる（就籍に関する具体的問題等については，後述第2の（注2）255頁以下参照）。

第2 就籍の要件

1 日本国民であること

　就籍は，いうまでもなく日本国民についてのみ許される。日本の国籍を有しない者（すなわち外国人）の就籍は認められない。仮に日本国籍を有しない者について就籍の許可審判（後述4（260頁）参照）がなされても就籍の効力を生じないので，これに基づく就籍届は受理することができない（昭和28・6・26民事甲1075号回答，昭和30・2・15民事甲289号通達）（注）。

　（注）就籍許可の審判に基づき就籍した者が，旧外国人登録法等違反事件の判決により外国人であることが判明した場合には，検察官の通知（戸24条4項）に基づき，本籍地の市町村長は管轄局の長の許可を得て，職権で当該就籍戸籍を消除しなければならない（昭和35・6・17民事甲1513号回答）。

2　本籍を有しない者であること

　就籍が許されるためには無籍者であることを要するが，いわゆる本籍の有無が明らかでない者についても許される（大正10・4・4民事1361号回答）。

　無籍者には，出生の届出未了のうちに出生届出義務者が死亡し又は行方不明となり，出生に関する資料が得られないため，職権による戸籍記載手続（戸44条3項）をとることができない者と，従前，樺太又は千島（国後島，択捉島，色丹島，歯舞島を除く。）に本籍を有していた者で，平和条約発効（昭和27・4・28）前に内地に転籍しなかった者（注1）とがある。また，出生の届出に基づいて，いったん戸籍に記載されたが，親子関係不存在確認の裁判確定に基づく戸籍訂正によって消除された場合に，改めて出生の届出（又は職権による戸籍記載）をすることができない（届出義務者の死亡，出生に関する資料不足等）者等も無籍者に入ると考えて差し支えないと解される。これに対し，いわゆる戸籍の記載の錯誤・遺漏により戸籍に記載されていない者は無籍者にはあたらない。例えば，戸籍の異動の際に記載を遺漏された者，除籍の事由がなくして誤って除籍された者については，戸籍訂正の手続によってこれを記載し又は記載を回復すべきであるから，これらの者は就籍の対象にはならない。

　出生の届出の遺漏による無籍者については，原則として届出義務者のない場合に限り就籍が許されるべきであろうが，出生届出義務者の有無にかかわらず，就籍許可の審判がなされ，これに基づき就籍届がなされたときは，これを受理すべきであろう（注2）。

（注1）樺太及び千島は，昭和27年4月28日平和条約の発効により日本国の領土から分離され，かつて同地域に本籍を有していた者で，同条約発効までの間に本土に本籍を移していなかった者（ちなみに，同地域在籍者については，戸籍法上の特別の措置として，同条約発効までの間は，内地への転籍等により戸籍を編製する取扱いが認められていた―昭和24・7・18民事甲1583号通達等）は，本籍を失い，無籍の状態になるに至ったため，同地域在籍者は，同日以降は「本籍を有しない者」として内地に就籍の手続をする必要があるものとされる（昭和27・4・19民事甲438号通達，昭和27・7・28民事甲1099号回答）。なお，国後島，択捉島，色丹島，歯舞島の地域に本籍を有していた者の取扱い等については，拙著「全訂　戸籍届書の審査と受理」第14章転籍届の項509頁以下を参照されたい。

（注2）就籍の取扱いに関し次のような問題及び先例がある。

◉就籍の届出を，就籍地の市町村長にした場合の例

就　籍　届	受理　令和4年2月7日	発送　令和　年　月　日
令和4年2月7日 届出	第　　456　　号	
	送付　令和　年　月　日	長　印
	第　　　　　号	
東京都千代田区 長 殿	書類調査　戸籍記載　記載調査　附　票　住民票　通　知	

（よみかた）	の　はら	ひろ　し	
就籍する人の氏　名	氏 野原	名 広志	昭和58年 7 月 18 日生

住　　　所	東京都千代田区富士見1丁目18番19号	
（住民登録をしているところ）	世帯主の氏名 野原広志	

就籍するところ	東京都千代田区富士見1丁目67	番地 番
（本　籍）	筆頭者の氏名 野原広志	

就 籍 許 可 の 年 　月　 日	令和4 年 1 月 28 日

父 母 の 氏 名 父母との続き柄	父	続 き 柄
	母 亡 野原菊子	☑男 □女

そ の 他	

届出人署名 （※ 押印は任意）	野原広志　　　　　　印

届　　出　　人
（就籍する人が十五歳未満のときに書いてください）

□未成年後見人　□親権代行者		
住　所		
本　籍	番地 番	筆頭者 の氏名
署　名 （※ 押印は任意）	印	年　　月　　日生

1　出生届も就籍届もともにいまだ戸籍に記載されていない者を新たに戸籍に記載するという共通目的をもつものであることから，その適用の関係をいかに調整するか等の問題がある。
　(1)　出生の届出義務者（戸52条）がいるときは，出生届によることとし，原則として，出生届出義務者がいない場合においてのみ就籍手続による（大正5・6・7民465号回答，昭和29・2・15民事甲297号回答参照）。
　　注　出生の届出遺漏のまま，現在では既に父母や出生当時の同居者などの届出義務者がいないという場合に，就籍を許可した審判例がある（東京家審昭和42・8・29家月20巻3号95頁参照）。
　(2)　無籍の母が出生した嫡出でない子については就籍手続をとらずに本籍不分明のまま出生届をする（戸34条）。次いで母につき就籍の手続により新戸籍を編製した後に，先の出生届について本籍分明の届出（戸26条）をして，これにより子を当該母の戸籍に入籍させる（昭和23・9・21民事甲1789号回答，昭和27・2・27民事甲157号回答参照）。
　(3)　2，3歳のころ誘拐されて以来転々として20歳になった者について，日本人であるが，本籍の有無が明らかでない場合には，就籍を認めるものとする（大正10・4・4民1361号回答）。
　(4)　棄児の場合には，乳幼児については棄児発見調書（戸57条）によって戸籍を編製して差し支えないが，一般的には就籍の手続によるのが望ましいとされる（昭和25・11・9民事甲2910号回答参照）。
　(5)　棄児発見の調書によって既に戸籍が編製されている者については，就籍の届出を受理すべきではないが，就籍許可の審判によれば，父母の氏名及び父母との続柄が明らかで，しかも本人の入籍すべき戸籍も明らかなときは，戸籍法第113条の規定により棄児発見調書に基づく本人の戸籍の父母欄及び父母との続柄欄を記載した上，父母の戸籍に移記するとともに，従前の戸籍を全部消除するのが相当である（昭和29・2・15民事甲297号回答）。
2　嫡出でない子につき就籍許可の審判書に父の氏名が記載されている場合の処理
　　嫡出でない子についての就籍許可の審判書に父の氏名が記載されていても，その審判によって法律上の父子関係が形成されることはないから，就籍の届出人が認知を証する書面を添付しない限り，戸籍に父の氏名を記載することはできない（昭和26・12・5民事甲1773号回答，昭和37・4・6民事甲1005号回答，昭和40・12・17民事甲3462号回答）。この場合に，もし事実上の父とみられる者を就籍届に父と記載しているときには，その記載を削除の上受理する（昭和37・4・6民事甲1005号回答）。
3　日本国籍の存否と就籍
　(1)　朝鮮人・台湾人は戦前においても原則として内地戸籍に記載されることはなく，平和条約発効前において婚姻・縁組・認知などの身分行為により内地戸籍に記載されることがあるに過ぎなかった。しかも現行国籍法は，外国人はこれらの身分行為によっては日本国籍を取得することはないとしているから外国人はもちろん，内地

戸籍に記載されるべきでない朝鮮人・台湾人も就籍手続をとることは認められない（昭和27・4・19民事甲438号通達参照）。

(2) たとえ外国人登録（注）はされていても，公的に日本人でないとの資料はなく家庭裁判所の就籍許可があった場合には，その者からの就籍の届出は受理するのが相当である（昭和30・12・13民事甲2646号回答）。

(注) 平成21年法律第77号により外国人登録法は廃止され，外国人住民も住民基本台帳法に基づき外国人住民票が作成されることになっている（住基30条の45）。

(3) 日本人であることの確認ができないということの理由で，就籍許可の申立てが却下された場合でも，別に日本国籍存在確認の訴えを提起して，その勝訴判決を得たときは，更に戸籍法第110条に規定する就籍手続ができるとされている（昭和31・7・14民事(二)発381号回答）。

（審判例）

(a) 国籍を朝鮮として外国人登録をしているのは誤りであり，国籍法第2条第4号（昭和59年国籍法改正前の規定）にいわゆる「日本で生まれた場合において父母がともに知れないとき」に該当するとして，就籍を許可した事例（東京家審昭和41・9・9家月19巻3号73頁，東京家審昭和42・8・30家月20巻3号101頁）。

(b) 中華民国人として外国人登録をしているが，日本人であって父母の氏名・本籍は判明したが，共に死亡しており，他に出生届出義務者もいないとして単独の就籍を許可した事例（東京家審昭和42・8・29家月20巻3号95頁）。

(c) 父母の本籍，経歴が不明確で，日本人であると認めるに足りる根拠もなく，申立人の出生地も不明であり，また，その経歴関係をみても必ずしも申立人をして日本人であると認めるに十分でない者の就籍許可の申立ては却下すべきであるとされた事例（仙台高決昭和38・10・1家月16巻1号101頁）。

4 本籍不明者又は無籍者と就籍

(1) 本籍不明者として夫の氏を称する婚姻をした妻は，夫を筆頭者（戸14条）とする戸籍に記載されているから，現に本籍を有するので就籍はできない（昭和37・11・27民事甲3396号回答）。

(2) 本籍不明者が婚姻によって戸籍に記載されているとき，婚姻事項中の従前戸籍の表示「本籍不明」を消除する目的でする就籍は認められない（昭和37・11・27民事甲3396号回答）。

(注) 当時は，本籍不明者が相手方の氏を称して婚姻したときは，その戸籍に入籍する取扱いであった。

(3) 本籍不明者又は無籍者として婚姻又は養子縁組によって戸籍に記載されている者が自己の戸籍の表示を明らかにすることなく離婚又は離縁によって除籍されるときは，新戸籍を編製することなく，婚姻又は縁組に基づく戸籍から離婚又は離縁によって直ちに除籍する。なお，上記により除籍後の本籍不明者又は無籍者については，戸籍訂正又は就籍の手続によって戸籍に記載されるよう当該本人に促すべきであるとされる（昭和31・5・2民事甲838号通達）。

5　親子関係不存在確認の裁判確定に基づく戸籍訂正により戸籍から消除された者の出生届と就籍届の取扱い

　　戸籍上の父母との間の親子関係不存在確認の裁判（審判）に基づく戸籍訂正によって消除され無籍者となった子の戸籍の取扱いについて，昭和46・3・16第107回法務省裁判所戸籍事務連絡協議会結論は，(1)当初の出生届出人が届出義務を有しなかった場合，就籍が許されるか否かは問題であり留保するが，これをどのように解したとしても，家庭裁判所における就籍許可の審判があれば，これに基づく届出は受理する。(2)当初の出生届出人が同居者であったなど届出義務を有していた場合には，戸籍法第113条の手続により，先に消除された戸籍を回復し，実親（多くは母）の氏名と父母との続柄を記載し，出生届出人の資格（場合により更に氏名）を訂正した上，出生当時の実母の属した戸籍に移記する，としている。

6　その他参考先例

(1)　就籍許可の審判書に父母の氏名及び父母との続柄不詳とあって，男女の別が不明の場合は，就籍届出に男女の別を記載させ，これに基づいて戸籍の記載をして差し支えない（昭和26・8・29大分地方法務局管内戸協決）。

(2)　母とその子について併合して審判された就籍許可の審判書を添付して各別に就籍の届出があった場合は，まず母について就籍による新戸籍を編製し，子をその戸籍に入籍させる（昭和25・8・16民事甲2206号回答）。

(3)　10年前に出生した本籍不明の子につき出産に立ち会った者から出生の届出があった場合，その後その者の本籍分明の届出がないことが予想されるときは，就籍手続によって戸籍の記載をすることができる。

　　上記の就籍後，先の出生届について本籍分明届を求め，就籍戸籍に出生事項を記載するが，戸籍の記載が出生届書の記載と相違する場合は，就籍の届出人に戸籍訂正の手続を求めて戸籍の錯誤を訂正した上，出生の届出に基づいて出生の記載をする（昭和27・2・27民事甲157号回答）。

(4)　旧法当時父母の氏名不詳として就籍した上婚姻によって夫の戸籍に入籍した女につき，その後，嫡出でない子の出生届があったときは，これを受理し，就籍戸籍に出生事項及び母欄の記載をなし，婚姻後の戸籍にこれを移記する（昭和37・4・6民事甲1004号回答）。

(5)　約60年前の棄児（当時3歳）については，就籍許可の申立てをさせるのが相当である（昭和38・6・28民事甲1831号回答）。

(6)　就籍に関する事項は新戸籍に移記を要しない（昭和27・6・30民事甲921号回答）。

3　生存している者であること

　既に死亡した者については，原則として就籍は許されない（昭和25・8・19家庭甲259号最高裁家庭局長回答参照）。たとえその者に対して就籍許可の裁判がなさ

れても，これに基づく就籍届は受理すべきでないとされる（元樺太在籍者につき
昭和28・4・25民事甲698号回答，昭和40・7・7民事甲1490号回答，戦死者につき昭和
31・3・6民事(二)発91号回答参照）。

死亡者は，元来戸籍から除かれて本籍を有しないものであり，本籍の設定を
目的とするところの就籍を認める実益がないからである。

なお，就籍許可の審判がなされたが，その届出前に就籍者が死亡したときは，
市町村長の職権によって就籍に関する戸籍の記載をすることとされている（戸
44条3項，昭和29・4・14民事甲752号回答）。

4 家庭裁判所の許可（戸110条）又は確定判決（戸111条）があること

(1) 許可の裁判

就籍をしようとする者は，その前提として，家庭裁判所の許可を得なけれ
ばならない。許可の裁判を得ていない就籍の届出は受理すべきでなく，誤っ
てこれを受理しても届出は無効である。就籍の許可事件は，家事事件手続法
別表第一の123に掲げる事件であり（家事226条2号・39条），審判によっての
み処理される事項であって調停に親しまない。したがって，もし，調停調書
中に就籍に関する条項が記載されていたとしても，就籍の効力を生ずること
はない。就籍許可の審判に対しては，いわゆる即時抗告を許さないから，そ
の告知によって就籍の効力を生ずる（家事74条2項）。

(2) 確定判決

戸籍法第111条は，「確定判決によって就籍の届出をすべき場合」を規定
しているが，そもそも就籍を命ずる判決というようなものは考えられないの
で，同条にいう確定判決とは，就籍を命ずる判決を意味するものではなく，
就籍の基礎たるべき実質的身分関係に関する判決（又は審判―家事277条）を指
称するものと解される（青木・大森「全訂戸籍法」452頁）。本条によって就籍す
る事例は極めてまれであると思われるが，例えば，①有籍の夫婦とその嫡出
子―出生届未了の―間に親子関係存在確認の判決が確定したが出生届をしな
い場合，あるいは②有籍の母と無籍の嫡出でない子間に母子関係存在確認の
判決が確定したが出生届をしないような場合，③国を相手方として日本国籍
存在確認の判決が確定した場合（昭和31・7・14民事(二)発381号回答）等を挙げ

ることができよう。

第3　就籍許可の申立てと審判等

　就籍許可審判の申立て（注1）は，就籍をしようとする本人（すなわち，本籍を有しない者）から，就籍しようとする地（日本の領土内であれば，いずれの地でも差し支えない。）の家庭裁判所にすべきものとされる（戸110条，家事226条2号）。その者が未成年者であっても意思能力を有するとき（意思能力の有無は概ね15歳を標準とする。）は本人から行うべきであり（大正4・7・7民638号回答，昭和32・12・3民事甲2296号回答），意思能力を有しないときは，未成年後見人（昭和24・4・2民事甲798号回答），児童福祉施設に入所中の児童については，その親権者又は未成年後見人がないときは施設の長が親権代行者（児童福祉法47条）として申立てをすることができる（昭和22・4・30民事甲363号回答）（注2）。成年被後見人等についても，手続行為能力が認められる（家事227条・118条）。しかし，意思能力を有する未成年者の就籍につきその法定代理人からの申立てに対し家庭裁判所において許可の審判をした場合でも，当該審判は有効であるから，その審判に基づき本人から就籍の届出があったときは，これを受理すべきである（昭和29・2・15民事甲297号回答）。意思無能力者自身による申立てに対して誤って許可の審判がなされ，法定代理人から届出があった場合も同様と解する。また，仮に15歳未満の者からの申立てによって就籍許可の審判がなされ，これに基づき当該本人から就籍の届出がなされた場合，その者がたとえ15歳未満であっても意思能力を有すると認められるとき（この場合，家庭裁判所は，申立人本人に意思能力ありと認めて就籍許可の審判をしたものと解すべきであろう。）は，これを受理して差し支えないとされる（昭和32・12・3民事甲2296号回答）。

　就籍許可の申立てに対して，家庭裁判所は，特に本人が日本国籍を有する者であるか否か（国2条），日本国民であるとすれば本籍を有しない者（つまり無籍者）であるか否か等につき重点的，かつ，書証，人証等により慎重に調査検討の上，許否を決定することになる（注3）。

　なお，就籍をした後に本籍が判明した（他の戸籍に在籍する。）とき，又はその者が外国人であることが判明したときは，その就籍の基礎となった許可審判を存続させておくことは不適当であるため，当該審判をした家庭裁判所は，就籍

許可取消しの審判をするものと思われる（家事78条）が，この審判がなされたときは，これを戸籍法第113条に規定する戸籍訂正許可の審判に準じて（戸24条2項に基づく職権による戸籍訂正の資料として）本人からの戸籍訂正申請又は市町村長の職権によって，当該戸籍を消除することとなる（昭和27・8・23民事甲73号回答，昭和27・12・12民事甲797号回答参照）。

（注1）申立てにあたっては，添付書類として，本人の写真，本籍を有しない旨の証明書（著者注・本籍地番を特定した上，そこに「何某の戸籍（又は除籍）がない」旨の証明書の交付請求があったときは，市町村長はいわゆる一般行政証明として不在籍証明をして差し支えないとする先例がある（昭和34・9・12民事甲2064号回答）が，単に「本籍を有しない」とする旨の証明は，本籍地番が特定されておらず，したがって，そもそもその証明の前提となるべき公簿が存在しないので，かかる証明書の交付は事実上不可能といえる（なお，日本加除出版企画室編「戸籍の公開と手数料」121頁以下参照））のほか，身分証明書，学籍証明書，住民登録をしていれば，その住民票の謄本等を要するものとされる（藤島・中村「家事調停審判事件の申立と実務」284頁）。

（注2）就籍をしようとする者が未成年者で意思能力がないときは，法定代理人が本人に代わって申し立てることになることは前述のとおりであるが，法定代理人たる親も本籍を有しない場合，その法定代理権を証明する方法が問題となるが，戸籍先例は，現に親権を行う父又は母から申立てをする場合であれば，当該親子関係を証する書類を添付することができないときでも，法律上の親子関係の存否及び法定代理権を有するかどうかの認定についても家庭裁判所の調査審理活動に期待することができるので，前記の親権者からの代理申立てを認めても差し支えないと解している（昭和27・6・16民事甲829号通達）。

（注3）日本国籍の存否と就籍との関連上とかく問題となる，いわゆる中国残留日本人孤児の就籍の取扱いに関し参考となるべき審判例として，次のようなものがある。

① 日本国外で出生し中国人に引き取られ中国で生活してきた申立人をいったんは自分の子と認めた日本人がこれを否定するに至ったため，就籍許可を申し立てた事案について，生育の事情等諸般の状況からすると，申立人は当該日本人の子と認められないが，申立人の父が日本人であり，仮にその父が法律上の父ではないとしても母が日本人であることは明らかであって，申立人は日本国籍を有するものと認められるとして，申立てを認容した事例（東京家審昭和53・3・31家月31巻1号82頁）

② いわゆる中国残留日本人孤児からの就籍許可申立事件において，申立人の父は知れないが，申立人が中国内で日本人難民集団とともに避難行を続けていた女性から中国人養父母に引き渡されたことからすれば，申立人の母は日本人であったことは疑いをいれる余地はなく，申立人は出生により日本国籍を取得しているなどとして，就籍を許可した事例（横浜家審昭和60・11・18家月38巻3号73頁）

③ いわゆる中国残留日本人孤児からの就籍許可申立事件において，申立人の出産の状

況や中国公安局の調査で日本人孤児と認定されている事実等から，少なくとも母が日本人であることは認められるので，申立人は出生によって日本国籍を取得したというべきであるとして，就籍を許可した事例（横浜家審昭和60・11・29家月38巻 3 号78頁）

④　いわゆる中国残留日本人孤児からの就籍許可申立事件において，申立人らが日本人父と中国人母間の婚姻（昭和15年当時婚姻挙行地の法律である中華民国民法982条 1 項の規定による方式に従い婚姻）後に出生し，嫡出子として日本国籍を取得したことが認められ，したがって，いずれも嫡出子として日本人たる父の戸籍に入籍すべきところ，日本人父は昭和50年当時既に死亡しており，出生の届出をすべき者がいない状況にあるとして，就籍を許可した事例（大阪家審平成 3 ・ 1 ・10家月44巻 1 号127頁）

第 4 　就籍に関する戸籍の記載

　就籍手続によって，父又は母の戸籍に入籍する事例は極く少ないと思われる。一般には，戸籍法第22条によりその者について新戸籍が編製される。この場合，同法第13条及び同法施行規則第30条各号に掲げる事項が記載されるべきであるが，就籍許可審判書においてこれが明示されていないとき，又はこれに関し確実な資料がないときは，記載を省略せざるを得ない（というより記載をすることができない。）。なお，戸籍事項欄及び身分事項欄の就籍に関する戸籍記載については，法定記載例200・201によることとされる。

第 2 節　就籍届出の諸要件

〔1〕 届出事件細別	〔2〕 届出事件本人	〔3〕 届出期間	〔4〕 届出地	〔5〕 届出義務者・届出人	〔6〕 添付書類	関係法令
審判による就籍届	就籍者	許可の日（審判告知の日）から10日以内	届出人の所在地又は就籍地	就籍者	審判の謄本	戸110，112，25，38Ⅱ
判決による就籍届	同上	判決確定の日から10日以内	同上	同上	判決の謄本及び確定証明書	戸111，110，112，25

〈注 解〉

〔1〕 届出事件細別

1 就籍届出の性質

　就籍許可の審判は，審判の告知によってその効力を生ずることは前述したとおりである。しかし，就籍の目的とする戸籍への記載は，就籍許可の審判を前提として，これに基づく届出によってなされる。しかも，就籍は，そもそも日本人でありながら出生の届出の遺漏等によりいまだ戸籍に登載されていない者を新たに記載する手続であり，そしてそれは，究極において戸籍制度の要請に基づくものであるといえる。言い換えれば，本来，戸籍に記載されるべき者が無籍のままでいることは，戸籍制度の趣旨（目的）に反するといわざるを得ない。したがって，上記に該当する者（すなわち，出生の届出義務者が死亡又は所在不明等により戸籍に記載されていない者）は，むしろ就籍の手続をすべき義務を負うと解すべきであり，現に戸籍法は，就籍届について届出義務者と届出期間を定めて，その届出を強制している（戸110条）。その意味において，就籍届は報告的届出であるといえる。

　ところで，就籍すべき本籍については，審判において指定し，審判の確定によって当然その指定された本籍に就籍の効力を生ずるとする先例がある（昭和29・4・14民事甲752号回答）が，届出に基づいて戸籍に記載されることが就籍であるから，就籍する本籍は，当事者が届出において定めるべきであり，その限りにおいて就籍届は創設的性質を兼有するとする有力な見解がある（青木・大森「全訂戸籍法」450頁。なお，成毛「戸籍の実務とその理論」870頁参照）。

2 就籍者の氏及び就籍戸籍

(1) 称すべき氏

　各人の氏は出生と同時に定まる。すなわち嫡出子は父母の氏を称し，嫡出でない子は母の氏を称することになる（民790条）。そして，それは戸籍に記載されると否とにかかわらずそれぞれ氏を有することになるから，無籍者といえども本来的に氏を有しているはずである。したがって，就籍者は，出生当時の氏で就籍するのが原則である。そこで，父母が明らかである場合は，特別の事情のない限り，嫡出子は父母の氏を，嫡出でない子は母の氏を称し

て就籍しなければならない。ただ，父母が明らかでない者については適宜の氏をもって就籍を許可するほかはない。

(2)　**就籍すべき戸籍**

　就籍者の父母が明らかであるときは，就籍者は，父母又は母の氏を称してその戸籍に（父母が死亡しているときは死亡当時父母の在籍した戸籍に）就籍すべきであり（昭和39・2・26民事甲379号回答），その戸籍が除かれているときはこれを回復した上就籍する（昭和26・12・5民事甲1773号回答）。ただし，成年者はその意思により，父母の戸籍に入らず，新たに本籍を定めて就籍できるものと解すべきであろう（昭和27・6・5民事甲782号通達，昭和36・8・5民事甲1915号回答，昭和39・12・8民事甲3919号回答参照）。父母の明らかでない者は本籍を設定し新戸籍を編製する（戸22条）。

〔2〕　**届出事件本人**

届出事件本人は，就籍する本人であることはいうまでもない。

〔3〕　**届出期間**

　届出期間は，許可の審判の告知の日から10日以内である。この場合には，戸籍法第43条が適用される。就籍許可の審判に対しては即時抗告が許されず，本人に告知されるとその効力を生ずるからである（家事74条）。確定判決による就籍届の場合は，判決確定の日から10日以内である。この場合にも戸籍法第43条の適用があることはいうまでもない。

〔4〕　**届　出　地**

　就籍届の届出地としては，戸籍法第25条の一般原則による（すなわち，届出人の所在地）ほか，就籍地でも届出をすることが認められる（戸112条）。

〔5〕　**届出義務者又は届出人**

　就籍届の届出義務者は，就籍する本人である。もし本人が未成年者又は成年被後見人であるときは，親権者，未成年後見人，若しくは前述の代行者（児童福祉法47条）又は成年後見人が届出義務者となるが，この場合でも意思能力のある本人からの届出は受理される（戸31条1項）。就籍許可の審判があった後，その届出前に就籍する本人が死亡した場合には，市町村長は戸籍法第44条第3項の規定により，職権をもって就籍に関する戸籍の記載をすべきであることは前述した（昭和29・4・14民事甲752号回答）。

確定判決による就籍の場合もすべて上記と同様である。

〔6〕 添付書類

添付書類としては，就籍許可審判の謄本を必要とする（戸38条2項）。この許可の審判に対しては，前述のとおり即時抗告が許されないので，確定証明書の添付は必要としない。

確定判決による就籍の場合は，判決の謄本が必要であるのみならず，判決には控訴上告が許される結果（民訴281条・285条・311条・313条），確定証明書の添付が必要である（戸111条，昭和23・5・20民事甲1074号回答）。

第3節 就籍届書の審査上留意すべき事項

就籍届書の審査にあたって特に留意しなければならない事項は，概ね次のとおりである。

1 家庭裁判所の就籍許可の審判を得ているか。また，審判書の謄本が添付されているか

就籍は，既に第1節第2（254頁参照）で述べたとおり，家庭裁判所の許可を前提とするものであって（戸110条1項），これを欠く就籍の届出はこれを受理することができない。就籍の届出に際して，就籍許可審判の謄本の添付を要する（戸38条2項）とされているのもこの理由にほかならない。そこで，就籍届の受理にあたっては，上記就籍許可の審判及び同審判書謄本の添付の有無につき十分審査の上，受否を判断する必要があることはいうまでもない。なお，確定判決による就籍届の受理の場合においても，基本的には上記と何ら変わるところはないが，判決確定証明書の添付を要することに留意する必要がある（第2節〔6〕参照）。なお，前述第1節第2の4(2)（260頁）参照。

2 届書に「就籍許可の年月日」が記載されているか

就籍の届出にあたり届書に記載すべき事項は，一般的記載事項（戸29条）のほか，戸籍法第13条に掲げる事項（戸籍に記載すべき事項），及び「就籍許可の年月日」を記載しなければならないとされる（戸110条2項）(注)。これは，戸籍

の記載事項とされていることによる（法定記載例200・201）が，就籍許可の年月日とは，当該許可の審判が告知された日である。就籍を許可する審判は，その審判が申立人に告知された日に効力を生ずるからであり（前述第1節第2の4の項260頁参照），これは通常家庭裁判所からの就籍許可審判確定通知書（家事規119条）によって明らかにされる。したがって，就籍届出の受理にあたっては，上記の記載の有無及びその適否につき当然審査を要することとなる。

　なお，確定判決（又は審判）による就籍の場合には，届書の「就籍許可の年月日」欄を「　　年　月　　日親子関係存在確認（又は日本国籍存在確認）の裁判確定」のように補って記載するか，又は「その他」欄にその旨を記載して処理すべきであろう。

　（注） 戸籍法第13条に掲げる事項については，この事項のうち不要又は不明なものについては，届書の「その他」欄にその旨を記載すれば足りる（戸34条1項。なお，前述第1節第4の項263頁参照）。

3　届書に就籍すべき「本籍」が記載されているか

　就籍は，日本人でありながら本籍を有しない者（無籍者）について本籍を定める手続である。したがって，届書には，その本籍を「就籍するところ」の欄に記載して届け出なければならないが，定められるべき本籍は，通常，家庭裁判所の許可による場合には，審判書に記載されているから，これによることとなる。また，確定判決による場合（例えば，日本国籍存在確認の裁判が確定した場合—戸111条）は，その届出の際に定めた本籍を記載することとなる。しかし，父母，又は母が判明しているときは，原則としてその戸籍に入籍すべきであるから（前述第2節〔1〕の2の項（264頁）参照），その本籍を記載することとなる。そこで，届書審査上，上記の記載につき留意の上，受否を判断すべきである。

4　就籍をする者が15歳未満である場合，その法定代理人から届け出られているか

　就籍の届出は，通常，就籍をする本人から，これをすることになるが，その者が15歳未満であるときは，法定代理人（親権者，未成年後見人）又は親権代行者から，成年被後見人であるときは，成年後見人からそれぞれ届け出なければ

ならないこととなる（戸110条1項・31条1項，児童福祉法47条）。そこで，これに該当する就籍届については，届出人欄の記載すなわち，届出人の資格及び署名により届出の適否を審査の上，受否を決定しなければならない（注）。

> **（注）**①就籍をしようとする者が，意思能力を有しない未成年者で，かつ，法定代理人がいないときは，利害関係人から未成年後見人選任の申立てをし，これにより選任された未成年後見人から就籍の許可を得て届け出ることになる（昭和24・4・2民事甲798号電報回答）が，その場合における未成年後見開始事項と就籍事項の戸籍記載順序は，届出の受理の前後によるとする先例がある（昭和24・10・20〜21東北6県各市戸協決，同25・3・28民事局変更指示）。しかし，一般的には，未成年後見人選任の申立てと，その選任を前提とする就籍許可の申立て（同時申立て）ということになるはずであるから，理論的には，先に未成年後見人選任事項，次に就籍事項という順序で戸籍の記載をするのが妥当と解される。
> ②親権代行者が届出をする場合は，届出人欄に，その施設の名称，場所及び職名も記載するが，戸籍の記載（身分事項欄の就籍事項）については，単に「親権を行う何某届出」とすべきである。

第10章　戸籍訂正申請

第1節　戸籍訂正申請を受理するにあたって 理解しておくべき基本的事項

第1　戸籍訂正概説

1　戸籍訂正の意義

　戸籍は，我々日本人の国籍に関する事項はもとより，その出生，死亡，婚姻，離婚その他の重要な身分事項を記載し（戸籍に記載すべき事項は，戸13条，戸規30条・34条〜40条により法定され，同附録第6号・第24号に戸籍の記載のひな形が示されている。），これを公証する唯一の公文書であって，その記載は，反証がない限り一応実体の身分関係を正しく反映するものとして推定される（大判明治37・1・23民録10輯27頁，最判昭和28・4・23民集7巻4号396頁）。

　戸籍の記載事項について，戸籍法は，例えば，その届出に際し，ある場合には証人を必要とし（例・婚姻，縁組等の創設的届出の場合（民739条2項・764条・799条・812条，戸33条）），また，ある場合には，届出事項の正当性を立証する書面の添付を求めて処理する（例・出生届における出生証明書（戸49条3項），死亡届における死亡診断書又は死体検案書（戸86条2項・90条2項），国籍取得を証すべき書面（戸102条2項），国籍喪失を証すべき書面（戸103条2項）等）こととし，あるいは，当事者の自由意思に基づく身分関係の変動はいわゆる創設的届出をしなければ効力が生じないものとし，さらには，虚偽の届出をした者に対しては刑罰を科する（刑157条1項）こと等によって，戸籍記載の真正を担保しようとしている。ところが，戸籍の記載は，届出に基づいてするのが原則とされる（戸15条）ものの，市町村長は，その届出の受理にあたっては，一般的に形式的審査主義がとられているため，往々にして届出人の故意又は過失により実体の身分関係と合致しない届出がなされ，そのまま実体に合致しない身分関係が戸籍に記載される場合があり，あるいは，届出は正しくなされたが，戸籍記載処理の過程にお

いて過誤，遺漏等を生ずることもあり得る。戸籍の記載は，絶対的不動の公信力を有しないといわれる所以である。そこで，戸籍の記載が真実に反する場合には，速やかにこれを是正する措置が講じられなければならない。いうまでもなく実体の身分関係と合致しない文書では，人の身分事項に関する証明資料として役立たないからである。まして，このような真実に合致しない戸籍の記載は，当事者はもとより第三者の利害にも影響するところが大である。そこで，これを整序する手続として認められているのが戸籍訂正の手続にほかならないわけである。

2 戸籍訂正手続の厳格性

　戸籍訂正は，上述のとおり，戸籍の記載の真正を確保するためにとられる是正措置である。しかしながら，戸籍は，人の重要な身分に関する事項を公証する唯一の公文書であり，その記載にいわゆる公信力は認められないとしても，一般国民からは，あたかも公信力を有するもののように受けとめられており，また，実際の社会生活あるいは各種の行政上においても広く利用されているなど相当の信頼がおかれているところである。したがって，戸籍上の記載に，仮に瑕疵があったとしても，みだりに訂正を認めるべきではなく，一定の慎重かつ厳正な手続のもとに行われるべきであって，かりそめにも，いわゆる再訂正等をしなければならないような事態が生ずることは極力回避しなければならない。戸籍訂正は，単なる常識的判断によって軽々になされるべきではなく，原則として，関係当事者の意思すなわち申請（戸113条・114条・116条）に基づいて行うべきであるとされる理由もここにある。

　そこで，戸籍法は，市町村長は，戸籍の記載が法律上許されないものであること，又はその記載に錯誤若しくは遺漏があることを発見した場合には，遅滞なくその記載に関わる届出人又は届出事件の本人にその旨を通知し，これら関係当事者をして速やかに戸籍訂正申請をするように催告しなければならないこととしている（戸24条1項）。また，裁判所その他の官庁，検察官又は吏員がその職務上戸籍記載の錯誤，遺漏等のあることを発見したときは，遅滞なく本人の本籍地の市町村長にその旨を通知し，同市町村長をして関係当事者に対する戸籍訂正申請の催告等を行わせるよう通報すべきものとしている（戸24条4項）。

しかし，市町村長から前記の催告を受けながら，届出人等利害関係人が，諸般の事由により任意にその訂正手続に応じないことも考えられる。このような場合に，不適法又は真実に反する戸籍の記載をそのままにしておくことは許されない。また，届出は正しくされているにもかかわらず，市町村長が誤って戸籍の記載をした場合には，届出人の責めに帰すべきではないから，市町村長の責任において訂正されるべきである。そこで，これらの場合には，市町村長は，管轄局の長の許可を得て職権で訂正すべきものとされている（戸24条2項）。もっとも，この訂正が許される範囲は，比較的軽微な事項であり，かつ，誤記や遺漏が戸籍の記載，届書の記載その他の書類から明白な場合に限られる。訂正の結果が身分法上重要なものであって，親族・相続法上の効果に重大な影響を及ぼすような場合には，戸籍法第116条に規定する確定判決に基づいて訂正すべきであるとされている。

3　戸籍訂正と誤記訂正等との区別

　戸籍訂正の概念を明確にさせる上から，戸籍訂正とこれに類似する他のものとの異同を明らかにしておくことは有意義と考えられるので，この点について概説すれば，およそ次のようである。

(1)　誤記訂正

　戸籍訂正は，戸籍の記載完了後に，その記載が実体の身分関係に合致しないとか，あるいは錯誤・遺漏を生じている場合にとられる戸籍記載の是正措置であり，戸籍記載の途中における，いわゆる「誤記訂正」とは区別されるべきものである。すなわち，戸籍の記載は，市町村長（実際には，市町村長の補助者である戸籍事務担当者である。）が記載の正確であることを確認し，その責任を明確にする趣旨から，その文末に認印を押すこととされているが（戸規32条），この認印を押すことによって戸籍の記載は完了することとなる。それより前（すなわち，戸籍記載事項の文末に認印を押す以前）に記載の誤りに気付いたときは，訂正，加入又は削除をすることができることとされているが（戸規31条4項），これが一般にいわゆる誤記訂正といわれるものである。そして，この処理は，上述のとおり，戸籍の記載手続が完了する前に許されるものであるから，戸籍訂正とはおのずから別個のものである。

(2)　更　正

　戸籍訂正は，戸籍の記載が当初から誤っていた場合における是正措置であるが，「更正」とは，戸籍の記載事項にその後における事情変更を生じた場合（いわゆる後発的原因の発生）の是正措置である。行政区画，土地の名称，地番号又は街区符号に変更があった場合（戸規45条・46条）のほか，父母の婚姻，離婚等による氏の変動に伴って子の父母欄の記載を変更する場合（昭和12・4・7民事甲371号回答），申出により氏又は名の文字の字体を通用字体と異なる字体から通用字体に変更する場合（平成2・10・20民二5200号通達）などがこれに該当する。

(3)　追　完

　戸籍訂正も追完も，共に戸籍の記載の正確性を担保する是正，補完の手段であることに変わりはない。しかし，戸籍訂正は，戸籍記載完了後の段階における是正措置であるのに対し，追完は，戸籍の記載前の段階における是正措置である，という点において異なる。すなわち，戸籍の届出は，いうまでもなく戸籍記載の基礎となるものであるから（戸15条），届出を受理するにあたり，これに不備があることを発見したときは，届出人をして直ちに補正（当該届書に直接に加除訂正を加える。）を求めて受理すべきであるが，届書の不備が届出の受理後，戸籍の記載前に発見されたときは，もはや上述による「補正」の方法をとることは許されない。この場合には，別個の届出の形式をもって補正，つまり「追完」によって処理しなければならない（戸45条，大正4・6・26民519号回答）。また，もし届書の不備に気付かないまま受理し，これに基づき誤った戸籍の記載がされてしまった後は，原則として，追完によって訂正することは許されず，戸籍訂正手続によって是正しなければならないこととなる（大正4・7・7民1008号回答）。

　前述により既に明らかなように，追完は，戸籍の記載前になされるのを原則とし，また，この点において戸籍訂正とは性質を異にするわけである。もっとも，戸籍の記載完了後においても，追完によって補正（又は補記）する便宜的措置が先例によって認められている例外的場合がある（拙著「全訂戸籍届書の審査と受理」第1編第3章第2節「届出の追完」の項137頁以下参照）ので留意しなければならない。

(4)　戸籍法第44条の職権記載

　戸籍訂正は，現になされている戸籍の記載を対象とする是正措置である。したがって，例えば，出生，死亡，裁判による離婚又は離縁等の事実が発生しているにもかかわらず，その届出がなされないため戸籍にその記載がされていない場合は，戸籍訂正の問題とはならない。この場合は，いまだ届出がされていないことから，戸籍の記載もまた未了となっているに過ぎないので，届出義務者に届出をするよう催告し（戸44条1項・2項），その届出を待って戸籍の記載をすべきである。そして，もし，届出の催告をすることができないとき，又は催告をしても届出をしないときは，市町村長は，管轄局の長の許可を得て職権でその記載をしなければならない（戸44条3項）とされるが，この職権記載は，届出に代わる措置に過ぎないのであって，戸籍の記載の是正措置ではないから，戸籍訂正とはおのずから性質を異にするものである。

4　戸籍訂正の要件

　戸籍訂正は，戸籍の記載が当初から不適法又は真実に反している場合になされる是正措置である。例えば，婚姻の届出によって戸籍に婚姻に関する記載がなされたが，人違い，その他の理由によって当事者間に婚姻意思の合致を欠くときは，その婚姻は無効であって（民742条1号），婚姻の記載は当初から誤りであったのであるから，婚姻無効の確定判決（又は審判）に基づいて戸籍訂正（戸116条）の申請を要することになる。これに反して，婚姻が重婚その他の取消し原因（民731条〜736条）に該当していたため取り消された場合には，その取消しの効果は将来に向かってのみ発生し既往に及ばさない（民748条1項）ので，その婚姻に関する戸籍の記載は誤りであったとはいえない。この場合には，戸籍訂正によるのではなく，届出によって戸籍の記載をすべきものとされる（戸75条）。また，離婚・離縁の取消し（民764条・812条）又は失踪宣告の取消し（民32条）については，婚姻の取消しの場合とは異なり，その効力は既往に及ぼし，離婚又は離縁が当初から存在しなかったものとなり，あるいは当初から宣告がなかったこととなるが，これらの場合も，戸籍法は，戸籍訂正によることなく，届出によるべきものとしている（戸73条・77条1項・94条・63条）。これに対し，特定の身分関係の存否が裁判によって遡及的に確定される場合には，戸

籍訂正によって従来の戸籍の記載は是正される。例えば，嫡出子否認（民774条），父の確定（民773条），身分関係の存否確認の場合などがそれである。

　次に，戸籍の訂正には，その対象となるべき戸籍の記載が存在することが必要である。たとえ，届出が受理されたとしても，いまだ戸籍の記載がされていない限り訂正申請をする余地はない（大決大正11・12・21民集1巻783頁，札幌家審昭和56・6・11家月34巻12号79頁）。この場合において，もし届出に不備があるため戸籍の記載をすることができないというのであれば，追完の届出（戸45条）を求めて戸籍の記載をすべきであり，反対に戸籍の記載がされているときは，追完の届出によるべきではなく，戸籍訂正の申請によって是正することとなる。また，届出の要件を欠く場合（例えば，未成年者の婚姻についての父母の同意（注））であっても，その受理によって既に効力を生じたときは，戸籍の記載自体に誤りがない限り，戸籍の訂正は許されないということになる。

　（注） 平成30年法律第59号による民法の一部改正により，未成年者の婚姻に父母の同意を
　　　要する旨の第737条は削除となる（令和4・4・1施行）。第1章第1節第1の1「親
　　　権の意義と内容」の項（注1）2頁参照。

5　戸籍訂正の範囲

　戸籍訂正は，現在の戸籍の記載のみでなく，除かれた戸籍の記載についてもなされる（大正5・11・10民1505号回答，大正7・11・22民2487号回答）。改製原戸籍の記載も当然訂正の対象となるが，いわゆる再製原戸籍の記載については対象とはされない（昭和38・9・12民事甲2604号回答）。なお，死亡した者の戸籍の記載についても，訂正の申請が認められる（大正5・7・11民965号回答）ほか，事実関係が明らかである場合には，誤ってなされた死亡の記載を消除の上，当該事件本人の戸籍を回復する訂正手続が認められることはいうまでもない（昭和9・12・7民事甲1612号回答）。

6　戸籍訂正の効果

　戸籍の訂正は，既述のとおり，不適法又は真実に反する戸籍の記載を真実の身分関係に合致させるためにとられる是正措置であって，いったん失った身分関係をこの戸籍訂正によって回復させるというものではない（大決大正11・11・

6民集1巻638頁）。戸籍の訂正は，単に戸籍の記載を真実に合致させようとする方法に過ぎないのであって，これによって身分関係が発生，変更，消滅するものではない。このような身分関係の変動の効果は，戸籍の創設的届出又は創設的裁判の確定によって生ずるものであり，戸籍の記載は単にこれを登録公証するに過ぎないものであるからである。

第2　戸籍訂正の方法

1　基本的事項

　戸籍の訂正は，誤って編製された戸籍全体を消除することもあり，戸籍記載の一部を消除するにとどまることもある。また，他の市町村への転籍の記載を訂正する場合のように，一の戸籍全部を消除するとともに，除かれた従前の戸籍全部を回復することもある。そして，その訂正が戸籍の全部にかかるときはその戸籍事項欄に，戸籍の一部にかかるときは訂正すべき記載のある者の身分事項欄に，それぞれ訂正の趣旨及び事由を記載しなければならない（戸規44条・附録第9号様式参照，磁気ディスクによる戸籍の場合：戸規73条8項・付録第27号様式参照）。戸籍の全部若しくは一部を消除するには，附録第8号様式（磁気ディスクによる戸籍の場合：戸規73条7項・付録第26号様式）によって，朱でこれを消除しなければならない（戸規42条参照）。錯誤による戸籍記載については，その記載に朱線を縦に1本引く方法により消除し（戸規42条・附録第8号様式戸規73条7項・付録第26号様式・第二　一部の消除中ゆりの記載参照），実体上無効な戸籍記載については，その記載に朱線を交さする方法により消除する（戸規44条・附録第9号様式（戸規73条8項・付録第27号様式）・第二　一部の訂正中鉄吉及び桃子の記載参照）。

2　戸籍全部の消除

　戸籍を全部消除する場合とは，戸籍の編製後，その原因である行為自体が無効であったり，又は戸籍の編製が錯誤であった場合に，当事者の申請又は市町村長の職権により訂正する場合である。
　〔例〕　①婚姻，縁組，離婚，離縁，入籍，分籍，転籍などによって新戸籍が編製された後，その原因である行為自体が無効であるとき，②子の出生の届出により母について新戸籍を編製し，子をその戸籍に入籍させたところ，

その子と母との間に親子関係不存在確認の裁判が確定したとき，③婚姻届に妻の氏を称する婚姻として届け出たにもかかわらず夫を筆頭者として新戸籍が編製されたとき等。

前記の各誤った戸籍を消除する訂正方法は，前記1で述べたところによる。

3　戸籍の一部の消除

戸籍の一部を消除する場合とは，一の戸籍中一人又は何人かを消除する場合である。例えば，婚姻，縁組，入籍等によって甲戸籍から乙戸籍へ入籍後，その原因である行為が無効であったり，又は記載が錯誤であった場合に，当事者の申請又は市町村長の職権により訂正する場合である。

〔例〕　①無効に例をとれば，意思の合致を欠く婚姻又は正当代諾権者の代諾を欠く縁組のような場合で，それぞれ無効の裁判が確定したとき。②錯誤に例をとれば，婚姻届につき，姉甲を記載すべきところ，誤って妹乙と記載して届け出たため，市町村長もまた妹乙を夫の戸籍に入籍の記載をしたとき。

前記の各場合の戸籍の訂正（消除）の方法は，前記1で述べたところによる。なお，他の戸籍から入籍した者について消除する場合には，その者の除かれた従前の戸籍を回復しなければならないことになる。

4　戸籍の一部の訂正

この場合は，例えば，錯誤による生年月日又は氏名の記載を訂正する場合である。訂正方法は，当該訂正すべき記載のある者の身分事項欄に訂正の趣旨及び事由を記載した上，訂正すべき錯誤の記載に朱線を縦に1本引いて消除し，その右側に正しい記載をすればよい（戸規44条・附録第9号様式（戸規73条8項・付録第27号様式）・第二　一部の訂正中啓太郎の記載参照）。

5　戸籍の回復

(1)　全部の回復

〔設例〕　縁組によって養子夫婦につき新戸籍が編製され，従前の戸籍が全員除籍により消除されている事例で，縁組無効の裁判確定による戸籍訂正に

よって現在戸籍を消除し，縁組前の戸籍を回復する場合

〔具体的処理方法〕

　　ア　縁組によって除かれた従前の戸籍（除籍簿に移してある戸籍）については，同戸籍中，訂正を要する者の身分事項欄中の無効によって訂正すべき縁組除籍事項を朱線交さにより消除し，その身分事項欄の末尾に訂正の趣旨及び事由を記載する。なお，この場合，当該戸籍はそのまま除籍簿に編綴しておいてよい。

　　イ　次に，別に新しい用紙を用いて新戸籍編製の場合に準じて回復する。すなわち，前記アの戸籍（除籍）に基づいて，その戸籍（除籍）から訂正すべき記載を除いた以外の各記載全部を転写し，その戸籍事項欄に（転写した事項の次行に）訂正の趣旨及び事由を記載する。

(2)　**一部の回復**

〔設例〕　甲戸籍の在籍者であるＡ女が，乙戸籍の筆頭者であるＢ男と夫の氏を称する婚姻の届出によって乙戸籍に入籍し，従前の甲戸籍から除籍されている事例で，婚姻無効の裁判確定による戸籍訂正によってＡ女を現在戸籍から消除し，婚姻前の甲戸籍に回復する場合

〔具体的処理方法〕

　　ア　甲戸籍中婚姻によって除籍されたＡ女の身分事項欄に訂正の趣旨及び事由を記載した上，先に同身分事項欄に記載されている婚姻除籍事項（訂正すべき記載）を朱線交さにより消除する。

　　イ　上記の処理をすると同時に，同戸籍の末尾にＡ女を回復する。この場合，回復する同女の身分事項欄には，戸籍法施行規則第39条第1項各号に掲げる事項のみを記載すれば足り，訂正の趣旨及び事由（すなわち，回復に関する訂正事項）の記載は要しない（昭和54・8・21民二4390号通達2の(10)の(2)）。

第3　戸籍訂正の種別及び手続等

　戸籍法に基づく戸籍訂正の手続は，これを手続面から分類すれば，大別して，(1)職権による訂正と，(2)申請による訂正とに分けられる。職権による訂正は，更に，①市町村長限りの職権による訂正と，②市町村長が管轄法務局又は地方

法務局の長の許可を得てする訂正とに分けられる。また，申請による訂正は，更に，①戸籍法第113条の訂正手続，②戸籍法第114条の訂正手続及び③戸籍法第116条の訂正手続の三つに分けられる。

　職権による訂正は，戸籍行政機関の職権発動による是正措置であり，申請による訂正は，関係当事者がいわゆるイニシアティブをとり，家庭裁判所の関与のもとになされる是正措置であるといわれる（阿川清道「戸籍訂正について」民事研修100号128頁）。

　前記の手続関係を図示すれば，次表のとおりである。

戸籍訂正手続分類表

種　別	区　分		内　容
I 職権訂正	(1)　市町村長限りで訂正できるもの	ア	軽微・顕著な誤記や遺漏で先例で認められたもの
		イ	法令の改廃などによりこれを正しくする場合
		ウ	基本の届出や申請に附随して他の事項も訂正する場合
		エ	申出による職権発動を促すもの
		オ	戸籍法施行規則第41条の規定によるもの
		カ	戸籍法施行規則第43条の規定によるもの
		キ	戸籍法施行規則第45条の規定によるもの
		ク	戸籍法第59条の規定によるもの（**注**）
	(2)　市町村長が管轄局の長の許可を得て訂正できるもの		戸籍法第24条第2項の規定によるもの
II 申請訂正	(1)　家庭裁判所の許可によるもの	ア	戸籍法第113条に規定するもの
		イ	戸籍法第114条に規定するもの
	(2)　確定判決（審判）によるもの		戸籍法第116条に規定するもの

（**注**）　I の(1)クの訂正については，厳格にいえば，申請による訂正に属するが，説明の便宜上，市町村長限りの訂正の中に入れることとした。

　前記の分類に従ってその内容又は手続等を概説すれば，以下のとおりである。

1　職権による訂正
(1)　市町村長限りの訂正

ア　訂正の対象

市町村長限りで訂正し得る主なものは，概ね次のとおりである。

㋐　軽微，顕著な誤記・遺漏の場合

① 　戸籍面上明瞭な都道府県郡市区町村名の誤記についての訂正（昭和6・7・8民事730号回答）

② 　配偶者の死亡による婚姻解消事項の記載遺漏の場合の訂正（昭和26・9・18民事甲1805号回答）

③ 　身分登記には誤りがないが，これに基づく戸籍の記載に誤りがある場合の訂正（大正4・1・14民1020号回答）

④ 　同一町村内の甲戸籍から乙戸籍に入籍した者の誤記訂正（大正11・5・16民事2501号回答）

⑤ 　同一町村内の甲戸籍から乙戸籍に入籍すべきときにする戸籍の記載が一方の戸籍になされ，他方になされていない場合にする訂正（大正11・5・16民事2501号回答）

⑥ 　新たに編製した戸籍中，従前戸籍から移記した事項の誤記の訂正（大正7・5・11民613号回答）

⑦ 　その他

㋑　法令の改廃による場合

① 　応急措置法施行による父母との続柄の訂正（昭和22・10・14民事甲1263号通達）

② 　旧戸籍法施行中の届出によって除籍すべきもので，入籍通知がなく除籍手続未済の者の除籍（昭和23・1・13民事甲17号通達）

㋒　届出又は申請に附随して訂正する場合

① 　婚姻準正又は認知準正に関連する訂正（昭和33・4・26民事甲837号通達等）

② 　父母の名の変更届による同籍の子の父母欄の名の更正（昭和27・2・13民事甲133号回答）

③ 　出生届出漏れの年長者の出生届による年少者の父母との続柄の訂正（昭和25・5・10〜12岡山地方法務局管内戸協決，同年10・10民事局変更指示）

④ 　父母が子の親権者を定めて離婚した後，その離婚が取り消された場合

の親権事項の消除（昭和23・3・17民事甲137号回答）

⑤　その他

㈢　**申出による場合**

①　申出による名の傍訓の消除（昭和26・7・14民事甲1465号通達，昭和56・9・14民二5537号通達5の3）

②　氏又は名の文字の誤字・俗字の訂正及び氏又は名の文字の字体の通用字体等への更正（平成2・10・20民二5200号通達）

③　外国人と婚姻した日本人配偶者から外国人たる配偶者の氏名変更の旨の記載方及びその変更後の氏名を日本人たる配偶者の氏（漢字）を用いて表記されたい旨の申出があった場合の記載（昭和55・8・27民二5218号通達）

④　その他

㈣　**戸籍法施行規則に規定されている場合**

①　戸籍記載後，届書受理前に本籍地が変更していた場合の訂正（戸規41条）

（注）転籍，分籍，婚姻，縁組等によって本籍が他の市町村に変更した後に原籍地の市町村長が届書，申請書等を受理した場合は，新本籍地の市町村長にこれを送付し，この届書類によってした戸籍の記載は消除する。

②　同一事件について重複して届出があった場合の訂正（戸規43条）

（注）同一事件について数人の届出義務者から届出があって，後の届出によって戸籍に記載した場合は前に受理した届出に基づいて訂正する。

③　行政区画，土地の名称，地番号の変更があった場合の更正（戸規45条）

（注）一つの地番が数地番に分かれ，いずれの地番に更正するか不明のときは，筆頭者又は同籍者からの申出によって更正する（大正13・4・16民事4822号回答）。

前記のとおり，戸籍記載の錯誤又は遺漏が戸籍面上明白であり，かつ，その内容が軽微であるものについては，従来，市町村長限りの職権訂正が認められているところであるが，その錯誤又は遺漏の明白性が，戸籍の届書によ

り確認できる場合にも，市町村長限りの職権訂正が認められている（昭和47・5・2民事甲1766号通達）。これらは，いずれも法務省の先例によって，後述の戸籍法第24条第2項による戸籍訂正の許可があらかじめ包括的に与えられているものと解されていたが，その後，令和元年法律第14号によって，戸籍法第24条第3項で市町村長限りの職権訂正ができる場合の規定が設けられた。

　なお，棄児について新戸籍が編製された後（戸57条・22条），父又は母がその子を引き取って出生届を提出するときは，その父又は母はその新戸籍を抹消するための戸籍訂正申請をすべきものとされる（戸59条）が，この場合も市町村長限りの職権訂正に包含される。この場合の当該新戸籍の消除のための戸籍訂正は，家庭裁判所の許可はもちろん，管轄局の長の許可も要しないと解されているからである。

（**注**）もっとも，棄児について，既に出生届に基づく戸籍の記載がなされている場合には，引き取りの際再度出生の届出をする必要のないことはいうまでもないが，出生届と棄児発見調書により複本籍を生じていることになるので，後者の棄児発見調書に基づく戸籍の記載については，原則として戸籍法第113条の規定による戸籍訂正手続によって消除すべきものとされている（昭和2・8・5民事6488号回答，昭和25・9・12民事甲2506号回答等参照）。

イ　訂正の手続

　原則として，市町村長において「戸籍訂正書」を作成の上，これに基づいて訂正する。その訂正書の書式は，各管轄局ごとに制定の戸籍事務取扱準則に定められている。

　なお，関係者から訂正の申出書が提出されたときは，これをもって前記の戸籍訂正書に代えることができる。

(2)　管轄局の長の許可による訂正
ア　訂正の対象

　市町村長が管轄局の長の許可を得て訂正し得るものは，概ね次のとおりである。

㋐　市町村長の過誤による戸籍記載の誤り（記載の遺漏・錯誤を含む。）の場合

　この場合は，訂正の結果が親族・相続法上の身分関係に重要な影響を及ぼす場合にも許される。これは，いうまでもなく届出は正しくなされているにもかかわらず市町村長の過誤により戸籍に誤った記載がなされた場合の是正措置にほかならないからである。

(イ)　**市町村長の過誤に基づくものではないが，戸籍面上その記載が，法律上許されないか，又は錯誤若しくは遺漏があることが明白であって，市町村長が関係人に対し戸籍法第24条第1項の規定による訂正通知をすることができないか，又は通知をしたにもかかわらず関係人が戸籍訂正申請をしない場合**

　この場合の訂正の範囲は，原則的には，戸籍法第113条・第114条により訂正できる事案とほぼ同一であると考える（昭和25・6・10民事甲1638号回答）。もっとも，戸籍面上は誤りであることが明白であっても，その事実を確認する資料がない場合には許されない（昭和37・12・5民事甲3514号回答）。

イ　訂正の手続

(ア)　市町村長の過誤に基づく戸籍記載の訂正の場合

　戸籍訂正許可申請書に戸籍謄抄本，その他必要書類を添付して管轄法務局若しくは地方法務局又はその支局の長の許可を得て訂正することになるが，その申請書式は，各管轄局ごとに制定の戸籍事務取扱準則に定められている。

　なお，訂正すべき戸籍が二以上の市町村にわたっている場合には，次の点に留意しなければならない。

　①　訂正する事項が表裏一体の関係にある場合（例えば，婚姻による入・除籍の記載を遺漏しているような場合）には，その市町村が同一の管轄局の管轄内にあると否とを問わず，一の市町村においてその市町村の戸籍について訂正許可を得た上，他市町村へその許可書の謄本を送付する（昭和31・4・26民事甲912号回答）。

　②　訂正する事項が前記以外の事項である場合（例えば，代諾による養子縁組につき，養方戸籍，実方戸籍共に代諾者の資格氏名を遺漏していた場合）には，それぞれの市町村において管轄局の長の許可を得なければならない（昭和30・12・5民事甲2557号回答）。

　なお，この場合，その市町村が同一の管轄局の管轄内にあるときは，

管轄局において他の市町村に対し戸籍訂正指示書により訂正を命ずることができる。

(イ)　届出の過誤（錯誤）に基づく戸籍記載の場合

市町村長は，まず届出人又は届出事件の本人に対し書面をもって通知し（戸24条1項，戸規47条附録第18号書式）訂正申請を促さなければならない。しかし，届出人等が死亡・行方不明等の事由によって通知をすることができない場合，又は通知をしても戸籍訂正の申請をしない場合には，前記(ア)と同じ要領に従って戸籍訂正をする（戸24条2項）。

なお，この場合における職権訂正は，既述のとおり，戸籍の記載の不適法又は真実に反することが戸籍の記載，届書の記載その他の書類と対比することによって明らかとなる場合に限定されるべきものと解されている（戸24条1項・2項）。

2　申請による訂正

戸籍訂正の申請には，家庭裁判所の許可の審判に基づいてなされるものと，確定判決に基づいてなされるものとがある。前者のうち，一般的な場合（比較的軽微な事項で訂正の結果身分法上重大な影響を生ずることのない場合）については戸籍法第113条で規定し，特殊な場合としての創設的届出の無効の場合について同法第114条で規定する。後者の場合（訂正の結果身分法上重大な影響を及ぼす場合）は，同法第116条に規定されている。上記訂正の対象あるいはその訂正手続要件等については，説明の便宜上，第2節「戸籍訂正申請の諸要件」(298頁以下)で概説することとする。

第4　親子関係の存否に関する戸籍訂正

1　意　義

出生の届出にあたっては，原則として，出産に立ち会った医師，助産師又はその他の者が作成した「出生証明書」を添付すべきものとされている（戸49条3項）。その目的とするところは，届出事項の真実性を担保すること，言い換えれば，虚偽の出生届を防止することにあることはいうまでもない（出生証明書については，そのほか，人口動態調査令—昭和21・9・30勅令447号—に基づく統計資料

◉(1) 出生の日につき，家庭裁判所の戸籍訂正許可の審判を得て訂正する戸籍
訂正申請を，本籍地の市町村長にした場合の例

戸 籍 訂 正 申 請

東京都千代田 市区 町村 長 殿

令和 4 年 3 月 18日申請

受	令和 4 年 3 月 18 日			戸 籍
附	第 564 号			調査

(一)	事件本人	本　籍	東京都千代田区平河町 1 丁目16番地		記載
		筆頭者氏名	甲野義太郎		記載調査
(二)		住所及び世帯主氏名	東京都江戸川区臨海 3 丁目 4 番 5 号　甲野義太郎		送付
(三)		氏　名	甲野幸一郎		住民票
		生年月日	平成27 年 11 月 15 日		記載
(四)		裁判の種類	戸籍訂正許可の審判		通知
					附　票
		裁判確定年月日	令和4 年 2 月 28 日		記載
(五)		訂正の趣旨	事件本人について，出生の日は錯誤につき「15日」とあるのを「17日」と訂正する。		通知
(六)		添付書類	戸籍訂正許可の審判書の謄本及び確定証明書		
(七)	申請人	本　籍	(一)欄に同じ		
		筆頭者氏名			
		住　所	(二)欄に同じ		
		署　名（※押印は任意）	甲野義太郎　　　　　㊞		
		生年月日	平成元 年 10 月 15 日		

（注意）事件本人又は申請人が二人以上であるときは、必要に応じ該当欄を区切って記載すること。

◉(2)　夫の氏を称する婚姻届によって新戸籍編製後に，当該婚姻の無効であることが戸籍面上明らかとなったため，家庭裁判所の戸籍訂正許可の審判を得て訂正する戸籍訂正申請を，本籍地の市町村長にした場合の例

戸籍訂正申請

東京都千代田　市区町村長　殿

令和4年9月13日申請

	受	令和4年9月13日		戸　籍	
	附	第　1678　号		調査	

		本　　籍	東京都千代田区平河町2丁目21番地		記載	
(一) 事 件 本 人		筆頭者氏名	甲野正夫		記載調査	
(二)		住 所 及 び 世帯主氏名		東京都江東区東陽3丁目6番18号 甲野恵子	送付	
(三)		氏　　名	(夫)亡 甲野正夫	(妻)　甲野恵子	住民票	
		生年月日	昭和62年6月27日	平成元年4月21日	記載	
(四)	裁 判 の 種 類	戸籍訂正許可の審判			通知	
					附　票	
	裁判確定 年 月 日	令和4年8月29日			記載	
(五)	訂 正 の 旨	上記事件本人等につき令和4年8月29日婚姻無効による戸籍訂正許可の裁判確定により， (1)　事件本人等を婚姻による甲野正夫の新戸籍から消除の上，同戸籍全部を消除する。 (2)　事件本人正夫を東京都千代田区平河町2丁目21番地甲野義太郎戸籍に，事件本人恵子を東京都江東区東陽3丁目17番地乙原正次郎戸籍にそれぞれ回復する。			通知	
(六)	添付書類	審判書謄本及び確定証明書 乙原正次郎の戸籍謄本				
(七) 申 請 人		本　　籍	(一)欄に同じ			
		筆頭者氏名				
		住　　所	(二)欄に同じ			
		署　　名 (※押印は任意)	甲野恵子　　　　　印			
		生年月日	平成元年4月21日			

◉(3)　父母離婚後300日以内の出生子について，父との親子関係不存在確認の
　　　裁判が確定し，その裁判に基づく戸籍訂正申請を，本籍地の市町村長にし
　　　た場合の例

戸 籍 訂 正 申 請

東京都千代田　市区町村 長　殿

令和 4 年10月13日申請

受	令和 4 年 10 月 13 日		戸　　籍
附	第　　1896　　号		調査

(一)	事件本人	本　　籍	東京都千代田区永田町2丁目10番地	記載
		筆頭者氏名	甲野義太郎	記載調査
(二)		住所及び世帯主氏名	東京都文京区白山3丁目4番5号　原山祥子	送付
(三)		氏　　名	甲野和夫	住 民 票
		生年月日	令和 4 年 5 月 18 日	記載
(四)		裁判の種類	親子関係不存在確認の審判	通知
		裁判確定年月日	令和 4 年 9 月 26 日	附　　票 / 記載
(五)		訂正の趣旨	上記事件本人甲野和夫について，令和4年9月26日甲野義太郎との親子関係不存在確認の裁判確定により，上記甲野義太郎戸籍中事件本人和夫の父欄の記載を消除し，父母との続柄を「長男」と訂正した上，同人を東京都文京区白山3丁目18番地原山祥子戸籍に嫡出でない子として移記する。	通知
(六)		添付書類	審判書謄本及び確定証明書／原山祥子の戸籍謄本	
(七)	申請人	本　　籍	(一)欄に同じ	
		筆頭者氏名		
		住　　所	東京都足立区千住2丁目3番6号	
		署　名（※押印は任意）	甲野義太郎　　　　　　印	
		生年月日	昭和57 年 9 月 16 日	

（注意）事件本人又は申請人が二人以上であるときは，必要に応じ該当欄を区切って記載すること。

を得るためにも利用されるが，これはむしろ第二義的なものであり，第一義的使命はやはり
虚偽の出生届の防止にあるものと解される。）。しかしながら，世間には，往々にして，
未婚の女性が出生した嫡出でない子の出生届をする際，世間体や子の将来のこ
と等を考えて知り合いの夫婦に頼んでその嫡出子として届け出てもらうとか，
他人夫婦からもらい受けた養子を自分たち夫婦の実子として届け出るとか，更
にはまた，妻が夫以外の男子と通じた結果生まれた子を他人夫婦の子として届
け出るなど，いわゆる虚偽の出生届をする例が絶無とはいえないようである。
そして，このような虚偽の出生届に基づく誤った戸籍の記載がそのままにされ
ていることに端を発して，例えば，戸籍上の親の死亡による相続問題をめぐっ
て虚偽記載の子と死亡者の実子等との間において紛争を生じ，あるいは不測の
事態を招きかねないこととなる（そのほか，かつては上記による戸籍の虚偽記載が原
因で，事実上の親の戦死による遺族年金の請求権や恩給受給権等が認められなかったり，あ
るいは逆に，実子の戦死による遺族年金の請求権や恩給受給権を実親において認められな
かったりすることもみられたようである。）。そのため，上記の虚偽記載の子につい
て，真実の親子関係に合致させる訂正処理を求めるための親子関係の存否に関
する戸籍訂正事件が一向に跡を絶たないのである。

　ところで，親子関係の存否に関する戸籍訂正とは，上記にもみたとおり，戸
籍記載の親子関係が真実の親子関係と合致しない場合に，これを真実に合致す
るよう是正するための手続であると定義することができよう。それでは，その
是正手続は，果たしてどのような手続によるべきであろうか。この問題を解決
するには，その前提として，まず，親子関係の存否に関する戸籍訂正がなぜ問
題とされるのかを明らかにしておく必要があろう。

　例えば，戸籍上は，父甲・母乙間の嫡出子として記載されている丙は，真実
は，丁・戊夫婦の婚姻中に出生した嫡出子であるとすれば，当該の子丙につい
て，丁又は戊から改めて正当な出生届をすればよいはずである。しかし，戸籍
の制度上，その出生届は市町村長において受理することは許されない。それは，
丙については，既に甲・乙間の嫡出子として戸籍に登載されており，その記載
をそのままとして丁又は戊からの出生届を受理し戸籍に記載するときは，ここ
にいわゆる複本籍を生ずることとなり，人は必ず一つの戸籍のみに登載されな
ければならない（言い換えれば，同一人について，複数の戸籍に登載されることを許さな

い。）とする戸籍制度の建前に反することとなるからである。

　また，仮に，丙の虚偽記載をそのままとしているうちに，当該戸籍上の父甲が死亡して相続が開始し，その遺産不動産について相続登記の申請をするとなれば，当該申請書に相続を証する書面（すなわち戸・除籍の謄（抄）本）を添付しなければならないこととなる（不登令7条1項5号）が，この場合，戸籍上丙は，いうまでもなく甲の直系卑属とみられるから，丙もその相続人として申請しない限り当該相続登記申請は却下されることとなるであろう（不登25条8号参照）。すなわち，我が国では，上記の相続をはじめ，その他の取引関係においては，専ら戸籍が親族関係を証明する手段として用いられることになっているから，いかに丙が，当該戸籍における親子関係の記載は真実に反する虚偽の記載であると主張しても，一般第三者としては，真実の親子関係を知る由もないので，一応その戸籍の記載を信頼せざるを得ないのである。したがって，丙（又はその他の利害関係人）が真実の親子関係を一般第三者に主張するためには，その前提として，関係戸籍の記載をその主張する真実の姿に合致するよう訂正するほかはないのであり，また，そうすることが戸籍制度の要請でもある。そのため，当該丙について，正当な出生届出の妨げとなっている甲・乙間の子であるという戸籍の記載を消除する必要が生ずるわけであり，そしてまた，そのための方法は一体どのような手続によるべきかということがまさに親子関係の存否に関する戸籍訂正の問題にほかならないのである。

2　判例・先例等の推移

　親子関係の存否に関する戸籍訂正の手続については，古くから戸籍法第113条の規定による手続によるべきか，それとも同法第116条の規定による手続によるべきかということが問題とされてきたようである。以下，この点について，従来の判例あるいは先例等を概観しつつ検討してみることとする。

　説明の便宜上，嫡出の推定を受ける嫡出子が，他人夫婦の嫡出子として戸籍に記載されている場合に例をとろう。例えば，夫甲・妻乙の婚姻成立の日から200日後に出生した嫡出子丙が，全く親子関係のないA・B夫婦の嫡出子として戸籍に記載されている場合には，正当な届出義務者である甲又は乙から改めて出生の届出がなされるとすれば，甲乙夫婦の嫡出子としてその戸籍に記載さ

れるはずであることはいうまでもない。しかし，丙は，虚偽の出生届であるに
せよ，既にＡ・Ｂ夫婦の嫡出子として戸籍に記載されているから，甲・乙の嫡
出子として出生届をしたとしても，市町村長においてこれが受理されないこと
は前述のとおりである。そこで，丙を真実の父母である甲・乙間の嫡出子とし
て入籍させるためには，出生届の妨げとなっている虚偽の記載，すなわちＡ・
Ｂ間の嫡出子としての戸籍記載を消除する必要がある。その消除のための訂正
手続について，大正4年戸籍法施行当初における戸籍先例は，上記のような虚
偽の出生届に基づく戸籍の記載は，同法第164条（現行戸籍法113条）により戸
籍訂正をする取扱いを認めていた（大正4・7・1民691号回答）。

　しかし，その後間もなく大審院は，現行戸籍法第113条の規定に相当する大
正4年戸籍法第164条について，同条の訂正許可は，訂正の対象となるべき事
項が戸籍の記載自体で一見明白である場合，又は明白でなくてもその事項が軽
微で訂正の結果身分法上重大な影響を生ずることのない場合に限り認められる
べきであるとし，訂正すべき事項が戸籍面上明白でなく，しかも訂正の結果，
身分法上重大な影響を生ずる場合の訂正は，すべて確定判決によらなければ，
戸籍の訂正を許さない旨を判示したのである（大決大正5・2・3民録22輯156頁）。
そして，それ以降，更にこれと同趣旨の判例が相次いでなされるに至った（大
決大正5・4・19民録22輯774頁，大決大正10・6・1民録27輯1028頁）。そのため，
戸籍の実務においても，前記の取扱いは変更されるに至り，親子関係に関する
戸籍の記載のように，訂正すべき事項が戸籍面上明白でなく，かつ，訂正の結
果，親族相続法上重大な影響を及ぼすものについては，親子関係の存在又は不
存在を確認する判決に基づかなければ訂正することができないと解する取扱い
が多年にわたってなされてきた（大正11・6・7民事2156号回答，大正13・11・17
民事11904号回答，昭和4・5・28民事4722号回答，昭和9・4・14民事甲519号回答）。

　したがって，上記設例の場合における訂正手続としては，まず，丙と表見上
の父母であるＡ・Ｂとの間に親子関係不存在確認の裁判を求め，その確定判決
（又は家事277条の合意に相当する審判）に基づく戸籍法第116条の訂正手続によっ
て，丙を当該表見上の父母の戸籍から消除した後，改めて正当な届出義務者で
ある甲又は乙から丙の出生届をさせ，丙を甲・乙夫婦の戸籍に入籍させる方法
によるべきものとされていた（昭和25・3・24民事甲766号回答）。

　しかし，このような考え方を貫くときは，戸籍上の父母の一方又は子が死亡している場合，あるいは父母の双方が死亡している場合には，もはや戸籍訂正をすることができず，戸籍によって真実の身分関係を表せないという不合理を招くこととなった。すなわち，戸籍上の父母の双方又は子が死亡している場合には，その親子関係はもはや過去の法律関係であるから，その確認訴訟又は審判の対象とはなり得ないとされ，また，仮に確認訴訟の対象となり得たとしても，人事訴訟手続法上，検察官を被告として訴えを提起し得る旨の明文がなく，したがって，かかる訴訟は許されないとするのが判例の立場であった（大判昭和19・3・7民集23巻137頁，最判昭和34・5・12民集13巻576頁，最判昭和37・7・13民集16巻8号1501頁，家月14巻11号97頁）**(注)**。

　(注) 検察官は，平成15年法律第109号による「人事訴訟法」の制度・施行（平成16・4・1施行）により訴訟当事者適格が与えられている（人訴12条3項）。

　そこで，一種の救済方法として，

(1)　戸籍上の父母の一方が死亡している場合は，表見上の子から他の生存者のみを相手にして嫡出親子関係不存在確認の裁判を得て（最判昭和25・12・28民集4巻13号701頁，昭和37・12・26民事甲3722号回答），戸籍訂正をする。

(2)　戸籍上の父母双方が死亡している場合には，表見上の子から実親を相手にして親子関係の存在確認あるいは認知の裁判を得た上，その確定判決を資料として，更に戸籍法第113条の戸籍訂正許可の審判を得て戸籍の訂正をする（昭和30・9・17民事(二)発444号回答，昭和27・10・18民事甲456号回答）。

(3)　子が死亡している場合には，表見上の父母と実母の間で，亡子と表見上の父母との間の親子関係不存在確認の裁判があれば，これを基本として，更に戸籍法第113条の戸籍訂正許可の審判を得て戸籍の訂正をする（昭和31・4・6民事甲654号回答）。

(4)　表見上の父母も実父母も共に死亡している場合には，子と密接な身分関係を有する者（例えば，兄弟姉妹，叔父おい，叔母めい等）との間の身分関係の存否確認の裁判を得た上，これを基本として，更に戸籍法第113条の戸籍訂正許可の審判を得て戸籍の訂正をする（昭和27・5・24民事甲746号回答）。

等の方法により，いわば便宜的に戸籍の訂正をすることが行われるようになっ

た。

　そして，それが更に，表見上の親も子も共に死亡し，親子関係不存在確認の
裁判等を求め得ない場合には，身分関係そのものの確定に触れることなく，戸
籍面のみを是正するやむを得ない手段として，直接戸籍法第113条の規定によ
る戸籍訂正の手続によって訂正することができるとする考え方に発展した（東
京家審昭和31・2・20家月8巻3号36頁，昭和32・12・14家庭甲129号最高裁家庭局長回
答，昭和34・11・27民事甲2675号回答）。その理由とするところを要約すれば，お
よそ親子関係がないものについて，あたかも戸籍上親子関係があるかのように
記載されたとしても，その戸籍記載の基礎となった出生の届出は単なる報告的
性質のものにとどまり，それによってなんら法律上の親子関係が形成されるも
のではなく，その戸籍の記載はあくまで実体に符合しない虚偽のものとみるべ
きであるから，このような戸籍の記載を訂正するために，常にその前提として，
親子関係の存否を確定してかかる必要はなく，戸籍法第113条に従い直ちに戸
籍の記載錯誤それ自体の訂正を認めるのが相当であるという点にある（神戸家
審昭和33・7・31，大阪家審昭和36・7・17，大阪家審昭和37・4・20等）。もし，そ
うであるとすれば，表見上の親子が現に生存している場合であっても，同様に
解すべきこととなろう。そして，これが更に発展して，父母又は子の生死いか
んを問わず，およそ戸籍上の親子関係につき虚偽の記載がある場合には，戸籍
法第116条の確定判決を得るまでもなく，戸籍法第113条の訂正手続により戸
籍訂正をすることができるとする審判例が次第に多くなるとともに，戸籍実務
上においてもこれが是認されるに至った（昭和38・7・1民事甲1838号回答）。そ
して，この考え方については，更に，前記虚偽記載の親子関係の訂正方法につ
いての熊本地方法務局管内第16回熊本県各市連合戸籍住民登録事務協議会決
議に対する昭和38年12月4日付け民事㈡発第496号民事局変更指示及び同指
示につき熊本地方法務局長の疑義照会に対する昭和39年1月31日付け民事㈡
発第29号民事局第二課長回答によってより鮮明に打ち出された感がある。す
なわち，民事局は，上記先例において，前記の訂正方法につき，「今後法務局
または地方法務局において指導する場合には，理論的にも正当であり，かつ，
当事者にとってもより簡易な手続である同法第113条（著者注・戸籍法）に規定
する訂正手続によるべき旨を示すのが相当である」として積極的に第113条説

を明らかにしたものとみられるのである。また，前記設例の事案において，仮に戸籍上の父母が共に死亡しているため，子が真実の父母を相手に親子関係存在確認の裁判（又は真実の父を相手に認知の裁判）を提起し，これが確定した場合には，直ちにこれに基づく戸籍法第116条の訂正手続によって子を表見上の父母の戸籍から消除することができる（つまり上記の裁判を基礎として更に戸113条の訂正許可の審判を得ることを要しない。）として，従来の取扱いを変更するに至った（昭和37・2・20民事甲334号回答，昭和37・2・26民事㊁発72号通知，昭和37・6・7民事甲1506号回答）。

　一方，その後，昭和45年7月15日に至って，最高裁判所は，大法廷における判決で，戸籍上の父母死亡後は親子関係存否確認の訴訟はできないとする従来の見解を改め，このような場合には，人事訴訟手続法の規定を類推し，検察官を相手方とする親子関係存否確認の訴えを認めるべきであるとされた（民集24巻7号861頁，家月22巻11・12号77頁）（**注1**）。

　そこで，戸籍実務の取扱いにおいても，従来の先例を変更し，父母又は子の一方死亡後における検察官を相手方とする親子関係存否確認の確定判決に基づき，戸籍法第116条の戸籍訂正申請があった場合には，これを受理し，所要の訂正処理をすることができるものとされた（昭和46・3・1民事甲972号通達）。

　以上により，今日における親子関係の存否に関する戸籍訂正については，親子関係存否確認の裁判に基づく戸籍法第116条の訂正手続によるものと，同法第113条の家庭裁判所の訂正許可の審判に基づく訂正手続によるものとの二つの方法があるということになろう。しかし，戸籍実務における法務省の先例は，先にもみたとおり，それが虚偽の出生届に起因するものである限り，理論的には戸籍法第113条の規定による訂正手続によるのが相当であると解しているものといえよう（**注2**）。

（**注1**）最判昭和45・7・15要旨
　　　「親子関係は，父母の両者または子のいずれか一方が死亡した後でも，生存する一方にとって，身分関係の基本となる法律関係であり，それによって生じた法律効果につき現在法律上の紛争が存在し，その解決のために右の法律関係につき確認を求める必要がある場合があることはいうまでもなく，戸籍の記載が真実と異なる場合には戸籍法第116条により確定判決に基づき右記載を訂正して真実の身分関係を明らかにする利益が

認められるのである。人事訴訟手続法で，婚姻もしくは養子縁組の無効または子の認知の訴につき，当事者の一方が死亡した後でも，生存する一方に対し，死亡した当事者との間の右各身分関係に関する訴を提起し，これを追行することを認め，この場合における訴の相手方は検察官とすべきことを定めている（人事訴訟手続法2条3項，24条，26条，27条，32条等）のは，右の趣旨を前提としたものと解すべきである。したがって，父母の両者または子のいずれか一方が死亡した後でも，右人事訴訟手続法の各規定を類推し，生存する一方において死亡した一方との間の親子関係の存否確認の訴を提起し，これを追行することができ，この場合における相手方は検察官とすべきものと解するのが相当である。」

（注2） この点について，阿川清道元法務省民事局第二課長は，次のように強調される。

「大正5年以来の大審院判例及びこれに基づく実務の取扱においてとられた見解の如く，戸籍上の父母との間の親子関係不存在確認判決又はこれに代わる家事審判法第23条の審判を絶対的に必要とする態度は，排斥しなければならない。何故ならば，たとえば甲女の出生した非嫡出子乙が，虚偽の出生届により，丙丁夫婦の嫡出子として戸籍に記載された場合には，乙は実体上あくまで甲の非嫡出子であって，戸籍の記載によって丙丁の嫡出子たる身分を取得するものではなく，丙丁に対しては当初から扶養義務も相続権もないのであるから，その戸籍の記載を訂正したことによって親族法相続法上の権利義務に法律的な影響を及ぼすことはあり得ない。扶養や相続などの権利義務は，実体上の身分関係に基づいて生ずるものであつて，理論的には戸籍の記載とは関係がないからである。したがつて，虚偽の出生届に基づく戸籍記載の訂正には，親子関係の不存在を確認する判決（又は家事審判法第23条の審判）を必要とせず，戸籍法第113条の審判を得て訂正申請をすることができると解するのが，理論的に正しいといわなければならない。」（民事研修100号141頁）

3　戸籍訂正の具体的方法

戸籍上の親子関係が真実のそれと合致しない場合における戸籍訂正の方法については，その訂正の対象となるべき戸籍上の親子関係の態様に応じて種々の方法が考えられるが，子の身分関係に基礎をおいて考察すれば，概ね次の二つの場合に分けることができよう。その一は，妻が婚姻中（いわゆる婚姻実態のある場合）に，他男と通じて出生した子が，その夫婦間の嫡出子として記載されている場合であり，その二は，虚偽の出生届に基づいて，全く親子関係のない他人の子として記載されている場合である。そして，上記一の場合においては，嫡出否認の訴えの制度との関連において，更に次の二つの場合に分けて取り扱うべきものとされる。その一は，民法第772条の嫡出の推定を受ける子の場合であり，その二は，嫡出の推定を受けない嫡出子の場合である。

以下，この分類に従って，その是正方法を検討してみることとする。

(1)　嫡出の推定を受ける嫡出子の場合

　民法第772条の規定により嫡出の推定を受ける子については，それがたと
え，事実上妻が夫以外の男子と通じた結果懐胎して出生した子であったとし
ても，その事実関係は，現行戸籍制度上，市町村長の審査義務の範囲外とさ
れていることから，法律上婚姻が継続している限り，その婚姻成立の日から
200日後又は婚姻の解消（死亡，離婚）若しくは取消しの日から300日以内の
出生子については，必ず嫡出子として出生届出をすべきであって（戸53条），
妻と他男の間に出生した嫡出でない子として出生届をすることは，許されな
いとするのが戸籍実務の取扱いである（昭和23・5・22民事甲1089号回答，昭和
24・9・5民事甲1942号回答）。したがって，例えば，妻Bが，夫Aとの婚姻中
に，他男Cと通じて懐胎し，婚姻成立の日から200日後に子Dを出生して前
述の正当な届出（すなわち嫡出子出生の届出）をしたとすれば，ここに戸籍面上
は生理的つながりのない父子関係が生ずることとなるわけである。しかし，
DがA・B夫婦間の嫡出子であるという戸籍の記載は，実体法上の身分関係
に合致する正当なものといえる。すなわち，この場合，Dは，民法第772条
の規定により夫Aの嫡出子として推定されるからである。嫡出推定は，一般
の推定とは異なり，これを覆すためには，推定される父からの否認の訴えに
よるべきものとされ（民774条・775条），しかも，その提訴期間は，その子の
出生を知ったときから1年以内に限られているので（民777条），極めて強い
推定力をもって父子関係を確定することになる。

　したがって，Dの戸籍の記載を実体の身分関係に合致するよう整序するた
めには，AからD又はBに対する嫡出否認の訴え又は調停の申立てが提起さ
れ（民774条，人訴2条2号，家事257条1項），これに基づく嫡出否認の判決又は
審判が確定しない限り，戸籍訂正の余地はないということになるわけである。

　なお，嫡出否認の訴えは，一種の形成の訴えであって確認の訴えではない。
けだし嫡出否認の裁判があるまでは，その子は嫡出子たる身分を有するので
あって，否認の裁判によって遡及的に嫡出子たる身分を失うものであるから
である。夫が子の出生前に，又は否認の訴えを提起しないで，提起期間内に
死亡したときは，その子のために相続権を害される者その他夫の三親等内の

血族に限り夫の死亡後1年以内は否認の訴えを提起し得るとされているが（人訴41条），夫の死亡後1年の期間を経過した後は嫡出子たる身分は確定し，もはやこの関係は覆すことはできないこととなる（昭和28・11・14民事甲2160号回答）。

⑵　嫡出の推定を受けない嫡出子の場合

　夫婦の婚姻中に出生した子であっても，嫡出の推定を受けない子である場合がある。例えば，婚姻の成立後200日以内に生まれた子（大判昭和15・1・23民集19巻54頁，昭和15・4・8民事甲432号通牒，昭和26・6・27民事1332号回答等参照）であるとか，夫婦の長期別居中に妻が懐胎した子などがそれである。これらの出生子の身分関係は，専らその出生子の父が母の夫であるか，又は夫以外の男子であるかという事実関係によって決定されることになる。

　例えば，夫甲・妻乙の婚姻成立後200日以内に出生した子丙について，妻乙から夫甲との間の嫡出子として出生届がされたため，戸籍上甲・乙夫婦間の嫡出子として記載されたとしても，事実は，丙は，乙が甲との婚姻前に他男戊と通じた結果，懐胎し，分娩した子であるとすれば，丙が戸籍上いかに甲・乙夫婦間の嫡出子として記載されていたとしても，その実体上の身分は嫡出でない子であって，嫡出子という戸籍の記載は，実体の身分関係と合致しないものとなる。

　また，例えば，夫の外国滞在又は行方不明，若しくは事実上の離別等長期にわたって別居生活中に妻が子を出生した場合のように，妻が夫の子を懐胎し得ないことが外観上明白なときでも，戸籍の実務においては，失踪宣告又は離婚判決の理由等からして嫡出の推定を排除し得ることが明確に把握できる場合のほかは，それが形式的に民法第772条の嫡出推定を受ける子として，一律に嫡出子出生の届出をしなければならず，妻の嫡出でない子として届出をすることは許されないとされている（大正10・7・2民事2429号回答）。その結果，当該出生子は，戸籍上は夫婦間の嫡出子として記載されることになるが，その子の実体上の身分が嫡出でない子であることに変わりはないから，実体上の身分関係と合致しない戸籍の記載は，錯誤ということになる。

　したがって，上記の各事例における戸籍記載の訂正方法については，理論上，戸籍法第113条の手続によることが可能であり，先例もこれを容認して

いることは既に述べたとおりである（昭和37・8・29民事甲2478号回答，昭和
37・9・28民事甲2720号回答，昭和38・7・1民事甲1838号回答，昭和39・1・30民
事甲202号回答等参照）。また，上記出生子の実体上の身分は，嫡出でない子で
あるから，上記の戸籍訂正前であっても，生理上の父に対して強制認知の裁
判を求めることが許される（大判昭和7・12・14民集11巻2323頁，東京地判昭和
38・1・28家月15巻7号106頁，昭和41・3・14民事甲655号回答等参照）。この場合
の戸籍の処理としては，認知の裁判の確定に基づいて戸籍法第116条の戸籍
訂正申請をさせて父欄を消除し，父母との続柄を訂正した後，更に，同法第
63条の規定に基づく認知届により認知の記載をするとともに，父欄に正当
の父の記載をすべきであるとされている（昭和37・2・20民事甲334号回答，昭
和37・6・7民事甲1506号回答，昭和37・2・26民事㈡発72号通知等参照）。

　なお，前記の事実関係において出生した子は，実質的には民法第772条の
嫡出推定の規定は適用されないと解されるから（大判昭和15・9・20民集19巻
1596頁，昭和24・12・6第4回法務省裁判所戸籍事務連絡協議会結論），親子関係不
存在確認の裁判を求めることも許される（注）。したがって，戸籍上の父を
相手方とする親子関係不存在確認の確定判決（又は審判）を得て，これに基
づく戸籍法第116条の戸籍訂正申請があった場合でも，従来どおりこれを受
理して所要の戸籍訂正をすることができることはいうまでもない（昭和26・
6・27民事甲1332号回答，昭和28・4・21民事甲660号回答）。

⑶　**嫡出の推定を受ける嫡出子，又は嫡出でない子が，他人夫婦の嫡出子と
して戸籍に記載されている場合**

　この場合の事例としては，例えば，①妻Bが夫Aとの婚姻成立の日から
200日後（又は婚姻解消の日から300日以内）に出生した子Cが，戸籍上他人夫婦
甲・乙の嫡出子として記載されている場合，②婚姻関係にないD男E女間に
生まれた嫡出でない子Fが，戸籍上丙・丁夫婦の嫡出子として記載されてい
る場合などが考えられるが，これら各事例の戸籍訂正方法についても，前記
⑵で述べたところとほぼ同様である。

　すなわち，上記の出生子が他人夫婦の嫡出子として記載されているのは，
そもそも虚偽の出生届に基づくものであり，その届出によりいかに戸籍上嫡
出子として記載されていたとしても，これによってその子の身分関係が確定

するものではない。その実体上の身分は，あくまでＡ・Ｂ夫婦間の嫡出子であり（①の場合），また，Ｅ女の嫡出でない子（②の場合）であることには変わりはないはずである。したがって，前記の戸籍の記載は当初から誤りであるから，戸籍法第113条の戸籍訂正手続によって，是正することができるというべきである（平賀健太「親子関係と戸籍訂正」家族法大系Ⅰ家族法総論295頁，阿川清道「戸籍訂正について⼆」民事研修100号141頁，昭和33・8・6民事⼆発363号回答，昭和34・3・7民事甲463号回答，昭和28・12・1民事甲2263号回答等参照）。なお，これらの事例の戸籍訂正方法について，従来は，表見上の父母と子の親子関係を否定する確定判決（又は審判）を得て，戸籍法第116条の戸籍訂正申請により是正すべきものとされていた。そして，もし，その裁判の当事者となるべき戸籍上の父母が共に死亡しているようなときは，もはや親子関係不存在確認の裁判を求め得ないということから（大判昭和15・7・19新聞4597号12頁，最判昭和34・5・12民集13巻5号576頁），別途に，実父母との親子関係存在確認の判決（又は審判）を得るか，又はその子と身分関係の最も緊密な生存者（例えば，兄弟姉妹，おい，めい等）との身分関係存否の確認の裁判を得た上，これらの裁判を資料として，更に戸籍法第113条の訂正許可の審判を得て是正すべきものとされていたが，その後，これらの身分関係存否確認の裁判を得るまでもなく，直接出生届出の錯誤を理由として，戸籍法第113条の戸籍訂正の手続によって是正すべきであるとの行政解釈がとられるようになったことは前記(2)で述べたとおりである。しかし，理論的にはそうであるとしても，前記の親子関係不存在確認の裁判確定に基づく戸籍法第116条の訂正手続を全く否定した趣旨ではないから，同条の規定に基づく訂正申請があれば，これを受理して所要の訂正をすべきであることはいうまでもない。

(注) 妻が婚姻中に懐胎した子であっても，妻の懐胎期に夫により懐胎し得ない外見上明白な事実が存在するときは，民法第772条の嫡出推定は働かないから，事実に反する戸籍上の父子関係については，前述のとおり，嫡出否認の訴えによらず，親子関係不存在確認の裁判によってこれを否定することができるとするのが判例・通説の見解であるが，大阪高判昭和51・9・21下民27巻9〜12号583頁は，上記にいう外見上明白な場合とは「証拠調の結果を総合してはじめて判明する場合をも包含する」と判示するとともに，この見解に立って，夫が交通事故で入院中に妻が懐胎し出産した子について，妻が夫により懐胎した子でないことが証拠上明確であるとして，子から父に対する親子関係不存

在確認の訴えを認めている（親子関係不存在確認請求控訴事件，大阪地判昭和50・10・30判時847号61頁）。

第5 戸籍訂正の記載例等

戸籍記載例については，基本的には，戸籍法施行規則附録第7号・付録第25号による，いわゆる法定記載例（202～215），及び法務省民事局長通達（平成2・3・1民二600号，平成6・11・16民二7000号，令和元・8・28民一544号各通達）による，いわゆる参考記載例（192～221）によることとなるが，これらに該当例がないものについては，結局，個々の具体的事案に即して，前記法定及び参考の各記載例あるいは先例に示された記載例を参酌し，また，法定の要件（戸13条，戸規30条）を満たすよう配意して訂正処理を行うこととなる。

戸籍訂正の具体的方法等については，第2の項（「戸籍訂正の方法」275頁以下）において概説したとおりである。

第2節 戸籍訂正申請の諸要件

〔1〕 申請事件細別	〔2〕 申請事件本人	〔3〕 申請期間	〔4〕 申請地	〔5〕 申請義務者又は申請人	〔6〕 添付書類	関係法令
戸籍法第113条による 　戸籍訂正申請	訂正される者	審判確定の日から1か月以内	訂正される者の本籍地又は申請人の所在地	審判の申立人	審判の謄本及び確定証明書	戸113，115，117，25
戸籍法第114条による 　戸籍訂正申請	同上	同上	同上	同上	同上	戸114，115，117，25
戸籍法第116条による 　戸籍訂正申請	同上	判決確定の日から1か月以内	同上	裁判の提起者（期間内に申請をしないときは相手方も申請可能）	裁判の謄本及び確定証明書	戸116，117，63②，25

〈注　解〉
〔1〕　申請事件細別

1　戸籍法第113条による訂正

　戸籍法第113条による訂正の対象となり得るのは，戸籍の記載が法律上許されないもの，又は戸籍の記載に錯誤若しくは遺漏がある場合である（注）。

　⑴　**戸籍の記載が法律上許されないもの**
　　①　収入役等権限のない者がした戸籍の記載（大正3・12・28民893号回答）
　　②　届出義務者でない者の届出による記載（昭和22・7・18民事甲608号回答）
　　③　日本国籍を有しない者が登載されている場合（大正3・12・28民893号回答）
　　④　戸籍の記載不要な胎児認知の記載（大正6・3・19民370号回答）
　　⑤　非本籍人についてした戸籍の編製
　　⑥　その他

　⑵　**戸籍の記載に錯誤がある場合**
　　①　出生の年月日，出生の場所，父母との続柄が事実と相違している記載
　　②　嫡出子（嫡出でない子）を嫡出でない子（嫡出子）とする記載
　　③　生存者についての死亡の記載
　　④　届出人の錯誤により婚姻届書に称する氏を夫（妻）とすべきを妻（夫）と表示したことによる記載
　　⑤　複本籍
　　⑥　その他

　⑶　**戸籍の記載に遺漏がある場合**
　　①　移記すべき事項の移記遺漏
　　②　その他

　なお，前記の訂正の対象となる事項は，原則として，戸籍面上明らかな事項又は明らかでなくとも親族相続法上重大な影響を及ぼさないものに限られる。しかし，後者の立場は次第に薄れつつあるように見受けられる（第1節第4「親子関係の存否に関する戸籍訂正」（283頁以下），昭和34・8・7民事甲1725号回答等参照）。

（注）いわゆる申請による訂正に属するものとして，戸籍法第59条に規定する戸籍訂正が
　　ある。すなわち，市町村長が棄児について新戸籍を編製（戸57条・22条）した後，子
　　の父又は母が判明して棄児を引き取った上，出生の届出（戸52条）をするとともに，
　　上記の新戸籍を消除するためになされる戸籍訂正申請がそれである。この場合の戸籍訂
　　正申請については，家庭裁判所の許可及び管轄局の長の許可は不要と解されている（な
　　お，拙著「全訂　戸籍届書の審査と受理」第2編第1章第1節第8の項194頁以下参
　　照）。

2　戸籍法第114条による訂正

　戸籍法第114条による訂正の対象となり得るのは，届出によって効力を生ず
べき行為についての戸籍の記載で，かつ，それが無効な場合である。

(1)　家庭裁判所の審判を得ずに届け出たため無効である場合の記載

① 親権又は管理権の辞任又は回復（民837条，戸80条）

② 子の氏を父又は母の氏に変更する場合（民791条1項・3項，戸98条）

(2)　届出そのものが無効である場合の記載

① 死亡者についてなされた婚姻，縁組等の届出

② 当事者を誤記した婚姻届（昭和25・1・30民事甲173号回答）

③ 未成年者がした分籍届

④ 筆頭者及びその配偶者以外の者がした転籍届

⑤ 嫡出子の推定を受ける子に対する認知届

　なお，前記の訂正の対象となる事項は，原則として，戸籍面上明白な事項又
は親族相続法上重要な影響を及ぼさないものに限られる（注）。

（注）戸籍法第114条の規定については，令和元年法律第17号により，本条文中「生ずべき
　　行為」の下に「（第60条，第61条，第66条，第68条，第70条から第72条まで，第74条
　　及び第76条の規定によりする届出に係る行為を除く。）」を加える改正（令和元・6・
　　20施行）がされているが，改正の趣旨は，認知，婚姻の無効等身分関係の在否確認の
　　裁判を要するものにあっては，戸籍法第116条の訂正手続によるべきであることを明確
　　にすることにあるとされている（令和元・6・20民一286号通達第2）。

3　戸籍法第116条による訂正

　戸籍法第116条による訂正の対象となり得るのは，原則として，訂正すべき

事項が戸籍面上明らかでなく，かつ，訂正の結果身分関係に重大な影響を及ぼす場合において確定判決又はこれに代わる確定審判に基づいて訂正する場合であるとするのが通説である。そして，ここに確定判決とは，人事訴訟手続によって身分に関する事項について判決され，戸籍訂正手続を必要とするものである。これを内容的にみれば，①嫡出子否認の判決（戸53条，民774条〜777条，人訴2条2号），②父を定める判決（戸54条，民773条，人訴2条2号），③認知の無効及び取消しの判決（民786条，人訴2条2号），④親子関係の存否確認の判決（人訴2条2号），⑤養子縁組及び離縁の無効の判決（人訴2条3号），⑥婚姻及び離婚の無効の判決（人訴2条1号）がそれぞれ確定した場合がこれに当たる。

4　判決又は審判に基づく訂正の範囲

　戸籍訂正の可能な範囲は，判決又は審判の主文に登載された事項に限るのが原則であるが，実体的身分関係を確定する判決（審判）の主文に示された事項と密接な関係にある事項については，主文に表示されていなくとも併せて訂正申請をすることができると解されている（昭和37・6・7民事甲1506号回答）。これについては，例えば，次のような事例が考えられる。

- (1)　未成年の子を有する夫婦が，その一方を子の親権者と定めて協議離婚をした後，その離婚につき無効の裁判が確定した場合の当該未成年の子の親権に関する事項
- (2)　母の夫の認知により準正嫡出子としてその戸籍に入籍した（昭和62年法律第101号による民法等の一部改正前の昭和35・12・16民事甲3091号通達により取り扱われた事例）後に分籍した子について，認知無効の裁判が確定した場合の当該分籍に関する事項
- (3)　協議離縁又は協議離婚後において，その前提となる縁組又は婚姻そのものにつき無効の裁判が確定した場合の当該協議離縁又は協議離婚に関する事項

　上記のような事項については，当該の確定判決又は審判のいわゆる反射的効力として，同判決又は審判に基づく戸籍訂正申請（戸116条）の際に，その訂正をも同時に申請（申請書に当該事項を併記する―戸35条）をした上，これによって直ちに訂正することができるものとされている（昭和31・6・13民事甲1244号回

答, 昭和37・8・11民事甲2294号回答等参照)。

5 戸籍訂正許可の審判の内容と市町村長の審査権との関係等

戸籍法第113条又は第114条の戸籍訂正許可審判書の記載につき, その主文については, 訂正の範囲, 方法等を具体的, 個別的に指示するのが通常である。しかし, 複雑にわたる事案については, 概括的指示あるいは簡易記載が行われることがあるが, この場合でも, 関係戸籍が明らかであれば, これに基づく訂正申請を受理することができる (昭和40・6・10民事甲1155号回答)。なお, 前記概括的指示あるいは簡易記載の方法をとる場合は, 受理市町村長の判断 (あるいは訂正の処理) を誤らせないためにも, 具体的に理由の要旨を掲げるのが妥当ではないかと解される。

次に, 戸籍法第113条及び第114条による戸籍訂正許可の裁判は, 実質的には戸籍訂正を命ずる性質を有しているものと解される。したがって, 不能な訂正を命ずるものでない限り, 原則として審判の趣旨に従って訂正すべきであって, 市町村長は審判の内容に立ち入ってその当否を審査判断する権限を有しないものと解される (例えば, 仮に戸116条により確定判決に基づいて訂正すべき事項と解されるような事案について, 113条による戸籍訂正許可の審判がなされ, これが確定しているときは, 先例は, 市町村長は当該許可審判に基づく訂正申請を拒否すべきではないとしている—昭和27・6・12民事甲806号回答, 昭和28・7・7民事甲1147号回答)。

しかし, 適正な戸籍記載の消除を命じたり, 違法の記載を命じたり, あるいは遺漏でない事項の記載を命ずる等戸籍訂正の目的と明らかに背反するような審判がなされても, 市町村長はこれに拘束されることはないというべきである。

〔2〕 申請事件本人

戸籍の訂正を要する者が, 当該訂正申請の事件本人であることはいうまでもない。

〔3〕 申請期間

戸籍訂正許可の審判又は嫡出子否認等の裁判 (判決) 確定の日から1か月以内である。

〔4〕 申 請 地

事件本人の本籍地又は申請人の所在地である (戸117条・25条1項)。

〔5〕　申請義務者又は申請人

　審判の申立人又は訴えの提起者（戸113条・114条・116条）。なお，嫡出子否認あるいは婚姻無効等の裁判が確定した場合において，訴えを提起した者が，法定の期間内に訂正申請をしないときは，訴えの相手方から訂正申請をすることができる（戸117条・63条2項前段）。

　なお第3節1(4)305頁参照。

〔6〕　添付書類

　戸籍訂正許可の審判又は判決の謄本（申請書と同数），戸籍（除籍）の謄本（訂正を要する戸籍又は除籍が申請地にある場合は不要）のほか，判決確定証明書又は審判確定証明書を添付しなければならない（ただし，家庭裁判所から審判確定の旨の通知が本籍地になされている場合に，本籍地に戸籍訂正申請をする場合は不要）（昭和23・5・20民事甲1074号回答，昭和29・12・24民事甲2601号回答参照）。

第3節　戸籍訂正申請書の審査上留意すべき事項

　戸籍訂正申請の対象となる戸籍の記載は，まさに様々な形態がある（訂正を要する戸籍も複数にわたり，しかもそれが2以上の市町村にまたがって存在する場合もまれではなく，かつ，訂正方法も各事案によってそれぞれ異なってくる。）ことから，訂正申請書の作成方法（例えば，「訂正の趣旨」の記載要領）等についての窓口における説明・助言等はもちろん，これが審査上の留意事項も勢い多岐にわたることは否定し得ないところである。したがって，それらのことごとくを説明することは，紙数等の関係からしても到底困難なことといわざるを得ない。そこで，ここでは，各訂正申請に共通の事項及び主要な訂正事例とその審査の要点等を概説することとしたい。

1　各戸籍訂正申請に共通の事項について

(1)　各戸籍訂正申請書に訂正許可の審判又は判決（家事277条の合意に相当する審判を含む―以下，本項において同じ。）の謄本及び確定証明書が添付されているか

　戸籍法第113条及び第114条の戸籍訂正申請をするには，その前提として，

家庭裁判所の許可を得なければならない。すなわち，前者の場合には，利害関係人（事件の本人，届出人その他当該戸籍の記載について身分上又は財産上何らかの利害関係を有する者）から，後者の場合には，届出人又は届出事件の本人から，それぞれ訂正すべき戸（除）籍のある地の家庭裁判所に対し許可の申立てをすることになる（家事226条3号）（注1）。

　上記の各許可事件は，専ら審判によってのみ処理され（家事別表第一の124），その許可審判に対しては利害関係人から，却下の審判に対しては申立人から，それぞれ即時抗告が許され，2週間の抗告期間の経過によって審判は確定する（家事231条4号・5号）。なお，審判が確定すると，当該戸籍のある地の市町村長に家庭裁判所から戸籍通知がなされる（家事規119条2号）（注2）。

　次に，戸籍法第116条の戸籍訂正申請は，例えば，嫡出子否認，認知又は婚姻の無効等実体的身分関係を確定する効力を有する判決又はこれと同一の効力を有する審判（家事277条の合意に相当する審判）が確定し，その反射的効力として，これと相矛盾する戸籍の記載を訂正する場合になされるものである（第2節〔1〕3参照）。戸籍訂正の許可の審判又は実体的身分関係を確定する判決が確定したときは，許可の審判の申立人又は訴えの提起者（若しくは調停の申立人）は，許可の審判又は判決の確定の日から1か月以内にそれぞれ戸籍訂正申請をすることを要することとなるが，その申請に際しては，上記の許可審判又は判決の謄本及び確定証明書を添付しなければならない（戸115条・116条，第2節〔6〕参照）。したがって，これらの訂正申請を受理するにあたっては，同謄本等の添付を確認の上受理する必要がある。

　なお，家庭裁判所の許可を得ていない訂正申請は，これを受理し得ないことはいうまでもない。

（注1）訂正を要する戸籍が数か所にわたる場合には，その一つの管轄裁判所でよいと解されている（大正6・10・5民1884号回答，大正8・9・15民事2816号回答）。
　　　　なお，管轄権のない裁判所がした許可であっても，これに基づく訂正申請は受理すべきであるとされる（大正9・6・26民事2156号回答）。
（注2）戸籍訂正の申請義務者から法定の期間内に訂正申請がなされないときは，上記の戸籍通知に基づき申請の催告をし，また，これに応じないときは，職権による訂正手続をとることになる（戸117条・44条）。

⑵　**事件本人の氏名・出生の年月日・戸籍の表示の記載に誤りはないか**

　戸籍訂正申請書の様式は特に法定されていない。したがって，届出の通則（戸29条〜35条）に従って必要的記載事項を記載し作成すればよいこととなるが，戸籍実務研究会編「全訂戸籍訂正・追完の手引き」に示されている書式を参考にすると便宜である（したがって，以下の説明は，同手引きの書式に従って行うこととする。なお，284頁〜286頁の書式例参照）。なお，上記による申請書の「事件本人」欄の記載は，戸籍訂正を要する者及びその戸籍を特定し明らかにする記載にほかならないから，これらの記載が当該戸（除）籍の記載と合致しているかにつき審査を要することはいうまでもない。

⑶　**審判又は判決の確定の年月日が記載されているか。また，その年月日は，添付の確定証明書の記載と一致するか**

　各訂正申請書には，一般的記載事項（戸117条・29条）のほか，許可の審判又は判決の確定年月日を記載することを要する。しかも，これらはいずれも戸籍の記載事項ともされているから（戸規44条・附録第９号様式・戸規73条8項・付録第27号様式，法定記載例202〜214等参照），申請書にこれが記載されているか，また，それは確定証明書と一致するかにつき審査しなければならない。

⑷　**戸籍訂正申請人は，訂正許可の申立人，又は訴えの提起者若しくは調停の申立人に相違ないか**

　戸籍法第113条及び第114条の戸籍訂正申請義務者は，いずれも訂正許可の審判を申し立てた者である（**注**）。

　戸籍法第116条の戸籍訂正申請義務者は，訴えを提起した者又は調停の申立人である。

　そこで，各訂正申請につき，それぞれ上記の申請義務者から申請されているか否かを添付の審判又は判決の謄本に基づき審査の上，受否を判断する必要がある。

　なお，前記戸籍法第116条の訂正申請事件について，訴えの提起者又は調停の申立人が所定の期間内に申請しないときは，訴え又は調停の相手方から申請をすることが認められる（戸117条・63条２項前段）が，この場合には，特に上記法定の申請期間の経過後になされた申請であるか否かについて審査の上受理すべきである。

（注） 戸籍法第113条にいう利害関係人，同第114条にいう届出人又は届出事件の本人が数
人ある場合であっても，そのうちの一人から審判の申立てをすることができ，また，訂
正申請義務者はそのうち審判の申立てをした者に限られる（大正4・9・17民1413号
回答）。また，数人から審判の申立てがあった場合には，共同で申請すべきであるが，
そのうちの一人からの訂正申請も適法として受理すべきものとされる（大正8・4・7
民835号回答）。なお，許可の審判後にその申立人が死亡したとき，又はその他の事由
で申請することができないときは，第113条の場合においては他の利害関係人，第114
条の場合においては他の届出人又は届出事件の本人から，その許可に基づく訂正申請を
することができるものと解されている（大正15・12・1民事8851号回答参照，青木・
大森「全訂戸籍法」464頁以下）。

⑸ 訂正申請書の「訂正の趣旨」欄の記載は，適法になされているか

戸籍訂正申請書には，裁判の種類，裁判確定の年月日とともに，「訂正の
趣旨」の記載を要することとされる（戸規44条参照）。訂正の趣旨とは，要す
るに，訂正すべき事項を具体的に明らかにする記載のことである。

すなわち，同記載は，当該の訂正申請において，その訂正の対象とする戸
籍の記載は何か，そして，それをどのような事由（これは，申請の基礎となる裁
判—審判又は判決—の種類（内容）が該当しよう。）によって，どのように訂正する
かを明確にするものであって，当該訂正申請のいわゆる要（かなめ）ともい
える部分である。したがって，その当否につき，審判又は判決の主文と十分
照合・審査の上受否を判断するよう特に留意する必要がある（注）。

（注） 戸籍訂正許可の審判においては，通常，その主文において，訂正の範囲，訂正の方法
等を具体的・個別的に指示されるが，訂正の対象・方法等が複雑多岐にわたる事案につ
いては，これを逐一具体的・個別的に指示することは煩さであるほか，ときには誤った
訂正を指示することもあり得るとして，家事審判の実務上，いわゆる概括的指示ないし
簡易記載という形で審判する事例が見受けられる（田中「先例戸籍訂正法」13頁，藤
島・中村「家事調停審判事件の申立と実務」289頁参照）。ちなみに，この点は，訂正
に関する基本的主要事項について概括的指示を与え，その後の具体的訂正内容等に関し
ては，戸籍事務管掌者に一任するという趣旨によるものであるが，許可の審判を得て訂
正申請をする当事者はもちろん，これに基づき実際にその訂正処理をする市町村戸籍事
務担当者に不便（あるいは手数といってもよい。）等を生じさせないように，また，申
請手続あるいは訂正処理が迅速かつ適正に行われるようにするという観点からすれば，
概括的指示ないし簡易記載を行う程度にもおのずから限度があるというべきであり，訂
正すべき事項・内容等を具体的・個別的に明示しなければ，その目的を達し得ないよう
な事案については，上記の方法はとるべきでないと解する。

　なお，審判の主文に訂正すべき事項が概括的に記載されている場合には，当該主文及び理由，関係戸（除）籍の記載等に基づき訂正の範囲・方法等を十分検討・判断の上（判断しがたいときは，管轄局の指示を得た上），訂正処理（訂正申請人に対する申請書の作成方法等の説明・助言等をも含めて）を行わざるを得ないことになろう。

2　戸籍法第113条の戸籍訂正申請について

〔設例〕　出生の日につき，家庭裁判所の戸籍訂正許可の審判を得て，訂正の申請をする場合の例

　戸籍法第113条は，戸籍訂正に関する一般的規定であり，最も適用範囲が広いとされているものである。本設例は，出生届の際に，事件本人の出生の日を届書に誤記（いわゆる届出の錯誤）したため，戸籍の記載に錯誤を生じ，家庭裁判所の訂正許可の審判を得て，訂正申請をする場合である，同条にいう「戸籍の記載に錯誤がある場合」の典型的事例といえるものである。

　申請書の審査上，特に留意すべき点としては，「訂正の趣旨」欄の記載すなわち，「訂正を要する出生の日」と「正当な出生の日」（訂正後の日）の記載に誤りがないかを審判の主文と照合し確認を要することである（申請書式例(1)—284頁参照）。

3　戸籍法第114条の戸籍訂正申請について

〔設例〕　夫の氏を称する婚姻届によって新戸籍編製後に，当該婚姻の無効であることが戸籍面上明らかとなったため，家庭裁判所の戸籍訂正許可の審判を得て，訂正の申請をする場合の例

　戸籍法第114条は，創設的届出（すなわち届出によって効力を生ずる民法上又は戸籍法上の行為）の無効であることが戸籍面上明らかである場合の訂正に関する規定である。

　本設例は，婚姻届を受理して夫婦につき新戸籍を編製する等戸籍の記載がされた後，夫の死亡届が提出され，夫は婚姻届出前既に死亡していたことが判明し，当該婚姻の無効であることが戸籍の記載の上で明らかであるため，妻から家庭裁判所の訂正許可の審判を得て，訂正申請をする場合であり，同条の訂正対象としている最も典型的な事例に属する。

　申請書の審査上の留意点は，やはり「訂正の趣旨」の記載と考えられる。すなわち，この場合，事件本人である夫及び妻は，訂正によってそれぞれ婚姻前の戸籍に回復されることとなるので，これに関する訂正事項と回復すべき従前の戸籍の表示に誤りがないかを審判の主文，関係戸籍の記載等により確認し，適正を期することである（申請書式例(2)―285頁参照）。

4　戸籍法第116条の戸籍訂正申請について

　〔設例〕　父母離婚後300日以内の出生子について，父との親子関係不存在確認の裁判が確定し，これに基づき訂正申請をする場合の例

　戸籍法第116条による戸籍訂正は，既に第2節〔1〕の3で述べたとおり，実体的身分関係を確定する判決（いわゆる身分関係の存否を確認する判決）の反射効として，これと相矛盾する戸籍の記載を訂正の対象としているものである。

　上記の事例は，父母の離婚後300日以内に出生した子につき，届出義務者である母からの嫡出子出生届（民772条，戸52条1項）により父母離婚当時の戸籍に入籍した後，戸籍上の父から当該出生子との親子関係不存在確認の裁判が確定し，これに基づき訂正申請をする場合の例であり，同条にいう「確定判決によって戸籍の訂正をすべきとき」として比較的多くみられる訂正事件である（なお，親子関係の存否に関する戸籍訂正については，第1節第4の項283頁以下参照）。

　申請書の審査上，特に留意すべき事項としては，事件本人（以下，単に「子」という。）は，当該訂正申請に基づき，戸籍上の父の戸籍から消除され，嫡出でない子として出生当時の母の戸籍（後述参照）に移記する訂正をすることになるが，この場合，子は，①母が離婚により新戸籍を編製しているとき（戸19条1項ただし書）は，その戸籍に移記されるが，②その新戸籍が，その後，母の再婚（相手方の氏を称する婚姻）により除籍されているときには，当該戸籍を回復して，その戸籍に移記することとなる。また，③もし，母が離婚により婚姻前の戸籍（実方戸籍）に復籍しているときは，母につき新戸籍を編製した上（戸17条），子をその戸籍に移記することとなる。さらに，④母が上記実方戸籍に復籍後再婚（相手方の氏を称する婚姻）により除籍されているときは，子をその戸籍の末尾にいったん記載すると同時に除籍した上，単独の新戸籍を編製する，というように，訂正方法が異なってくるため，申請書の「訂正の趣旨」もそれに

即応した記載がされるべきであるから，それぞれの事案により「訂正の趣旨」の記載の適否につき審査を要することになろう。

　なお，上記設例の事案は，当該親子関係不存在確認の裁判確定による戸籍訂正申請に基づき，事件本人である子を，離婚により編製された母の新戸籍に移記する場合（前記①の場合）の例である（申請書式例(3)―286頁参照）。

著 者 略 歴

木村三男
（き　むら　みつ　お）

昭和51年　法務省民事局第2課補佐官

昭和55年　浦和地方法務局会計課長

昭和58年　東京法務局総務部会計課長

昭和59年　浦和地方法務局総務課長

昭和62年　同　　　　　局次長

昭和63年　大津地方法務局長

平成2年4月　退官

東京都政策報道室都民の声部相談員，東京家庭裁判所参与員，全国市町村職員中央研修所（市町村アカデミー）非常勤講師，㈶民事法務協会評議員を歴任

現在　日本加除出版株式会社常任顧問相談役

神崎輝明
（かん　ざき　てる　あき）

昭和51年　法務省民事局第2課戸籍第2係長

昭和56年　法務省民事局第1課庶務係長

昭和58年　和歌山地方法務局会計課長

昭和60年　法務省民事局第2課補佐官

昭和62年　東京法務局総務部会計課長

平成元年　同　　　局総務部職員課長

平成4年　金沢地方法務局長

平成5年　東京法務局人権擁護部長

平成6年　浦和地方法務局長

平成8年　横浜地方法務局長

平成9年4月　退官

市川公証役場公証人を経て
現在　日本加除出版株式会社顧問

全訂　戸籍届書の審査と受理Ⅱ

1992 年 8 月 25 日　初版発行
2022 年 2 月 4 日　全訂版発行

著　　者　　木　村　三　男
　　　　　　神　崎　輝　明
発　行　者　　和　田　　　裕

発行所　日本加除出版株式会社

本　　　社　　郵便番号 171 - 8516
　　　　　　東京都豊島区南長崎 3 丁目 16 番 6 号
　　　　　　T E L　(03) 3953 - 5757 (代表)
　　　　　　　　　(03) 3952 - 5759 (編集)
　　　　　　F A X　(03) 3953 - 5772
　　　　　　U R L　www.kajo.co.jp

営　業　部　　郵便番号 171 - 8516
　　　　　　東京都豊島区南長崎 3 丁目 16 番 6 号
　　　　　　T E L　(03) 3953 - 5642
　　　　　　F A X　(03) 3953 - 2061

組版・印刷　㈱亨有堂印刷所　／　製本　牧製本印刷㈱